JN114640

cpa learning

CPA
Certified Public Accountant

いちばんわかる

日商簿記 **3** 級

の教科書

CPA会計学院 編著

第2版

はしがき

　「日本でいちばんわかりやすい簿記の独学用テキストを作成しよう」を端緒として、制作を開始したのが本書です。具体的には、簿記を初めて学習する方でも「簿記の本質を理解できる」ことを目指して制作しました。

　簿記は「習うより慣れよ」と言われることがあります。確かに、簿記を学習するうえで、問題演習はとても重要です。問題演習をせずに、簿記がわかることはないでしょう。極論を言ってしまうと、解き方を丸暗記すれば、理解せずとも日商簿記検定3級に合格することはできると思います。しかし、そのスタンスで学習していては、例え試験に合格できたとしても、簿記の本質をおさえることはできません。

　簿記の本質を理解することがないまま学習を進めることには、デメリットが3つあります。①簿記がつまらないと感じてしまう、②日商簿記検定3級より上の資格（日商簿記検定2級や公認会計士試験など）を学習する際につまずいてしまう、③学んだ内容を実務に活かせない。せっかく簿記を勉強したのに、このような状態になってしまうのは非常にもったいないです。

　そこで、本書では、①簿記が楽しく学べるように、②上位の資格の学習に活かせるように、③実務で使える知識が身につくように、「簿記の本質」がちゃんと伝わるものを目指しました。

　また、CPA会計学院が運営するWEBサイト「CPAラーニング」とも密に連携しております。CPAラーニングでは、本書の講義動画、問題集、模擬試験など、学習者にとって役立つコンテンツを多く取り揃えています。特に講義動画は、CPA会計学院の公認会計士講座の講師が担当しており、本書の内容を、かみ砕いてわかりやすく解説しています。ぜひ、CPAラーニングもご活用下さい（なお、本書は独学用テキストという位置づけなので、講義動画を視聴しなくても十分な知識・理解が身につくものとなっております。その点はご安心下さい）。

　本書は、会計資格の最高峰である公認会計士試験で高い合格実績を誇るCPA会計学院が自信を持ってお贈りする一冊です。本書で学習された皆様が、簿記の本質を理解し、日商簿記検定3級に合格されることを心より願っております。

2020年9月吉日

CPA会計学院　講師一同

■CPAラーニングを活用しよう！

　CPAラーニングは、CPA会計学院が運営する、簿記を無料で学習できるWEBサイト。公認会計士講座を50年以上運営してきたCPA会計学院だからできる、一番わかりやすい簿記講座を無料で提供します。

〈CPAラーニングの特徴〉

特徴1　プロの講義を動画で学習

　本テキストを使用した講義を受講することができます。全講義を視聴することはもちろん、理解が難しい論点のみを視聴することも可能です。講義は公認会計士講座の講師が担当しているので、本質が理解できるわかりやすい講義を展開します。

特徴2　教材はダウンロード可能

　CPAラーニングには、テキストだけでなく、模擬試験問題や問題集なども掲載しています。これらの教材はすべてダウンロードすることが可能です。

特徴3　完全無料

　CPAラーニングのコンテンツは無料でご利用できます。ユーザー登録は最短1分で完了します。ぜひご活用ください。

特徴4　日商簿記1級まで学習可能

　CPAラーニングでは、日商簿記3級だけでなく2級や1級も無料で学習可能です。いずれも講義、問題集が全て閲覧/ダウンロード可能で、模擬試験も受験ができるようになっています。

特徴5　ネット模試が受験可能

　近年導入されたネット試験を想定した、ネット模試を受験可能です。試験時間などの表示もあり、本番を想定したものをご用意しています。解答終了後すぐにスコアが表示され、解説も閲覧可能です。

ご利用はこちらから

cpa-learning.com

■合格への道

1．全体像と教材

　日商簿記検定3級に合格するためには、下記の3ステップが必要です。本書およびCPAラーニングを活用し、合格に向けて学習を進めるようにしましょう。

	教材	目標
①個々の論点を学習	本書	テキストに記載されている内容を理解し、例題が解ける。
②問題演習	問題集	どの問題もすらすら解ける。
③直前対策	模擬試験	合格点である70点を超える。

※本書を用いた講義動画および問題集や模擬試験はCPAラーニングにアップされております。

2．本書の活用方法

ポイント1　理解する

　理解とは、「なぜそうなるのか？」がわかっている状態です。本書では、しっかり理解できるよう、「理由の説明」や「図解」に紙面の多くを割きました。簿記は覚えることが多そうに思えますが、理解すれば覚えることはとても少なくなります。本文や図解をきちんと読み、理解することを重視して学習するようにして下さい。

ポイント2　問題を解く

　理解は重要ですが、問題を実際に解くことも必要です。本書は、「論点の説明→例題で確認」という構成にしています。簿記の問題は、テキストを読んでいるだけでは解けるようにはなりません。説明を読み理解できたら、必ず例題を解いて、その論点の問題を確認するようにしましょう。

ポイント3　反復する

　「理解した」、「問題を解けるようになった」としても、それ以降に反復しなければ忘れてしまい解けなくなってしまいます。今回、人生で初めて簿記を勉強するという方も多いのではないでしょうか。初めて習うものは、ベースとなる知識がない分だけ忘れやすいです。なるべく忘れないようにするために、また、忘れてしまった内容を思い出すために、定期的に反復するようにしましょう。特に基本問題は重要です。3回は反復してほしいと思います。

■本書の特徴と使い方

1.「簿記の基本だけど、すぐには覚えづらいこと」を、いつでも確認できるように しました。

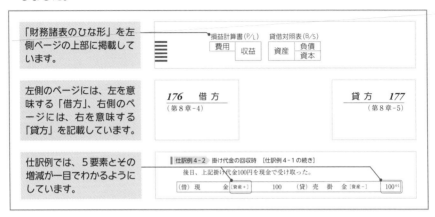

「財務諸表のひな形」を左側ページの上部に掲載しています。

左側のページには、左を意味する「借方」、右側のページには、右を意味する「貸方」を記載しています。

仕訳例では、5要素とその増減が一目でわかるようにしています。

2. 本文にはわかりやすさの工夫が多く入っています。

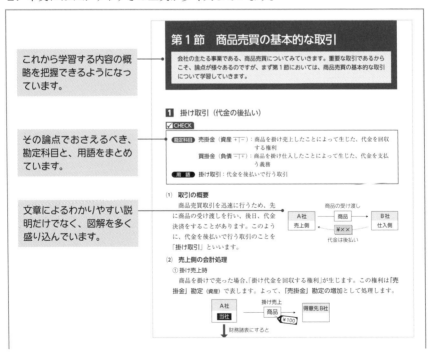

これから学習する内容の概略を把握できるようになっています。

その論点でおさえるべき、勘定科目と、用語をまとめています。

文章によるわかりやすい説明だけでなく、図解を多く盛り込んでいます。

仕訳例 4-2 ▶ 掛け代金の回収時　[仕訳例 4-1の続き]

後日、上記掛け代金100円を現金で受け取った。

(借) 現	金 [資産+]	100	(貸) 売 掛	金 [資産-]	100*1

※ 1　商品の売上代金を回収する権利が減少するため、「売掛金」勘定の減少

🔰 ひと言アドバイス

貸方を「売上」にしてしまう間違いがよくある。「売上」は仕訳例 4-1の時点で計上しているため、仕訳例 4-2の時点では計上しない点に気をつけよう。

ひと言アドバイスには、問題を解くうえでの注意点や、理解の手助けとなるワンポイントなどを書きました。

📌 補足

商品売買と現金収支のタイミング

[仕訳例 4-1] をみてください。この時点ではまだ代金を受け取っていませんが、「売上」の発生としています。簿記では、「商品を引き渡した時点」が商品の売れたタイミングとして会計処理をするのです。「代金を受け取った時点」が売上時点ではありませんので注意してください。同様に、商品を仕入れたタイミングは「商品を受け取った時点」であり、代金の支払時点ではありません。

発展的な内容や、理解を深めるための内容は、補足に書かれています。本文と合わせて読むようにしましょう。

Case Study　貸借対照表と財政状態

取引1 ▶ 会社の設立と資金の借り入れをした場合の貸借対照表

・当社（A社）は、株主から現金500円の出資を受け設立された。

・設立と同時に、銀行から現金300円の借り入れを行った。

会社設立直後の状況を貸借対照表で表現すると右のようになります。

この貸借対照表について、手順を踏んで説明します。

貸借対照表
資産	負債
現金 800	借入金 300
	資本
	資本金 500

数値例を使った方が理解しやすい場合は、Case Studyを用意しています。数値例を確認することで、具体的に理解できるようになっています。

1. 大きなT の字を書き、借方と貸方に分ける

大きなT の字を書き、中心線を境にして借方（左）と貸方（右）に分けます（①）。このT の字が貸借対照表の原型です。借方は資金の運用形態（なにをもっているか）、貸方は資金の調達源泉（どのように資金を調達したか）を表します。

今回は、合計800円を調達して、その800円を持っているので、左右に800円と記入します（②）。

① 貸借対照表
(借方)	(貸方)
資金の運用形態	資金の調達源泉

② 貸借対照表
(もっている金額)	(調達した金額)
800	800

2. 貸方（資金の調達源泉）を2つに分ける

資金の調達源泉は返済義務の有無により区別します。貸方を2つに分け、上側に返済義務のある金額を記入し、下側に返済義務のない金額を記入します。今回は、銀行から借り入れた300円は返済義務があるので上に書き、株主から出資を受けた500円は返済義務がないため下に書きます（③）。

③ 貸借対照表
	(返済義務あり)
800	300
	(返済義務なし)
	500

COLUMN　貸借対照表はバランス・シート

貸借対照表は、英語でバランス・シート（Balance Sheet）といいます。ここでのバランスは、天秤という意味です。貸借対照表の借方と貸方の合計額が一致する点が、まるで「左右が釣り合った天秤」のようにみえるため、このような名称となっています。

検定試験合格のためには必ずしも必要ではないけれど、知っておくとよいことはCOLUMNに書きました。ぜひ、こちらにも目を通してほしいと思います。

3. もちろん、問題を解く力も身につけられるようになっています。

各論点ごとに例題を載せています。例題が解けるようになることを目標に、学習を進めましょう。

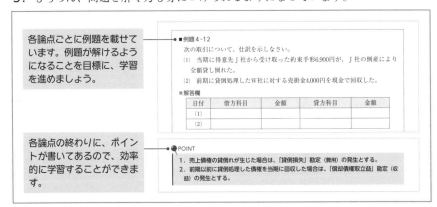

各論点の終わりに、ポイントが書いてあるので、効率的に学習することができます。

4. 日商簿記検定3級で一番難しい決算（第12章）は、より詳しい説明にしました。

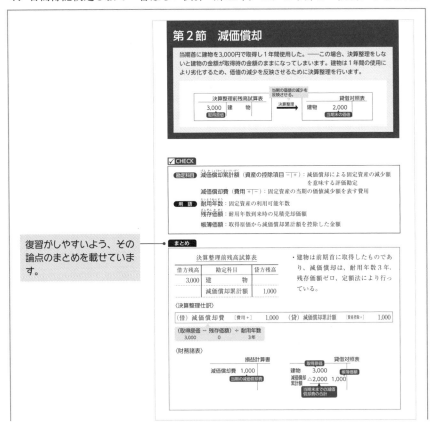

復習がしやすいよう、その論点のまとめを載せています。

2 減価償却の具体的処理① (当期首に取得した場合)

- ・当期首に建物を現金3,000円で取得した。
- ・減価償却は、耐用年数3年、残存価額ゼロ、定額法により行う。

〈決算整理の全体像〉

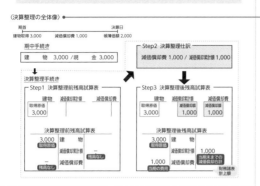

> 決算の全体像がイメージできるようになっています。

もっと深く知る　**貸倒引当金を設定するのはなぜ?**

> 決算の奥深さを知ってもらうために、「もっと深く知る」を用意しました。内容としては、日商簿記検定3級を超えていますが、より上位の資格を目指す方はぜひ読んでみて下さい。

　貸倒見積高は当期に貸倒れたわけではないにも関わらず、なぜ当期の費用とするのでしょうか?

- ・X1期に10,000円の掛け売上を行った。X1末において売掛金は未回収である。
- ・X2期に、上記売掛金のうち9,800円を回収し、200円が貸倒れた。

　この場合、最終的に現金回収できた金額が9,800円なので、利益は9,800円となるべきです。では、これをもとに、貸倒引当金を設定しない場合の損益計算書をみてみましょう。

〈貸倒引当金を設定しない場合の損益計算書〉

	X1期	X2期	合計
売 上	10,000	0	10,000
貸 倒 損 失	0	200	200
利 益	10,000	△200	9,800

　X1期とX2期の利益合計はちゃんと9,800円になっています。しかし、X1期だけに注目してみると、X1期の利益は10,000円となっており、利益が200円過大計上になってしまっています。このように、貸倒引当金を設定しないと利益の過大計上となる点が問題なのです。
　この問題を解決するのが、貸倒引当金の設定です。X1期の決算整理仕訳でX2期の貸倒損失を先に計上することで、X1期の利益が過大計上になるのを防ぐことができるのです。

〈貸倒引当金を設定した場合の損益計算書〉

	X1期	X2期	合計
売 上	10,000	0	10,000
貸倒引当金繰入	200	0	200
利 益	9,800	0	9,800

■日商簿記検定３級について

１．従来の試験制度（旧試験）と新試験について

2020年12月よりネット試験が導入され、新試験が施行されました。新試験では以下のように形式面が変更されています。なお、試験範囲に変更はありません。

	従来の試験（旧試験）	新試験
試験時間	２時間	１時間
試験形式	・年３回のペーパー試験	・年３回のペーパー試験 ・随時実施のネット試験

年３回のペーパー試験を「統一試験」といい、統一試験は６月中旬（第２日曜日）、11月下旬（第３日曜日）、２月下旬（第４日曜日）の年３回実施されます。旧試験による統一試験は2021年２月(第157回)が最後で、それ以降は新試験になります。

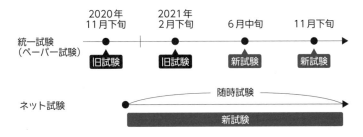

２．ネット試験とは

ネット試験は、インターネット経由で配信される問題をPCの画面上で受験する試験方式です。ネット試験は、商工会議所が認定したテストセンターで受験します（自宅での受験は不可）。また、合否はその場ですぐに判明します。問題および答案用紙はPCの画面上に表示されますが、計算用紙が配布されるので、そこまで大きな不便はありません。

ネット試験の実施日時はテストセンターにより異なります（テストセンターによっては毎日実施しているところもある）。問題の難易度等は統一試験と同じであり、統一試験とネット試験のどちらで合格しても資格の価値は変わりません。

▼ネット試験の申込ページ
https://cbt-s.com/examinee/examination/jcci.html

3．試験の概要

受験資格	なし
申込期日	・統一試験 　受験日の約2ヶ月前から約1ヶ月間（受験希望地の商工会議所によって、申込期日や申込方法は異なる） ・ネット試験 　申込日より3日目以降（例：10日申込の場合13日以降）の予約が可能
受験日	・統一試験 　6月中旬（第2日曜日）、11月下旬（第3日曜日）、2月下旬（第4日曜日） ・ネット試験 　随時実施（テストセンターにより異なる）
受験料	税込3,300円（ネット試験の場合、事務手数料550円が別途発生）
試験科目	商業簿記
合格基準	70%以上
合格発表日	・統一試験 　受験後、約1ヶ月後に発表（商工会議所により異なる） ・ネット試験 　受験後、すぐにその場で点数・合否が判明
筆記用具について	試験では、HBまたはBの黒鉛筆、シャープペン、消しゴムが使用可（ラインマーカー、色鉛筆、定規等は使用不可）
計算器具について	電卓の持ち込み可（ただし、計算機能（四則演算）のみのものに限り、例えば、次の機能があるものは持ち込み不可。印刷（出力）機能、メロディー（音の出る）機能、プログラム機能（例：関数電卓等の多機能な電卓、売価計算・原価計算等の公式の記憶機能がある電卓）、辞書機能（文字入力を含む）ただし、次のような機能は、プログラム機能に該当しないものとして、試験会場での使用を可とします。日数計算、時間計算、換算、税計算、検算（音の出ないものに限る）
合格率	40%前後であることが多い

※本書の刊行時のデータです。最新の情報は商工会議所のWEBサイトをご確認ください。（https://www.kentei.ne.jp/bookkeeping）
※商工会議所によっては、統一試験を実施せず、ネット試験のみの実施となっていることもあります（例：東京商工会議所）。

4．よくある質問

～新試験と旧試験の比較～

Q1 新試験は旧試験よりも難しくなった？

そのようなことはありません。むしろ、新試験の方が合格しやすくなりました。旧試験では回によって難易度にばらつきがあったため、とても難しい回も度々ありました。一方、新試験ではそのようなことが起きないような工夫がなされています。そのため、新試験の方が合格しやすくなったと言えます。

Q2 新試験の過去問はある？

新試験では、問題用紙や計算用紙は回収されるようになりました。また、問題を複製したりインターネット上で公開することは禁止されています。そのため、新試験の過去問を解くことはできないようになっています。

Q3 旧試験の教材で対策することはできる？

新試験では、試験時間や問題構成が大きく変わりました。そのため、旧試験用の模擬試験や過去問で対策することはおすすめしません。新試験に対応した模擬試験を練習するようにしましょう。

~統一試験とネット試験の比較~

Q1 ネット試験の問題は毎回違う？

はい、違います。データベースに大量の問題がアップされており、そこからランダムに問題が抽出されます。そのため、ネット試験では、同じ日時に同じテストセンターで受験したとしても、受験者はそれぞれ違う問題を解くことになります。

Q2 統一試験とネット試験、どっちが難しい？

統一試験とネット試験で難易度の差はありません。統一試験の問題も、ネット試験と同じデータベースから抽出されたものなので、難易度に差が出ないようになっています。

Q3 ネット試験は練習できる？

CPAラーニングで練習できます。CPAラーニングでは、実際のネット試験と同一形式のシステムを採用した模擬試験をご用意しています。ぜひご活用ください。

Q4 ネット試験と統一試験どっちがおすすめ？

ネット試験の方がおすすめです。随時受けることが可能で、その場で合否もわかるからです。

■書籍の訂正及び試験の改正情報について

発行後に判明した誤植や試験の改正については、下記のURLに記載しております。

cpa-learning.com/boki_teisei

目　次

序章　簿記とは

第1章　財務諸表（貸借対照表と損益計算書）

第5章　現金預金

第6章　固定資産に関連した取引

第7章　資金の賃貸借

第8章　給料に関連した取引

第9章　その他の取引

第13章 決算Ⅲ (現金過不足、貯蔵品、当座借越)

第14章　決算Ⅳ（精算表、月次決算）

第15章　株式会社会計・税金

第16章　証ひょう

序章

簿記とは

簿記とは

今日から簿記の学習が始まります。ところで、簿記ってそもそも何なのでしょうか。まず始めに、簿記の簡単なイメージをつかんでおきましょう。

1 簿記で勉強すること（簿記の目的）

簿記では、「財務諸表を作成するまでの一連の流れ」を勉強します。財務諸表とは、簡単に言えば**会社の成績表**です。財務諸表には、「その会社がいくらお金をもっている、いくら借金している」ということや、「いくら儲かったのか」ということが書いてあり、多くの人（**利害関係者**といいます）が活用しています。

●利害関係者と活用例

利害関係者	財務諸表の活用例
投資家（株主）	その会社にお金を出資するかどうかの判断材料にする。
銀行	その会社にお金を貸すかどうかの判断材料にする。
取引先	その会社と取引をしていいかどうかの判断材料にする。

「財務諸表があるからこそ、世の中の経済が上手く回っている」と言われるくらい、財務諸表は重要な書類です★。簿記では、そんな重要な書類である**財務諸表の作成方法**について学習します。

★ちなみに、実際の財務諸表はEDINET（https://disclosure.edinet-fsa.go.jp/）や、その会社のWEBサイトから確認ができます。

2　簿記は帳簿記入の略

　財務諸表を作成するためには、「会社が行う日々の取引を、帳簿★に記入する」ことが必要です。そのため、簿記では、帳簿の記入方法について勉強します。簿記という名称は、「帳簿記入」の略語と言われています。

　★帳簿は、会社の取引を記録するための「ノート」というイメージです。

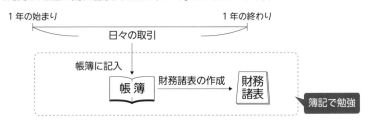

3　簿記の主語は当社

　簿記では、「当社は商品を仕入れた」、「当社は商品を販売した」というように、主語が当社（自分の会社のこと）になります。そのため、簿記を勉強する際は、会社目線で物事を考えていくことが大事になります。

4　借方と貸方

　簿記の大きな特徴として、「左右に分ける」という点が挙げられます。例えば、帳簿に記入する際は左右に分けて行います。また、財務諸表は左右に分けられています。このように、左右に分けるというのは、簿記の根幹といえるくらい非常に重要な点なのです。

　このとき、簿記では左側のことを「借方」、右側のことを「貸方」といいます。この言葉は、簿記を学習する上で覚えるようにして下さい。聞き慣れない言葉なので、覚えづらそうに思えますが、覚え方は簡単です。下記のように「借」と「貸」をひらがなで書けば、「かりは左を指していて、かしは右を指している」ということが一目瞭然だからです★。なお、借方を（借）、貸方を（貸）と表現することもあります。また、「貸借」は左右を意味します。

　★「"借"金と左側は関係ある」と考えると、非常に混乱することになります。借方・貸方という言葉に特に意味はないと思って、単に覚えるようにしましょう。

かり	かし
借方は左	貸方は右

5 簿記の用語

　借方・貸方というほどではなくても、簿記では、あまり日常では使われない用語が多く登場します。学習する過程で、簿記の用語に慣れるようにしましょう。

●簿記でよく出てくる用語の一例

用語	意味
出資を受ける	株主から元手となる資金をもらうこと
借り入れる／貸し付ける	銀行からお金を借りること／お金を貸すこと
得意先／仕入先	商品の販売先（お客さん）／商品の購入先
掛けにする	代金を後払いにすること
売り上げる	商品を販売すること
当社	自分の会社（自社）のこと
同社	問題文で直前に出てきた会社のこと
取得する	購入すること
X●年○月期	X●年○月に終わる１年間のこと（X2年３月期は、X1年４月〜X2年３月の１年間を意味する）
X●年度	X●年から始まる１年間のこと（X2年度は、X2年から始まる１年間を意味する）
△	マイナスのこと（△100は、−100を意味する）
@	単価のこと（@100円は、１つ当たり100円を意味する）

第 1 章

財務諸表
（貸借対照表と損益計算書）

第1節　財務諸表の概要

さあ、簿記の学習がここからスタートします。最初に学習するのは、序章でも登場した財務諸表。簿記の目的である財務諸表って一体どういうものなのでしょうか？第1節で大まかに説明したうえで、第2節以降で詳細を説明します。

1　貸借対照表と財政状態、損益計算書と経営成績

会社は1年に1回、「財政状態」と「経営成績」という2つの成績を報告するために、2つの財務諸表（会社の成績表）を作成します。2つの財務諸表にはそれぞれ名称があり、「貸借対照表」と「損益計算書」といいます。

会社は貸借対照表で財政状態を報告し、損益計算書で経営成績を報告します。財政状態と経営成績の意味はこれから詳しく学習していきますが、簡単に表現すると次のようになります。

財政状態	今、何をいくら持っているのか（財産の状態）
経営成績	この1年間で、何をしてどれくらい儲かったか（儲けの状況）

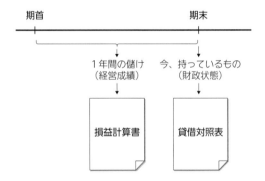

簿記の学習は、貸借対照表と損益計算書を理解するところから始まります。この第1章でしっかり理解していきましょう。

🔖補足

英語表記と略語

財務諸表は、英語表記の頭文字をとって、略語で表現することが一般的です★。

財務諸表　：Financial Statements ………… F/S（エフエス）
貸借対照表：Balance Sheet ………………… B/S（ビーエス）
損益計算書：Profit and Loss Statement … P/L（ピーエル）

★実務では略語を用いることがよくあるため、最終的にはおさえるようにしましょう。

2 簿記の5要素

財政状態と経営成績を示すために、**財務諸表は5つの要素に分けて作成する**ルールになっています。この5つの要素を「**簿記の5要素**」といい、具体的には次の5つをいいます。

| 資産 | 負債 | 資本 | 収益 | 費用 |

5要素のうち3要素（資産、負債、資本★）は貸借対照表で使用し、残りの2要素（収益、費用）は損益計算書で使用します。

　　　★資本にのみ別名があり、純資産ともいいます。

3 勘定科目

例えば、現金を500円、土地を300円分持っている場合、貸借対照表には「現金500円、土地　300円」と書きます。このように、**財務諸表では名称と金額をセットにして表示します**。この名称のことを「**勘定科目**」といい、勘定科目は簿記の5要素のいずれかに属します。学習を進めていく際は、「**その勘定科目はどの要素に属するのか**」をおさえることが重要です。

●勘定科目の例（詳しくは後述）

簿記の5要素	勘定科目
資産	現　金
	土　地
	貸付金
負債	買掛金
	借入金
資本	資本金

📌補足

勘定科目と英単語の共通点

　勘定科目は英語における英単語のようなイメージです。

・5要素と品詞

　英単語の場合、playは動詞、sheは人称代名詞というように、英単語ごとに品詞が決まっています。勘定科目の場合も、現金は資産、借入金は負債というように、勘定科目ごとに5要素が決まっています。

・勘定科目名とスペル

　英単語はそのスペルが決まっているように、勘定科目もその名称は決まっています。例えば、お金を意味する「現金」という勘定科目に、「お金」や「小銭とお札」といったような「現金」ではない勘定科目名を使用することはできません（ただし、複数の勘定科目名が許容されているものはあります）。

　なお、勘定科目の数は英単語よりも少ないため、無理に覚えようとせずに、勉強していくなかで自然と覚えていくのがよいでしょう。勘定科目は日本語なので、英単語よりも直感的に意味がつかみやすいと思います。

📍POINT

1．2種類の財務諸表と簿記の5要素

　貸借対照表：資産、負債、資本の3要素を用いて財政状態を報告する。

　損益計算書：収益、費用の2要素を用いて経営成績を報告する。

2．財務諸表では勘定科目と金額をセットで表示する。

COLUMN　財務諸表は貸借対照表と損益計算書だけじゃない。

　財務諸表は貸借対照表と損益計算書だけではありません。その他に、株主資本等変動計算書とキャッシュ・フロー計算書があります。

　日商簿記検定では、2級で株主資本等変動計算書を、1級でキャッシュ・フロー計算書を学習することになります。

第2節　貸借対照表

財政状態を表す貸借対照表と、経営成績を表す損益計算書のうち、まずは貸借対照表から学習していきます。貸借対照表を理解することが損益計算書の理解につながりますので、きちんとマスターしましょう。

1 貸借対照表と財政状態

(1) 貸借対照表のひな形

下記の表が**貸借対照表**です。第2節の目標はこの表が読めるようになることです。

貸借対照表

A社	X1年3月31日		（単位：円）
現　　金	700	借　入　金	300
建　　物	200	資　本　金	500
		繰越利益剰余金	100
資 産 合 計	900	負債・資本合計	900

簡略化 →

貸借対照表

資産		負債	
現金	700	借入金	300
建物	200		
		資本	
		資本金	500
		繰越利益剰余金	100

(2) 貸借対照表のポイント

貸借対照表にはポイントが3つあります。

ポイント①	借方（かりかた）に資産、貸方（かしかた）には負債と資本（負債が上で、資本が下）
ポイント②	借方と貸方の合計額は一致する
ポイント③	いつ時点の財政状態なのかを記載する

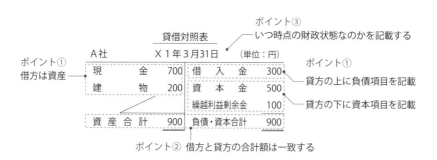

ポイント③　いつ時点の財政状態なのかを記載する

貸借対照表

A社	X1年3月31日		（単位：円）
現　　金	700	借　入　金	300
建　　物	200	資　本　金	500
		繰越利益剰余金	100
資 産 合 計	900	負債・資本合計	900

ポイント①　借方は資産

ポイント①　貸方の上に負債項目を記載・貸方の下に資本項目を記載

ポイント②　借方と貸方の合計額は一致する

> 💬 ひと言アドバイス
>
> 借方は左側、貸方は右側って意味だよ。詳しくは序章（3ページ）を確認してみよう。

ポイント①に「借方に資産、貸方には負債と資本」とありますが、この位置が3要素それぞれの定位置です。それぞれの定位置は非常に重要なので、しっかり覚えるようにしましょう。

> **ひと言アドバイス**
> 貸借対照表の図を繰り返し書いて覚えるのがオススメ。ちなみに本書では、ページの左上でいつでも確認できるようになってるよ。

　また、ポイント②の「借方と貸方の合計額は一致する」を計算式★にすると次のようになります。

　★貸借対照表等式といいます。

資産の金額 ＝ 負債の金額 ＋ 資本の金額

　1ページ前の貸借対照表でいうと、「資産900＝負債300＋資本600」ですね。

(3) 財政状態とは

　第1節では、「財政状態を簡単に言えば『いま、何をいくら持っているか』を示すこと」と説明しましたが、正確には、次の3要素を示すことをいいます。

資産の額	どのような資産がどれくらいあるか？
負債の額	どのような負債がどれくらいあるか？
資本の額	資本をどのように増やしたか？

　これらの内容について、次のページから始まるCase Studyを使って具体的に説明していきます。

▶補足

出資と借り入れ

　Case Studyに入る前に「出資」と「借り入れ」の違いを確認しておきましょう。

　どちらも会社が資金を集める手段なのですが、「出資を受けた金額は返済する必要がない」、「借り入れた金額は返済する必要がある」という違いがあります。

Case Study ▶ **貸借対照表と財政状態**

取引1 ▶ 会社の設立と資金の借り入れをした場合の貸借対照表

・当社（A社）は、株主から現金500円の出資を受け設立された。

・設立と同時に、銀行から現金300円の借り入れを行った。

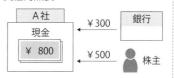

会社設立直後の状況を貸借対照表で表現すると右のようになります。

この貸借対照表について、手順を踏んで説明します。

貸借対照表

資産	負債
現金　800	借入金　300
	資本
	資本金　500

1．大きなＴの字を書き、借方と貸方に分ける

大きなＴの字を書き、**中心線を境にして借方（左）と貸方（右）に分けます**（①）。このＴの字が貸借対照表の原型です。借方は**資金の運用形態**（なにをもっているか）、貸方は**資金の調達源泉**（どのように資金を調達したか）を表します。

今回は、合計800円を調達して、その800円を持っているので、左右に800円と記入します（②）。

① 貸借対照表

（借方）	（貸方）
資金の運用形態	資金の調達源泉

② 貸借対照表

（もっている金額）	（調達した金額）
800	800

2．貸方（資金の調達源泉）を2つに分ける

資金の調達源泉は返済義務の有無により区別します。貸方を2つに分け、**上側に返済義務のある金額を記入し、下側に返済義務のない金額を記入します**。今回は、銀行から借り入れた300円は返済義務があるので上に書き、株主から出資を受けた500円は返済義務がないため下に書きます（③）。

③ 貸借対照表

800	（返済義務あり）300
	（返済義務なし）500

3．3要素を付す

貸借対照表の3つの欄にそれぞれ、**資産**、**負債**、**資本**という貸借対照表の3要素を付します（④）。

資産：会社が所有するもの

負債：調達額のうち、返済義務がある金額

資本：調達額のうち、返済義務がない金額

④ 貸借対照表

資産	800	負債	300
		資本	500

4．勘定科目を付す

④の貸借対照表では、「資産は、具体的に何を所有しているのか？」、「なぜ返済義務があるのか？」といった詳細がわかりません。そのため、金額に**勘定科目**を付します（⑤）。

現　　金：お金（紙幣や硬貨）を意味する

借入金：借り入れによる支払義務を意味する

資本金：株主から出資を受けた額を意味する

⑤　　　　貸借対照表

資産		負債	
現金	800	借入金	300
		資本	
		資本金	500

これで会社設立時の貸借対照表が完成です。貸借対照表の基本は理解できましたか？まずはこのCase Studyで次の特徴をおさえておきましょう。

●**貸借対照表の基本的な特徴①**

・資金の運用形態とその調達源泉を、借方と貸方に分けて表示する。

・資金の調達源泉は返済義務の有無で区別する。

🔊 ひと言アドバイス

貸借対照表を見れば、「資金をどのように調達し、その資金をどう運用しているか」という調達と運用の状態が分かるんだよ。そして、この状態のことを財政状態と言うんだ。

続いては、次のCase Studyで「**資本**」をもう少し詳しく説明します。具体的には、利益を獲得した場合の貸借対照表をみていきます。

▶補足

資金の調達源泉を示す理由

なぜ資金の運用状況だけでなく、資金の調達源泉まで示すのでしょうか？

財務諸表利用者が貸借対照表を見る目的の１つに「その会社が倒産しそうかどうかの判断材料にする」があります。倒産する原因の多くは、負債を返済できないことによるものです。つまり、「借入金がいくらあるか？」、「資産と負債のバランスはどうか？」という情報は財務諸表利用者にとってとても重要なのです。

そのため、資金の調達源泉まで示すのです。

Case Study

取引2▶商品売買により利益を獲得した場合の貸借対照表

・取引1の後、仕入先から商品を現金300円で仕入れ、これを得意先へ現金400円で売り上げた（商品売買によって100円儲かった）。

取引前後の状況を貸借対照表で表現すると次のようになります。

〈取引前〉貸借対照表

資産	負債
現金　　800	借入金　300
	資本
	資本金　500

〈取引後〉貸借対照表

資産	負債
現金　　900 +100	借入金　300
	資本
	資本金　500
	繰越利益剰余金　100 New! +100

この貸借対照表は以下のように理解します。

1．儲かったら資産と資本が増える

商品売買により、資産（現金）が100円増加しました。この100円の調達源泉は**利益**です。利益は返済義務がない金額なので、負債ではなく**資本が増加**します（①）。

① 貸借対照表

資産	負債
	資本
+100	+100

2．元手と利益は区別する

資本項目である、「出資を受けた額（元手）」と「利益の額」は**区別して表示**します。そのため、それぞれ別の勘定科目を付します（②）。

　資本金：株主からの出資額（元手）を意味する
　繰越利益剰余金：利益の額を意味する

② 貸借対照表

資産	負債
現金　　900	借入金　300
	資本
元手	資本金　500
利益	繰越利益剰余金　100

●貸借対照表の基本的な特徴②

・利益を獲得したら、資本が増加する。

・資本は元手と利益を区別して表示する。

利益を獲得した場合の貸借対照表の変化と、資本金と繰越利益剰余金の違いが理解できたら、最後のCase Studyに進みましょう。

Case Study

取引3 ▶ 建物（資産）を取得した場合の貸借対照表
・取引2の後、現金200円を支払って建物を取得した。

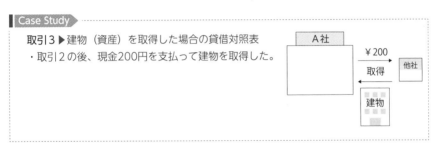

取引前後の状況を貸借対照表で表現すると次のようになります。

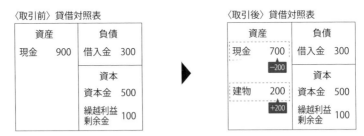

取引前には現金900円のみを所有していましたが、取引後は現金700円と建物200円を所有しています。このように、**所有するものの変化に合わせて資産の内訳は変化します。**

また、貸借（左右）の合計金額を確認してみて下さい。借方（資産合計）は900円で、貸方（負債と資本の合計）も900円で一致しています。このように、**借方と貸方の合計額は常に一致する**のです。

●貸借対照表の基本的な特徴③

・現金を支払って資産を取得した場合、資産の内訳が変化する。
・貸借対照表の借方と貸方の合計額は常に一致する。

ここまでで、**会社の設立、利益の獲得、建物の取得**という3つの取引をみてきました。これらが理解できたら9ページに戻ってみましょう。きっともう貸借対照表が読めるようになっているはずです。

POINT

1　財政状態とは、資産、負債、資本の状況のこと。

3要素	意味	定位置
資産	資金の運用形態	借方（左側）
負債	資金の調達源泉（返済義務あり）	貸方（右側）
資本	資金の調達源泉（返済義務なし）	貸方（右側）

2　3要素の総額をみると、財政状態の概要がわかる。

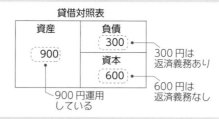

3　勘定科目をみると、財政状態の詳細がわかる。

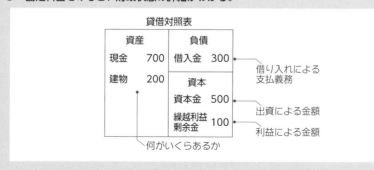

4．貸借対照表の借方と貸方の合計額は常に一致する。

COLUMN　貸借対照表はバランス・シート

　貸借対照表は、英語でバランス・シート（Balance Sheet）といいます。ここでのバランスは、天秤という意味です。貸借対照表の借方と貸方の合計額が一致する点が、まるで「左右が釣り合った天秤」のようにみえるため、このような名称となっています。

2 貸借対照表の3要素

続いて、貸借対照表の3要素について、より詳しく説明をします。

(1) 資産とは

資産とは、**会社が所有するすべての財産**のことをいいます。例えば、「現金」や「建物」が資産に該当します。会社はお金を増やすために資産を保有しています。そのため、「資産はお金を増やすための源泉（もととなるもの）」と表現することもできます。

具体的には、資産は「**現金**」、「**物**」、「**権利（債権）**」の3つに分類されます。

●資産の分類と勘定科目

分類	主な勘定科目	勘定科目の意味	金額の意味
現金	現　金	紙幣や硬貨などの通貨	所有している金額
物	建　物	店舗・事務所・倉庫など	買った金額
	土　地	建物のための敷地	
権利（債権）	貸付金	金銭を貸し付けた場合の、その金額を回収する権利	将来回収する金額
	売掛金	商品を販売したが代金を受け取っていない場合の、代金を回収する権利★	

　★売掛金の「掛」は後払いを意味しています（序章の簿記の用語（4ページ）参照）。

これら3つのうち、現金と物はイメージがしやすい一方で、権利は**無形の財産**であるためイメージがしづらいです★。Case Studyを用いて理解していきましょう。

　★権利は形が無く、目で見ることのできない資産なのです。

Case Study ▶ 権利（貸付金）

・所有する現金800円のうち、100円を取引先に貸し付けた。

現金100円を貸したという取引ですが、この取引について貸借対照表の変化を確認すると次のようになります。

〈取引前〉貸借対照表

資産		負債	300
現金	800		
		資本	500

▶

〈取引後〉貸借対照表

資産		負債	300
現金	700		
	−100		
貸付金	100	資本	500
	+100		

注目!

※　説明の便宜上、負債と資本の勘定科目名は省略している。

貸し付けた100円だけ現金は減少するため、取引後の現金は700円になります。その代わり、**貸付金**という資産が新たに100円生じています。この貸付金が「**権利**」に分類される資産です。

簿記では、「資金の貸し付け＝資金を回収する権利（債権）を獲得した」と考えます。「お金を貸す」ことは、「返してもらえる」ことと表裏一体です。貸付金はこの「返してもらえる権利」に着目した資産なのです。

また、「返してもらえる」というのは、「**将来に現金が増える**」ということなので、次のことがいえます。

> **権利の金額 ＝ 将来の現金増加額**

簿記では、現在もっている現金だけでなく将来増える現金も資産として扱うのです。

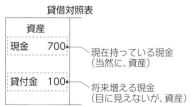

(2)　負債とは

負債とは、**資金の調達源泉のうち返済義務のある金額**のことです。そのため、負債を一言でいうと、「将来、金銭などを支払わなければいけない義務（債務）」となります。

●負債の分類と勘定科目

分類	主な勘定科目	勘定科目の意味	金額の意味
義務 （債務）	借入金 <small>かりいれきん</small>	金銭を借り入れた場合の、その金額を返済する義務	将来返済する金額
	買掛金 <small>かいかけきん</small>	商品を購入したが代金を支払っていない場合の、当該代金の支払義務	

▶補足

負債はマイナスの資産

「義務」は「権利」の真逆の概念であるため、負債はマイナスの資産といわれます。資金を貸し付けた場合は「回収する権利がある」と捉えましたが、逆に資金を借り入れた場合は「返済する義務がある」と捉えるのです。そのため、負債の金額は「将来の現金減少額」を意味します。

●貸し付けと借り入れの比較

	貸借対照表での捉え方	金額の意味
貸し付け （貸付金）	回収する権利がある（資産）	将来、増加する現金の額
借り入れ （借入金）	返済する義務がある（負債）	将来、減少する現金の額

👥 ひと言アドバイス

買掛金（負債）の反対にあたるのは売掛金（資産）（16ページ）だよ。

(3)　資本とは

　資本とは、資金の調達源泉のうち返済義務のない金額のことです。資本の増加要因には、「株主から出資を受ける（元手）」と「利益を獲得する（利益）」の2つがあります。

●資本の分類と勘定科目

分類	主な勘定科目	勘定科目の意味（金額の意味）
元手	資　本　金	株主から出資を受けた金額
利益	繰越利益剰余金	会社が稼いだ金額

　会社が事業を行う目的は、利益を獲得し資本（繰越利益剰余金）を増やすことといえます。

　なお、資本の額はあくまでも調達源泉の額であるため、**いま所有している現金の額ではない点**に注意して下さい（次のCase Study参照）。

| Case Study

現金500円の出資を受け、その後、建物を現金300円で取得した場合

　いま所有している現金は200円しかありませんが、資本の額は500円となります。このように、「資本の額と現金の額は別の概念」であるという点をおさえておきましょう。

貸借対照表

資産		負債	0
現金	200		
建物	300	資本	
		資本金	500

注目!

補足

資本とは、資産と負債の差額

　資本とは、「資金の調達源泉のうち返済義務のない金額」と説明しましたが、学問上の資本の正しい定義は「資産と負債の差額」です。つまり、資本は差額で算定するものなのです。

　資産から負債を引いた差額は正味の財産（純粋な資産）を意味するので、資本は純資産ともいいます。

貸借対照表

資産	800	負債	300
		資本（純資産）	500

資産と負債の差額

資産 － 負債 ＝ 資本（純資産）

■例題1-1

次の空欄①〜④に当てはまる語句または金額を答えなさい。

1．下記の表は財政状態を示す財務諸表であり、（　①　）という。

（　①　）

（　②　）　　800	（　③　）　　200
	資　本　（　④　）

■解答欄

①		②		③		④	

■解答解説

①	貸借対照表	②	資　産	③	負　債	④	600

1．資産の定位置は借方、負債と資本の定位置は貸方である。

2．借方と貸方の合計金額は一致するため、資本の金額は資産と負債の差額で算定できる。

資産800－負債200＝資本600

貸借対照表

資　産　　　800	負　債　　　200
	資　本　　　600

■例題1－2

　X1年3月31日現在のA社の財政状態は次のとおりである。そこで、以下に示した貸借対照表の空欄に当てはまる勘定科目または金額を答えなさい。

（単位：円）

現　　　金	550,000	売　掛　金	350,000	貸　付　金	300,000
建　　　物	100,000	土　　　地	200,000	買　掛　金	360,000
借　入　金	140,000	資　本　金	600,000	繰越利益剰余金	？

■解答欄

貸借対照表

A社　　　　　　　　　　X1年3月31日　　　　　　　（単位：円）

資　産	金　額	負債・資本	金　額
現　　　金	550,000	（　　　　　）	（　　　　）
（　　　　）	（　　　　）	借　入　金	140,000
（　　　　）	（　　　　）	（　　　　　）	（　　　　）
（　　　　）	（　　　　）	繰越利益剰余金	（　　　　）
土　　　地	200,000		
（　　　　）		（　　　　）

■解答解説

貸借対照表

A社　　　　　　　　　　X1年3月31日　　　　　　　（単位：円）

資　産	金　額	負債・資本	金　額
現　　　金	550,000	買　掛　金	360,000
売　掛　金★	350,000	借　入　金	140,000
貸　付　金★	300,000	資　本　金	600,000
建　　　物★	100,000	繰越利益剰余金	400,000
土　　　地	200,000		
	1,500,000		1,500,000

★資産の内訳は、解答と順番が異なっても構わない。

1．売掛金は「掛けで売った金額」なので「代金を回収できる権利」として資産になる。対して、買掛金は「掛けで買った金額」なので「代金を支払う義務」として負債になる★。

　　　★　「掛け」は後払いを意味しています（序章の簿記の用語（4ページ）参照）。

2．繰越利益剰余金は差額で計算できる。

　　　資本合計1,000,000※1 － 資本金600,000 ＝ 400,000

　　　　　※1　資本合計：資産合計1,500,000 － 負債合計500,000（＝買掛金360,000 ＋ 借入金140,000）
　　　　　　　　＝1,000,000（資産と負債の差額）

ひと言アドバイス

初めて習う用語が多いけど、ひとつひとつ覚えていこう。最初のうちはなかなか覚えられなくても、「忘れるたびに、ページを戻ってすぐに確認する」を繰り返せばだんだんと覚えてくるよ。

補足

数字の書き方

簿記で扱う数字は金額であるため、桁が大きくなりやすいです。数字を書く際は、必ず3桁ごとにコンマ「 , 」を書くようにしましょう。慣れてくると、桁が大きな数字であっても、コンマの位置から、パッと見ただけでその金額を読めるようになります。

POINT

3要素の意味と勘定科目

資産とは、会社が所有するすべての財産（現金、物、権利）のこと。
　　主要な勘定科目：現金、建物、土地、貸付金、売掛金（16ページ参照）
負債とは、資金の調達源泉のうち返済義務のある金額のこと。
　　主要な勘定科目：借入金、買掛金（18ページ参照）
資本とは、資金の調達源泉のうち返済義務のない金額のこと。
　　主要な勘定科目：資本金、繰越利益剰余金（19ページ参照）

3 貸借対照表の変化と会計期間

(1) 貸借対照表は日々変化する

　　会社の財政状態は、会社設立後から日々変化していきます。今からその変化について確認し、貸借対照表への理解をさらに深めていきましょう。

┃ Case Study ▶ 貸借対照表の変化 ┄┄┄┄┄┄┄┄┄┄┄┄┄┄┄┄┄┄┄┄┄┄┄┄

(1) 会社の設立

会社設立に際し、株主から現金500円を受け取った。

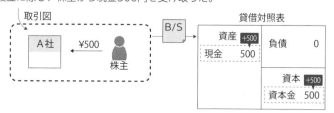

(2) 1年間の取引

① 銀行から現金300円の借り入れを行った。

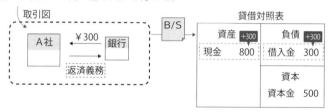

② 現金200円を支払って、建物を取得した。

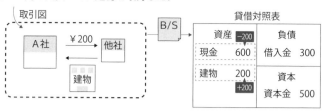

③ 他社に現金200円を貸し付けた。

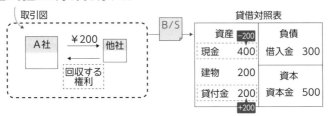

④ 300円で仕入れた商品を400円で売り上げた結果、現金が100円増加した。

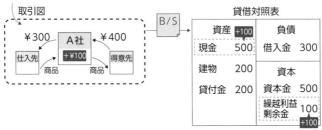

⑤ 従業員へ給料60円を現金で支払った。

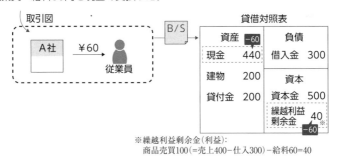

※繰越利益剰余金(利益):
商品売買100(=売上400−仕入300)−給料60=40

　このように、取引のたびに貸借対照表は変化していきますが、大事なポイントがあります。それは、**１つの取引は必ず２つの勘定科目を変化させる**という点です。この性質を「**取引の２面性**」とよびます。

　これ以降の学習で、取引の２面性に対する理解は深まっていきますが、まずはこの貸借対照表の変化を通じてそのイメージをつかんでおきましょう。

ひと言アドバイス

取引の２面性に加えて、「貸借対照表の借方と貸方の合計額は常に一致している」という点★も、上記のCase Studyで確認しておこう。

★9ページの「ポイント②」を参照

(2)　**会計期間**

　上記の具体例では、取引ごとに貸借対照表を作成しました。しかし、実際には取引ごとに貸借対照表を作成することはせず、通常1年に1回だけ貸借対照表を作成します★。

　　★中間決算という6ヶ月に1回作る制度もあります（日商簿記検定3級の試験範囲外）。

　ここで、前回の貸借対照表を作成してから、今回の貸借対照表を作成するまでの期間（1年間）を「**会計期間**」といいます。

　また、各会計期間を次のように表現します。

●会計期間の名称

名称	意味
当期 とうき	現在の会計期間
前期 ぜんき	当期の1つ前の会計期間
翌期（または次期） よくき　　　　　じき	当期の1つ後の会計期間
期首 きしゅ	会計期間の始まり
期末（または決算日★） きまつ　　　　　けっさんび	会計期間の終わり
期中 きちゅう	期首と期末の間

　　★財務諸表を作成することを、「決算」というため、期末を決算日ともいいます。

　ちなみに、会計期間の始まりを何月からにするかは、会社が自由に決められます。日本では4月始まりの会社（**3月決算の会社**）が一番多く、次に多いのは1月始まりの会社（**12月決算の会社**）といわれています。

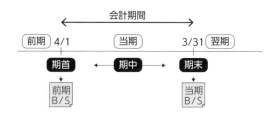

　本テキストでは、特に説明のない限り3月決算の会社を前提に説明をします。

■例題1-3

　A社の当期（X0年4月1日～X1年3月31日）の取引に基づき、当期末の貸借対照表を作成しなさい。

〔資料〕当期の取引

1．A社は、設立にあたり株主から現金8,000円を受け取った。
2．銀行から現金2,000円の借り入れを行った。
3．現金3,400円を支払って、建物を取得した。
4．現金1,000円を取引先に貸し付けた。
5．商品を仕入れ、その商品を販売した結果、現金が1,300円増加した。
6．従業員へ給料800円を現金で支払った。

■解答欄

貸借対照表

A社　　　　　　　　　　X1年3月31日　　　　　　　（単位：円）

資　産	金　額	負債・資本	金　額
現　　　金	（　　　）	借　入　金	（　　　）
建　　　物	（　　　）	資　本　金	（　　　）
貸　付　金	（　　　）	繰越利益剰余金	（　　　）
	（　　　）		（　　　）

■解答解説

貸借対照表

A社　　　　　　　　　　X1年3月31日　　　　　　　（単位：円）

資　産	金　額	負債・資本	金　額
現　　　金	6,100	借　入　金	2,000
建　　　物	3,400	資　本　金	8,000
貸　付　金	1,000	繰越利益剰余金	500
	10,500		10,500

１．取引ごとの貸借対照表の変化は次のとおりである。

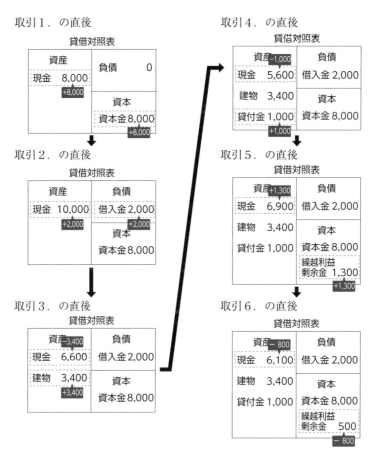

POINT

１．取引するたびに、貸借対照表の２つの勘定科目が増減する。また、貸借対照表の貸
　借合計は常に一致する。

２．会計期間について、「前期」「当期」「翌期」と表現する。

　上記のように、取引ごとに貸借対照表を作成すれば、期末の貸借対照表を作成することができます。しかし、解いて分かるとおりこれは非常に手間です。また、貸借対照表は期末に作成すればよいので、期中の貸借対照表はそもそも不要です。

　そのため、実際は期中で貸借対照表の作成は行いません。期中では取引の記録のみを行うことになります。

4　貸借対照表作成の基本的な流れ

(1)　取引の記録

　　期中では貸借対照表を作成せずに、取引を行うたびに「何の勘定科目が、いくら変動したか」について記録をしておきます。そのうえで、期末になったらその記録に基づいて貸借対照表を作成します。

　　具体的には、次のような流れになります。

(2)　仕訳とは

　　これが仕訳です。

（借）　現　　　　金　　　100	（貸）　資　本　金　　　100

　　この1行は、「現金が100円増加、資本金が100円増加」を意味しています。このように仕訳では、その1行で「何の勘定科目が、いくら変動したか」について示すのです。なお、仕訳を行うことを「仕訳をきる」と表現します。

　　仕訳は次のルールに基づき行います。

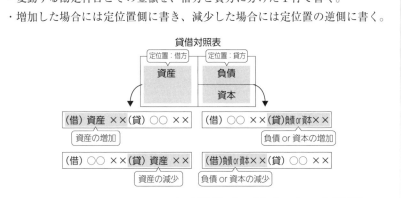

ひと言アドバイス

「仕訳が読め、仕訳がきれる」を目標に、これ以降のCase Studyをみていこう！

▌Case Study 仕訳の基本

(1)　会社の設立

会社設立に際し、株主から現金500円を受け取った。

(2)　借り入れ

銀行から現金300円の借り入れを行った。

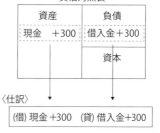

上記のように、仕訳は次の3点を基本としています。

・変動する勘定科目とその金額を1行で書く。
・貸借対照表は借方と貸方に分かれているため、仕訳も借方（借）と貸方（貸）に分ける★。
・定位置が借方のものが増加した場合は仕訳上も借方に、定位置が貸方のものが増加した場合は仕訳上も貸方に書く。

★取引には2面性があるため、仕訳も借方と貸方に分かれるのです。

続いて、もう一つ取引をみてみましょう。

(3)　建物の購入

　現金200円を支払って、建物を取得した。

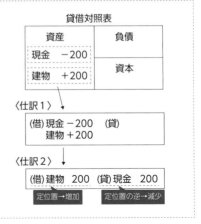

　仕訳1の場合、借方に2つの勘定科目がでてくる一方で、貸方は空っぽとなっており、おさまりが悪くなってしまいます。

　そこで、仕訳2のようにします。すなわち、**増加した建物は定位置側（借方）に、減少した現金は定位置の逆側（貸方）に書く**のです。

・増加した場合→定位置側に書く。

・減少した場合→定位置の逆側に書く。

　また、記入した位置で増減が明確になるので、**金額の前に符号は付しません。**

　すべての仕訳はこのルールに基づき行います。

🔊補足

仕訳のひな形

　仕訳のひな形は決まっていないため、上記の他にも様々あります。代表的なものを列挙しておきます。

例1）建　物　200 / 現　金　200

例2）（建　物）200（現　金）200

例3）

借方科目	金額	貸方科目	金額
建　物	200	現　金	200

■例題1-4★

A社の当期（X0年4月1日～X1年3月31日）の取引に基づき、当期の仕訳を示しなさい。なお、問題の便宜上、収益・費用の勘定科目は使用しないこと。

　★例題1-4は、例題1-3と同じ数値例となっています。なお、例題1-5、1-6も同様です。

〔資料〕当期の取引

1．A社は、設立にあたり株主から現金8,000円を受け取った。
2．銀行から現金2,000円の借り入れを行った。
3．現金3,400円を支払って、建物を取得した。
4．現金1,000円を取引先に貸し付けた。
5．商品を仕入れ、その商品を販売した結果、現金が1,300円増加した。
6．従業員へ給料800円を現金で支払った。

■解答欄

	借方科目	金額	貸方科目	金額
1.				
2.				
3.				
4.				
5.				
6.				

■解答解説

	借方科目	金額	貸方科目	金額
1.	現　　　　金	8,000	資　本　金	8,000
2.	現　　　　金	2,000	借　入　金	2,000
3.	建　　　物	3,400	現　　　　金	3,400
4.	貸　付　金	1,000	現　　　　金	1,000
5.	現　　　　金	1,300	繰越利益剰余金	1,300
6.	繰越利益剰余金	800	現　　　　金	800

1. 取引ごとの仕訳の考え方は次のとおりである。

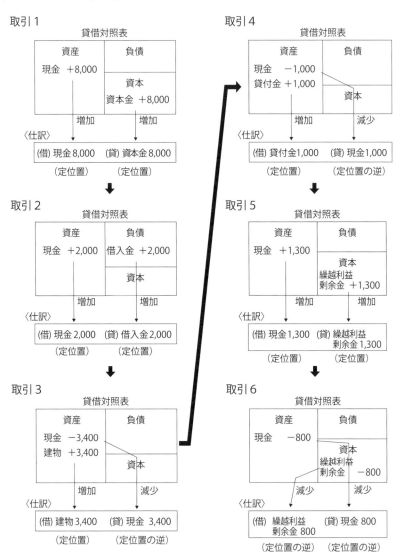

取引1
貸借対照表

資産	負債
現金 ＋8,000	
	資本
	資本金 ＋8,000

増加　　　　増加

〈仕訳〉

(借) 現金 8,000　(貸) 資本金 8,000

(定位置)　　　(定位置)

取引2
貸借対照表

資産	負債
現金 ＋2,000	借入金 ＋2,000
	資本

増加　　　　増加

〈仕訳〉

(借) 現金 2,000　(貸) 借入金 2,000

(定位置)　　　(定位置)

取引3
貸借対照表

資産	負債
現金 －3,400	
建物 ＋3,400	
	資本

増加　　　　減少

〈仕訳〉

(借) 建物 3,400　(貸) 現金 3,400

(定位置)　　　(定位置の逆)

取引4
貸借対照表

資産	負債
現金 －1,000	
貸付金 ＋1,000	
	資本

増加　　　　減少

〈仕訳〉

(借) 貸付金 1,000　(貸) 現金 1,000

(定位置)　　　(定位置の逆)

取引5
貸借対照表

資産	負債
現金 ＋1,300	
	資本
	繰越利益剰余金 ＋1,300

増加　　　　増加

〈仕訳〉

(借) 現金 1,300　(貸) 繰越利益剰余金 1,300

(定位置)　　　(定位置)

取引6
貸借対照表

資産	負債
現金 －800	
	資本
	繰越利益剰余金 －800

減少　　　　減少

〈仕訳〉

(借) 繰越利益剰余金 800　(貸) 現金 800

(定位置の逆)　　　(定位置の逆)

(3) 勘定とは

仕訳をきったら勘定に転記します（28ページ参照）。勘定★とは、**仕訳の内容を勘定科目ごとに集計する場所**のことで、勘定科目ごとに設定します。勘定はTの字をしており、借方と貸方に分かれています。なお、「**勘定**」は記録する場所のことで、「**勘定科目**」は記録する名前のことです。似ているので注意しましょう。

> ★勘定は、「勘定口座」や「T勘定」ということがあります。前者は、記録する場所であることを強調した名称で、後者は勘定がTの字である点に着目した名称です。

〈勘定〉

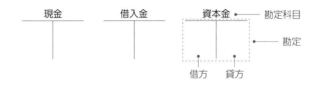

仕訳をきったら、仕訳のとおりに勘定に書きうつします。具体的には、**借方と貸方に増減した金額を記入します**。この、「仕訳を勘定に書きうつす」ことを、「**転記する**」といいます。会社は、取引をするたびに仕訳をきって勘定に転記します。そのため、**仕訳と勘定への転記はセットで行われます**。

〈勘定への転記〉

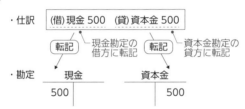

仕訳のとおりに転記するので、勘定も仕訳と同じく「**定位置側が増加、逆側が減少**」となります。

〈勘定の増加と減少〉

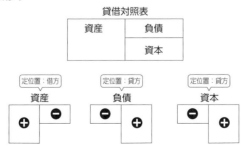

　勘定の貸借の差額を算定すると、その時点における各勘定の増減結果を算定することができます。この勘定の差額を「**残高**」といいます。

　期末の勘定残高は財務諸表に計上される金額を意味しています。よって、**財務諸表は期末の勘定残高を書きうつすことで作成ができます。**

〈勘定残高から財務諸表の作成〉

Case Study ▶ 全体像

(1)　期中取引（仕訳と勘定への転記）

　① 会社設立に際し、株主から現金500円を受け取った。

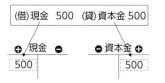

　② 銀行から現金300円の借り入れを行った。

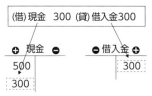

　③ 上記借り入れのうち100円を現金で返済した。

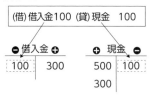

(2)　期末（貸借対照表の作成）

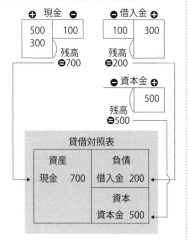

■例題1-5

　A社の当期（X0年4月1日〜X1年3月31日）の取引に基づき、次の各問に答えなさい。なお、問題の便宜上、収益・費用の勘定科目は使用しないこと。

　問1　仕訳および勘定記入を行いなさい。

　問2　記入した勘定に基づき、貸借対照表を作成しなさい。

〔資料〕当期の取引

　1．A社は、設立にあたり株主から現金8,000円を受け取った。

　2．銀行から現金2,000円の借り入れを行った。

　3．現金3,400円を支払って、建物を取得した。

　4．現金1,000円を取引先に貸し付けた。

　5．商品を仕入れ、その商品を販売した結果、現金が1,300円増加した。

　6．従業員へ給料800円を現金で支払った。

■解答欄

	借方科目	金額	貸方科目	金額
1.				
2.				
3.				
4.				
5.				
6.				

現金

借入金

建物

資本金

貸付金

繰越利益剰余金

貸借対照表

A社		X1年3月31日		（単位：円）
資　産	金　額	負債・資本	金　額	
現　　　金	（　　　）	借　入　金	（　　　）	
建　　　物	（　　　）	資　本　金	（　　　）	
貸　付　金	（　　　）	繰越利益剰余金	（　　　）	
	（　　　）		（　　　）	

■ 解答解説

	借方科目	金額	貸方科目	金額
1.	現　　　　金	8,000	資　　本　　金	8,000
2.	現　　　　金	2,000	借　　入　　金	2,000
3.	建　　　　物	3,400	現　　　　　金	3,400
4.	貸　　付　　金	1,000	現　　　　　金	1,000
5.	現　　　　金	1,300	繰越利益剰余金	1,300
6.	繰越利益剰余金	800	現　　　　　金	800

現金			
1.	8,000	3.	3,400
2.	2,000	4.	1,000
5.	1,300	6.	800

借入金		
	2.	2,000

建物	
3.	3,400

資本金		
	1.	8,000

貸付金	
4.	1,000

繰越利益剰余金			
6.	800	5.	1,300

貸借対照表

A社		X1年3月31日		（単位：円）
資　産	金　額	負債・資本	金　額	
現　　　金	6,100	借　入　金	2,000	
建　　　物	3,400	資　本　金	8,000	
貸　付　金	1,000	繰越利益剰余金	500	
	10,500		10,500	

1. 取引ごとに、「仕訳および勘定への転記」を行う。「先に全部の仕訳を行ってから、まとめて転記する」のは正しい手順ではないため注意すること。
2. 貸借対照表は勘定残高をうつして作成する。

🧩補足

仕入取引と売上取引を分けた場合

本間の5．は商品売買取引です。本来、商品売買の仕入取引と売上取引は別の取引です。もし両者を分けた場合は次のようになります（2,700円で仕入れた商品を4,000円で販売した結果、現金が1,300円増えた場合）。

5．a）仕入取引：商品2,700円を仕入れ、現金を支払った。

（借）繰越利益剰余金 2,700	（貸）現 金 2,700

b）売上取引：その商品を4,000円で売り上げ、現金を受け取った。

（借）現 金 4,000	（貸）繰越利益剰余金 4,000

逆に言えば、この2つの仕訳を1つにまとめたものが解答の仕訳です。なお、商品の仕入は「商品」という資産の増加と考えることもできそうですが、今の段階では仕入れた商品はすぐに販売してなくなるため「商品という資産は増えない」とおさえるようにして下さい。

🔍POINT

1. 仕訳および勘定では、貸借対照表の定位置側が増加、定位置の逆側が減少を意味する。
2. 期中では、取引するたびに仕訳をきって、勘定に転記する。
3. 期末になったら、勘定の残高をうつして貸借対照表を作成する。

5　貸借対照表による利益計算

　上記の例題における会社設立時と当期末の貸借対照表を並べると、以下のように
なります。

　「繰越利益剰余金」勘定の金額に注目すると、500円増えていることがわかります。
この増加額が当期の利益（正式名称は**当期純利益**）です。当期純利益の金額は**繰越
利益剰余金の増加額**で計算することができるのです★。

　　★配当を行った場合は一致しません。詳しくは第15章で学習します。

当期末の繰越利益剰余金 － 当期首の繰越利益剰余金 ＝ 当期純利益

　しかし、この貸借対照表による利益計算には問題点があります。それは、**利益の
源泉**（利益が生じた理由）がわからないという点です。上記の貸借対照表からは、
繰越利益剰余金の増加額はわかっても、どのような活動をして利益を獲得したかが
わかりません（商品を売ったのか？利息で儲かったのか？商品を売ったのならいく
ら分売れたのか？）。

　株主にとって、利益の源泉は非常に重要な情報です。そこで、会社は利益の源泉
を示すために**損益計算書**を作成します。

> 🗣 ひと言アドバイス
>
> 損益計算書は経営成績を表す財務諸表だったね（6ページ）。第3節からは、損益計算書につい
> て説明するよ。

💡 POINT

　1．**貸借対照表の繰越利益剰余金の増減額が当期純利益となる。**
　2．**貸借対照表だけでは、繰越利益剰余金の増減要因が不明である。**

第３節　損益計算書

もう一つの財務諸表である損益計算書について学習をします。損益計算書は経営成績を示す財務諸表のことでしたね。損益計算書まで理解して、初めて「財務諸表を理解できた」となりますので、しっかりおさえましょう。

1 損益計算書が理解できる具体例

Case Study ▶ 損益計算書

設立に際し、株主から現金500円を受け取った。その後、当期に以下の取引を行った。
① 商品を300円で仕入れ、現金を支払った★。
② 上記商品を400円で売り上げ、現金を受け取った★。
③ 従業員へ給料60円を現金で支払った。

★第３節以降では商品の仕入取引（①）と売上取引（②）を分けていきます。

（1）　損益計算書を作成しない場合

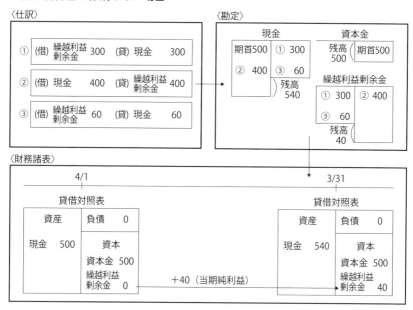

　上記は第２節で勉強した内容どおりのものです。この方法では、貸借対照表は作成できますが、利益の内訳（繰越利益剰余金の増減理由）はわかりません。そこで、次のようにします。

(2) 損益計算書を作成する場合

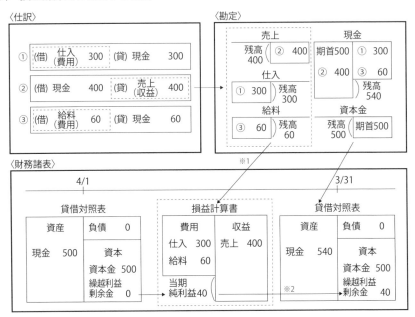

〈仕訳〉

〈勘定〉

〈財務諸表〉　※1

　点線で囲った箇所が変わった箇所です。繰越利益剰余金の増減理由を把握するために、「繰越利益剰余金」勘定は使用せず、「売上」勘定、「仕入」勘定、「給料」勘定といった増減理由を示す勘定科目を用いて仕訳を行います。このようにすれば、「売上」勘定等の残高を損益計算書にうつす（上記※1）ことで、当期純利益の増減理由を示すことができるのです。

　逆に言えば、「繰越利益剰余金」勘定自体は直接増減させません。よって、貸借対照表の繰越利益剰余金は損益計算書からうつしてきます（上記※2）。

　つまり、損益計算書とは**「繰越利益剰余金」勘定の内訳を財務諸表にした**ものといえます。よって、損益計算書の貸方は繰越利益剰余金の増加を意味し、借方は減少を意味します。

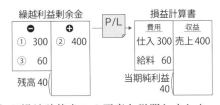

　7ページにおいて「収益」と「費用」が損益計算書の2要素と説明しました。**収益とは繰越利益剰余金の増加要因のことで、費用とは減少要因のことなのです。**

2 損益計算書と経営成績を理解しよう

(1) 経営成績とは

損益計算書は**経営成績**を示す財務諸表です。上記の具体例からわかるとおり、経営成績とは「収益と費用の２要素を示したうえで、当期純利益を算定すること」です。

収　　益	繰越利益剰余金の増加要因
費　　用	繰越利益剰余金の減少要因
当期純利益	当期の儲け（繰越利益剰余金の増加額）

(2) 損益計算書のひな形と３つのポイント

損益計算書

A社　　　X0年４月１日〜X1年３月31日（単位：円）

仕　　入	300	売　　上	400
給　　料	60		
当期純利益	40		
	400		400

損益計算書のポイントは次の３つです。

ポイント①	借方に費用、貸方に収益
ポイント②	収益と費用の差額で当期純利益*を算定する（記載場所は借方の一番下）
ポイント③	いつの期間の経営成績なのかを記載する

★収益の金額よりも費用の金額が大きい場合、当期純利益はマイナスになります。一般的には赤字と呼ばれますが、簿記では「当期純損失」といいます。なお、これ以降では、基本的に当期純利益の場合を前提に説明をします。

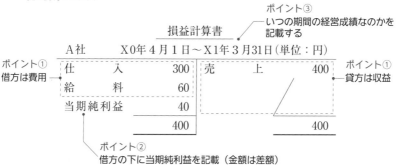

損益計算書においても定位置が重要です。利益の増加要因である**収益は貸方**、減少要因である**費用は借方**に記載します（「繰越利益剰余金」勘定と同じ）。

また、当期の儲けである当期純利益は収益と費用の差額で算定します。

収益の金額 － 費用の金額 ＝ 当期純利益

---

3 損益計算書の2要素

損益計算書の2要素である、収益と費用について詳しく説明します。

(1) 収益

収益とは、**繰越利益剰余金の増加要因**のことをいい、増加要因別に勘定科目が定められています。繰越利益剰余金の増加要因およびその勘定科目として、主に次のようなものがあります。

●収益の勘定科目

繰越利益剰余金の増加要因	勘定科目
商品を販売し販売代金を得た場合	売上
取引を仲介し仲介手数料を得た場合	受取手数料
貸し付けたお金に対する利息を得た場合	受取利息

(2) 費用

費用とは、**繰越利益剰余金の減少要因**のことをいい、減少要因別に勘定科目が定められています。繰越利益剰余金の減少要因およびその勘定科目として、主に次のようなものがあります。

●費用の勘定科目

繰越利益剰余金の減少要因	勘定科目
商品を購入した場合	仕入
従業員に給料を支払った場合	給料
水道光熱費を支払った場合	水道光熱費
借り入れたお金に対する利息を支払った場合	支払利息

なお、これらの支出は収益（主に売上）を獲得するために行うものです。そのため、費用は収益を獲得するために犠牲にした金額といえます。

(3)　仕訳および勘定記入

　　収益および費用の増加・減少を**発生・取消**といいます。収益が発生したら仕訳の貸方に、費用が発生したら仕訳の借方に記帳します。

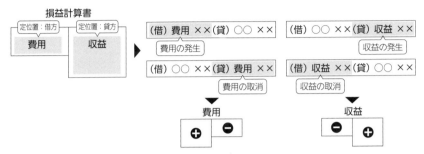

💭POINT

1．経営成績とは収益と費用の2要素を示したうえで、当期純利益を算定すること。

2要素	意味	定位置
収益	繰越利益剰余金の増加要因	貸方
費用	繰越利益剰余金の減少要因	借方

2．当期純利益＝収益－費用

４　貸借対照表と損益計算書の関係

　　当期純利益の金額は繰越利益剰余金の当期増加額を示しています。そのため、「損益計算書の当期純利益の額だけ、貸借対照表の繰越利益剰余金が増加する」という関係にあります。

> 前期B/Sの繰越利益剰余金　＋　P/Lの当期純利益　＝　当期B/Sの繰越利益剰余金

※B/Sは貸借対照表、P/Lは損益計算書を意味している（6ページの補足参照）。
※繰越利益剰余金は「資本合計」と読み替えることもできる。

前期貸借対照表		損益計算書		当期貸借対照表	
資産	負債　　0	費用	収益	資産	負債　　0
現金　500	資本	仕入　300	売上　400	現金　540	資本
	資本金 500	給料　　60			資本金 500
	繰越利益剰余金　0	当期純利益40			繰越利益剰余金　40

■例題1-6

A社の当期（X0年4月1日～X1年3月31日）の取引に基づき、次の各問に答えなさい。

問1　仕訳および勘定記入を行いなさい。

問2　記入した勘定に基づき、貸借対照表および損益計算書を作成しなさい。

〔資料〕当期の取引

1．A社は、設立にあたり株主から現金8,000円を受け取った。

2．銀行から現金2,000円の借り入れを行った。

3．現金3,400円を支払って、建物を取得した。

4．現金1,000円を取引先に貸し付けた。

5．a）商品2,700円を仕入れ、現金を支払った。b）また、その商品を4,000円で売り上げ、現金を受け取った。

6．従業員へ給料800円を現金で支払った。

■解答欄

	借方科目	金額	貸方科目	金額
1．				
2．				
3．				
4．				
5a．				
5b．				
6．				

現金

借入金

建物

資本金

貸付金		売上

仕入		給料

貸借対照表

A社　　　　　　X1年3月31日　　　　　（単位：円）

資　産	金　額	負債・資本	金　額
現　　　金	（　　　）	借　入　金	（　　　）
建　　　物	（　　　）	資　本　金	（　　　）
貸　付　金	（　　　）	繰越利益剰余金	（　　　）
（　　　）			（　　　）

損益計算書

A社　　　X0年4月1日〜X1年3月31日　　（単位：円）

費　用	金　額	収　益	金　額
仕　　　入	（　　　）	売　　　上	（　　　）
給　　　料	（　　　）		
当期純利益	（　　　）		
（　　　）			（　　　）

■ 解答解説

	借方科目	金額	貸方科目	金額
1.	現　　　金	8,000	資　本　金	8,000
2.	現　　　金	2,000	借　入　金	2,000
3.	建　　　物	3,400	現　　　金	3,400
4.	貸　付　金	1,000	現　　　金	1,000
5a.	仕　　　入	2,700	現　　　金	2,700
5b.	現　　　金	4,000	売　　　上	4,000
6.	給　　　料	800	現　　　金	800

現金			
1.	8,000	3.	3,400
2.	2,000	4.	1,000
5 b.	4,000	5 a.	2,700
		6.	800

借入金			
		2.	2,000

建物	
3.	3,400

資本金			
		1.	8,000

貸付金	
4.	1,000

売上			
		5 b.	4,000

仕入	
5 a.	2,700

給料	
6.	800

貸借対照表

A社	X1年3月31日		（単位：円）
資　産	金　額	負債・資本	金　額
現　　　金	6,100	借　入　金	2,000
建　　　物	3,400	資　本　金	8,000
貸　付　金	1,000	繰越利益剰余金	500
	10,500		10,500

損益計算書

A社	X0年4月1日～X1年3月31日		（単位：円）
費　用	金　額	収　益	金　額
仕　　　入	2,700	売　　　上	4,000
給　　　料	800		
当期純利益	500		
	4,000		4,000

1．繰越利益剰余金が増減する5と6の取引は、収益・費用の勘定科目を用いる。なお、収益の発生は貸方、費用の発生は借方である。

2．収益・費用は損益計算書にうつし、資産・負債・資本は貸借対照表にうつす。

3．損益計算書の当期純利益は貸借差額により算定する。また、貸借対照表の繰越利益剰余金は当期純利益の金額だけ増加するため500となる。

当期純利益：収益合計4,000 − 費用合計3,500（＝仕入2,700＋給料800）＝500

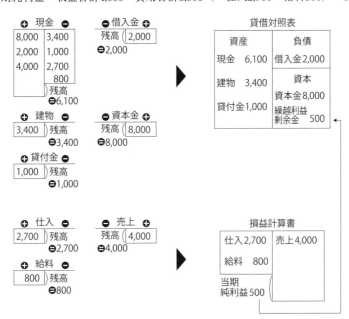

📣 ひと言アドバイス

ここまでお疲れ様！この問題が解けるようになることが第1章の目標だよ。最初は30分以上かかるかもしれないけど、時間をかけてでもできるようにしよう！また、第1章では色んなことを学んだから、第2章に入る前に一度ここまでの内容を軽く見直すのがオススメだよ。

🔍 POINT

1．損益計算書の当期純利益の額だけ、貸借対照表の繰越利益剰余金（資本合計）が増加する。

2．前期B／Sの繰越利益剰余金＋P／Lの当期純利益＝当期B／Sの繰越利益剰余金

第 **2** 章
簿記の全体像

第1節　全体像と帳簿

第1章では、財務諸表を中心に簿記の全体像を学習しました。第2章では、より詳細な手続きの方法について学習します。まずは、全体像を確認したうえで、帳簿というものを知っておきましょう。

1 財務諸表を作成するまでの一連の流れ

財務諸表を作成するまでの一連の流れは次のようになっています。

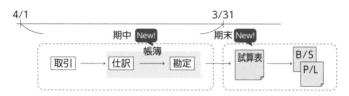

帳簿と**試算表**は本章で初めての登場です。帳簿はこの次に説明し、試算表は第3節で説明します。

2 帳簿とは

帳簿とは、簿記の記録を行う媒体★のことです。仕訳や勘定は、試験では解答欄に書き込みますが、実務では帳簿に書き込みます。また、帳簿に書き込むことを「記帳する」といいます。

　★勉強するうえでは、帳簿は紙のノートをイメージすれば問題ありません。なお、実際には、パソコンなどを用いて電子的に記録することがほとんどです。

会社は「**仕訳帳**」と「**総勘定元帳**」という2つの帳簿を用意します。仕訳帳には仕訳を記入し、総勘定元帳には勘定を記入します。

なお、帳簿については第10章で詳しく学習をします。

第2節 期中手続き

期中では、「取引を仕訳して、勘定に転記する」ということを行います。本節では、これら「取引」、「仕訳」、「勘定」について詳しく学習します。

1 取引

簿記では、仕訳が必要な活動や事象のことを「取引（または簿記上の取引）」といいます。**簿記上の取引は、一般にいう取引とほとんど差はありません★**。しかし、厳密に言えば、「簿記の5要素を増減させる活動や事象（財務諸表に影響する活動や事象）」が簿記上の取引であるため、一般的な取引と違う点が2点あります。この違いの部分だけおさえておきましょう。

★問題を解く上で、簿記上の取引か否かで悩むことはないでしょう。

一般にいう取引と簿記上の取引の違い

① 火災や盗難：一般的には取引といわないが、簿記では取引となる。

火災により建物が焼失してしまった場合や、お金が盗まれてしまった場合には、資産（建物や現金）が減少します。よって、簿記の5要素に影響するため簿記上の取引になります。

② 契約（を締結しただけ）：一般的には取引というが、簿記では取引とならない。

仕入先から商品を仕入れる契約を締結しただけで、まだ実際に商品を仕入れていなかったり、代金を支払っていなければ、簿記の5要素は増減しません。よって、契約を締結しただけでは簿記上の取引となりません。

2 仕訳

財務諸表の変化を借方と貸方に分けた上で、1行で記録するのが仕訳でした。

〈仕訳〉

| （借） | 現　　　金 | 100 | （貸） | 資　本　金 | 100 |

しかし、複雑な取引を行った場合、仕訳が2行以上になることがあります。

■ **Case Study** ▶ 仕訳が2行以上になる場合

「現金1,000円を支払い、建物600円、土地400円を
取得した。」

この場合、貸借対照表は右のように変化します。

貸借対照表

資産	負債
現金 − 1,000	
建物 + 600	資本
土地 + 400	

よって、この場合の仕訳は次のようになります。

(借) 建　　　物	[資産+]	600	(貸) 現　　　金	[資産−]	1,000
土　　　地	[資産+]	400			

※どの勘定科目を1行目に記入するかといった順番に決まりはありません。
※仕訳が複数行になっても、借方の合計金額と貸方の合計金額は一致します。

3 　勘定

(1)　勘定への転記

仕訳を行ったら勘定へ転記します。第1章では金額のみを転記していましたが、金額だけでは情報量が少なすぎるため、金額の他に「**取引日**」と「**相手科目（仕訳の反対側の勘定科目）**」も記入します★。

　★日付と相手科目はあくまでも補足的な情報です。これ以降、説明の便宜上、省略することもあります。

金額のみだと、取引日や増減理由といった、
取引の詳細がわからない。

取引日と相手科目を記入することで、
取引の詳細をわかるようにする。

　また、相手科目が複数ある場合は「諸口」と記入します。諸口は、**相手科目が複数あることを意味します**。相手科目を記入しない理由は、単に記入スペースが足りず、記入できないからです。

```
9/1 (借) 建物    600  (貸) 現金  1,000
        土地    400
```

建物		現金	
9/1 現金　600			9/1 諸口　1,000

土地	
9/1 現金　400	

相手科目が複数あることを
意味する

■◆補足

会計処理

　仕訳をきったり、勘定に転記したりすることをまとめて「会計処理」といいます。

(2)　合計金額と残高金額

　勘定の借方合計と貸方合計の差額を「**残高**」といいます。また、借方合計の方が大きい場合を「**借方残高**」、貸方合計の方が大きい場合を「**貸方残高**」といいます。

■例題 2 - 1

　次の当期（4月～3月）の取引について、仕訳および勘定記入を行い、各勘定の残高を答えなさい。なお、残高の（　　　　）には借方残高または貸方残高と記入すること。

　4/ 1　会社の設立に際して、株主から20,000円の出資を受けた。

　4/ 8　取引銀行から現金8,000円を借り入れた。

　6/ 6　現金21,000円を支払って建物7,000円と土地14,000円を取得した。

　11/25　利息4,000円を現金で受け取った。

　2/ 1　取引銀行へ現金2,000円を返済した。

　3/ 1　利息1,000円を現金で支払った。

■解答欄

〈仕訳帳〉

	借方科目	金額	貸方科目	金額
4/ 1				
4/ 8				
6/ 6				
11/25				
2/ 1				
3/ 1				

〈総勘定元帳〉

現金

残高 _____ （　　　　　）

借入金

残高 _____ （　　　　　）

建物

残高 _____ （　　　　　）

資本金

残高 _____ （　　　　　）

土地	受取利息
残高 ＿＿＿＿（　　　　　）	残高 ＿＿＿＿（　　　　　）

支払利息

残高 ＿＿＿＿（　　　　　）

■ 解答解説

〈仕訳帳〉

		借方科目	金額	貸方科目	金額
4 / 1		現　　　　　金	20,000	資　　本　　金	20,000
4 / 8		現　　　　　金	8,000	借　　入　　金	8,000
6 / 6		建　　　　　物	7,000	現　　　　　金	21,000
		土　　　　　地	14,000		
11/25		現　　　　　金	4,000	受　取　利　息	4,000
2 / 1		借　　入　　金	2,000	現　　　　　金	2,000
3 / 1		支　払　利　息	1,000	現　　　　　金	1,000

〈総勘定元帳〉

現金

4/1 資本金 20,000	6/6 諸　口 21,000
4/8 借入金 8,000	2/1 借入金 2,000
11/25 受取利息 4,000	3/1 支払利息 1,000

残高 8,000（借方残高）

借入金

2/1 現　金 2,000	4/8 現　金 8,000

残高 6,000（貸方残高）

建物

6/6 現　金 7,000	

残高 7,000（借方残高）

資本金

	4/1 現　金 20,000

残高 20,000（貸方残高）

土地

6/6 現　金 14,000	

残高 14,000（借方残高）

受取利息

	11/25 現　金 4,000

残高 4,000（貸方残高）

支払利息

3/1 現　金	1,000	

　　　　残高　1,000（借方残高）

1．解く手順

　　① 取引の都度、仕訳を行い、勘定に転記する。

　　② 最後まで記帳したら、勘定記入にもとづき、各勘定残高を算定する。

2．勘定残高

　　現　金：借方合計 32,000 − 貸方合計 24,000 ＝ 8,000（借方残高）

　　借入金：貸方合計　8,000 − 借方合計　2,000 ＝ 6,000（貸方残高）

　　他の勘定は、記入されている金額が1つであるため、当該金額が残高金額となる。

> 🐱 ひと言アドバイス
>
> 転記する際に、日付と相手科目も書くとなると、複雑で混乱してしまいがちだけど、結局やってる
> ことは例題1-6（44ページ）と同じだよ。落ち着いて解くようにしよう。

▶補足

受取利息

　　受取利息は、お金を預金したり、貸し付けたりすることで生じるものです。本問のよ
うに、預金や貸し付けをせずに利息を受け取ることは本来ありません。

📍POINT

1．期中では、取引の都度、仕訳を行い、勘定に転記する。

2．取引とは簿記の5要素を増減させる活動や事象のこと。

3．勘定には、金額だけでなく、日付と相手科目も記入する。なお、仕訳が複数行にな
　る場合は相手科目ではなく「諸口」と記入する。

4．勘定の借方合計と貸方合計の差額で勘定残高を算定する。

第3節　期末の手続き

期中の手続きが理解できたら、続いては期末の手続きをみていきましょう。

1 試算表

(1) 試算表の作成目的

期末日になったら、財務諸表を作成する前にまず「試算表」を作成します★。試算表は、総勘定元帳の各勘定の金額を集計した一覧表をいいます。試算表を作成する目的には次の2つがあります。

★試算表は期末に必ず作成しますが、実務では、期末だけでなく毎月末に作成するのが一般的です。

〈試算表を作成する目的〉

① 勘定を一覧する

総勘定元帳上では勘定科目別に記帳されており、全体を一覧することができません。そのため、一覧表である試算表を作成します。

全体の一覧ができない　試算表だと全体を一覧できる

② 転記の正確性を検証する

仕訳を勘定に転記する際に、ミスをしている可能性があります。試算表を作成することで、正しく転記されているかを確認できます。

試算表を作成するとこのようなミスを発見できる

(2) 試算表の種類

試算表には「合計試算表」、「残高試算表」、「合計残高試算表」の3種類があります。試算表の種類により集計する金額が異なります。

●試算表の分類

試算表	集計する金額
合計試算表	各勘定の借方合計金額・貸方合計金額
残高試算表	各勘定の残高金額
合計残高試算表	各勘定の借方合計金額・貸方合計金額と残高金額

(3) 転記の正確性の検証方法

　　試算表では、貸借が一致するか否かを確認することで転記の正確性を検証します。なお、試算表は英語でTrial Balance★というため、頭文字をとって、T/B（ティービー）と略すことが一般的です。

> ★Trial Balanceを直訳すると、「貸借が一致するか（Balanceするか）、試す」です。つまり、ミスがないかどうか試すための表なので、試算表といいます。

┃ Case Study ▶ 試算表の作成★ ⋯⋯⋯⋯⋯⋯⋯⋯⋯⋯⋯⋯⋯⋯⋯⋯⋯⋯

　　★例題2-1の数値例となっています。

〈総勘定元帳〉

現金

4/1 資本金 20,000	6/6 諸　口 21,000
4/8 借入金 8,000	2/1 借入金 2,000
11/25 受取利息 4,000	3/1 支払利息 1,000
残高 8,000 （借方残高）	

借入金

2/1 現　金 2,000	4/8 現　金 8,000
残高 6,000 （貸方残高）	

建物

6/6 現　金 7,000	
残高 7,000 （借方残高）	

資本金

	4/1 現　金 20,000
残高 20,000 （貸方残高）	

土地

6/6 現　金 14,000	
残高 14,000 （借方残高）	

受取利息

	11/25 現　金 4,000
残高 4,000 （貸方残高）	

支払利息

3/1 現　金 1,000	
残高 1,000 （借方残高）	

　　この総勘定元帳をもとに試算表を作成していきましょう。作成方法は次のとおりです。

1. 試算表の中央に勘定科目を集める

　　試算表の中央に勘定科目を集めます。

試算表		
借方	勘定科目	貸方
	現金	
	建物	
	土地	
	借入金	
	資本金	
	受取利息	
	支払利息	

2. 各勘定科目の金額を集める

　　各勘定には、①合計金額と②残高金額の
2つの概念があります。

　　試算表の種類により集計する金額が異な
ります。

　　合計試算表：①を集計する

　　残高試算表：②を集計する

　　合計残高試算表：①と②を集計する

3. 試算表の貸借の合計額の一致を確かめる

　　仕訳の借方と貸方の金額は必ず一致しま
す。そのため、**正しく転記されていれば、
借方合計と貸方合計は必ず一致する★**ため、
その点を確認します。

　　★貸借平均の原理といいます。

合計試算表		
借方	勘定科目	貸方
32,000	現金	24,000
⋮		⋮
56,000	←一致→	56,000

正しく転記されていれば一致
する（不一致の場合、転記の
ミスがあることを意味する）

　　実際に各試算表を作成すると次のようになります。

〈合計試算表〉

合計試算表

借方合計	勘定科目	貸方合計
32,000	現　　金	24,000
7,000	建　　物	
14,000	土　　地	
2,000	借 入 金	8,000
	資 本 金	20,000
	受 取 利 息	4,000
1,000	支 払 利 息	
56,000		56,000

※各勘定の合計金額を集計する。
※貸借の合計が56,000で一致。

〈残高試算表〉

残高試算表

借方残高	勘定科目	貸方残高
8,000	現　　金	
7,000	建　　物	
14,000	土　　地	
	借 入 金	6,000
	資 本 金	20,000
	受 取 利 息	4,000
1,000	支 払 利 息	
30,000		30,000

※各勘定の残高金額を集計する。
※貸借の合計が30,000で一致。

〈合計残高試算表〉

合計残高試算表

借方残高	借方合計	勘定科目	貸方合計	貸方残高
8,000	32,000	現　　金	24,000	
7,000	7,000	建　　物		
14,000	14,000	土　　地		
	2,000	借 入 金	8,000	6,000
		資 本 金	20,000	20,000
		受 取 利 息	4,000	4,000
1,000	1,000	支 払 利 息		
30,000	56,000		56,000	30,000

※各勘定の合計金額と残高金額を集計する。
※借方合計・貸方合計の56,000と、借方残高・貸方残高の30,000がそれぞれ一致。

📌補足

試算表のひな形

試算表は内部用であり、企業外部に公表するものではないため、作成方法に決まりはありません。よって、勘定科目を並べる順番にも特に決まりはありませんが、一般的には右の順番で記載します。

問題上は、この順番で出題されることが多いため、この順番をおさえていると勘定科目を探しやすくなります。

試算表
資産
負債
資本
収益
費用

また、残高試算表は次のように、T字形式で作成することもあります。

残高試算表

現　　金	8,000	借 入 金	6,000	負債
建　　物	7,000	資 本 金	20,000	資本
土　　地	14,000	受取利息	4,000	収益
支払利息	1,000			
	30,000		30,000	

資産　建　物、土　地／費用　支払利息／貸借対照表・損益計算書

この場合、定位置が借方の勘定科目（資産と費用）は借方、定位置が貸方の勘定科目（負債、資本および収益）は貸方に並べます。

COLUMN　試算表はすべての転記ミスを見つけられるわけではない

右のように、借方と貸方の両方とも同じ転記のミスをしてしまった場合、試算表の貸借合計は一致するため、ミスを見つけることはできません。試算表は、最低限の検証をしているに過ぎないのです。

(借) 現金 1,000　　(貸) 借入金 1,000

現金　　　　　　　借入金
10,000　　　　　　　10,000
転記のミス　　　　　転記のミス

■例題 2 - 2

　次の当期（４月～３月）の総勘定元帳にもとづき、合計試算表、残高試算表、合計残高試算表をそれぞれ作成しなさい。

〈総勘定元帳〉

現金

4/ 1 資本金 50,000	5/ 6 仕　入　9,000
4/ 2 借入金 10,000	10/10 給　料　2,600
5/15 売　上 12,000	12/ 7 建　物　4,200
3/13 売　上 14,000	2/28 諸　口　3,400

借入金

2/28 現　金　3,000	4/ 2 現　金 10,000

建物

12/ 7 現　金　4,200	

資本金

	4/ 1 現　金 50,000

仕入

5/ 6 現　金　9,000	

売上

	5/15 現　金 12,000
	3/13 現　金 14,000

給料

10/10 現　金　2,600	

支払利息

2/28 現　金　400	

■解答欄

〈合計試算表〉

合計試算表

借方合計	勘定科目	貸方合計

〈残高試算表〉

残高試算表

借方残高	勘定科目	貸方残高

〈合計残高試算表〉

合計残高試算表

借方残高	借方合計	勘定科目	貸方合計	貸方残高

第2章　簿記の全体像

■解答解説 ░░░

〈合計試算表〉

合計試算表

借方合計	勘定科目	貸方合計
86,000	現　　金	19,200
4,200	建　　物	
3,000	借　入　金	10,000
	資　本　金	50,000
	売　　上	26,000
9,000	仕　　入	
2,600	給　　料	
400	支　払　利　息	
105,200		105,200

〈残高試算表〉

残高試算表

借方残高	勘定科目	貸方残高
66,800	現　　金	
4,200	建　　物	
	借　入　金	7,000
	資　本　金	50,000
	売　　上	26,000
9,000	仕　　入	
2,600	給　　料	
400	支　払　利　息	
83,000		83,000

〈合計残高試算表〉

合計残高試算表

借方残高	借方合計	勘定科目	貸方合計	貸方残高
66,800	86,000	現　　金	19,200	
4,200	4,200	建　　物		
	3,000	借　入　金	10,000	7,000
		資　本　金	50,000	50,000
		売　　上	26,000	26,000
9,000	9,000	仕　　入		
2,600	2,600	給　　料		
400	400	支　払　利　息		
83,000	105,200		105,200	83,000

１．現金勘定を例に取ると次のようになる。

２．他の勘定科目も同様に金額を算定し各試算表に計上する。

2　財務諸表の作成

　試算表を作成し、転記のミスがないことを確認できたら**財務諸表**を作成します。例題1-6（44ページ）では総勘定元帳の各勘定残高を書きうつして財務諸表を作成しました。しかし、**残高試算表**には各勘定残高が集計されているため、**残高試算表**をもとに財務諸表を作成することが一般的です。

残高試算表★

借方残高	勘定科目	貸方残高
66,800	現　　金	
4,200	建　　物	
	借 入 金	7,000
	資 本 金	50,000
	売　　上	26,000
9,000	仕　　入	
2,600	給　　料	
400	支払利息	
83,000		83,000

★例題2-2の数値例となっています。

貸借対照表

X1年3月31日　　（単位：円）

資　産	金　額	負債・資本	金　額
現　　金	66,800	借 入 金	7,000
建　　物	4,200	資 本 金	50,000
		繰越利益剰余金	14,000
	71,000		71,000

損益計算書

X0年4月1日〜X1年3月31日（単位：円）

費　用	金　額	収　益	金　額
仕　　入	9,000	売　　上	26,000
給　　料	2,600		
支 払 利 息	400		
当 期 純 利 益	14,000		
	26,000		26,000

ひと言アドバイス

当期純利益14,000は、損益計算書の収益26,000と費用12,000の差額で計算するよ。
また、損益計算書の当期純利益の額だけ、繰越利益剰余金は増加するから、繰越利益剰余金は14,000になるよ。

POINT

1．期末になったら、試算表の貸借が一致するか否かで転記の正確性を検証する。
2．試算表には集計する金額の違いにより、合計試算表、残高試算表、合計残高試算表の3種類がある。
3．財務諸表は残高試算表をもとに作成することができる。
4．繰越利益剰余金は当期純利益の額だけ増加する。

第 **3** 章

基本的な取引と勘定科目

第1節 基本的な取引（現金が増減する取引）

第2章までで簿記の全体像を学習しました。第3章では、基本的な取引について一通り学習します。すでに習ったものも再度登場することもありますが、復習もかねているのでちゃんと確認しましょう。

1 会社の設立（出資）

✓ CHECK

（勘定科目） 資本金（資本 − ｜ ＋）：資本の増加額のうち、株主から出資を受けた金額（元手）
　　勘定科目名　5要素　　意味

(1) 取引の概要

会社設立時に、会社は株主から財産（基本的に現金）の**出資**を受けます。出資を受けた会社は、対価として**株式★**を発行します。

★株式は株主である証明書です。詳しくは日商簿記2級で学習します。

(2) 会計処理

株主から現金の出資を受けた場合、手元の現金が増加します。この金額は会社にとって元手となります。よって、「**現金**」勘定（資産）の増加および「**資本金**」勘定（資本）の増加として処理します。「資本金」勘定は「株主から出資を受けた金額（元手）」を意味する資本の勘定科目です。

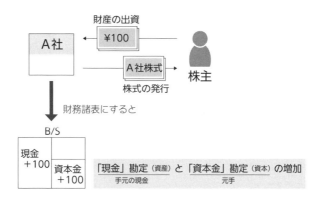

仕訳例3-1　会社の設立（出資）

会社設立に際して、現金100円の出資を受け、株式を発行した。

| （借）現　　　金　[資産＋]　100※1 | （貸）資　本　金　[資本＋]　100※2 |

⊕	現金	⊖		⊖	資本金	⊕
資本金	100※1				現金	100※2

※1　現金を受け取るため、「現金」勘定（資産）の増加
※2　調達した現金は返済義務のない元手であるため、「資本金」勘定（資本）の増加

2　資金の借り入れ

✓CHECK

勘定科目　借入金（負債 −┃＋）：資金の借り入れによって生じた、返済義務

(1)　取引の概要★

株主から出資された金額だけでは資金が足りない場合、銀行から借り入れを行います。借り入れた金額は**返済する義務**があるため、返済期日になったら返済をします。

★借り入れを行った場合には利息を支払わなければなりませんが、利息については第7章で学習します。なお、次に説明する貸付金の利息も同様です。

(2)　会計処理

① 借入時

現金を銀行から借り入れた場合、手元の現金が増加し、同時に、借り入れた金額を返済する義務が生じます。よって、「現金」勘定（資産）の増加および「借入金」勘定（負債）の増加として処理します。「借入金」勘定は「借り入れによる返済義務」を意味する負債の勘定科目です。

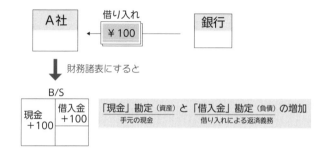

仕訳例 3 - 2 　借入時

銀行から現金100円を借り入れた。

（借）現　　　　金　［資産＋］　100※1　　　（貸）借　入　金　［負債＋］　100※2

⊕	現金	⊖		⊖	借入金	⊕
借入金	100※1				現金	100※2

※1　現金を受け取るため、「現金」勘定（資産）の増加
※2　借り入れによる返済義務が増加するため、「借入金」勘定（負債）の増加

② 返済時

現金で返済した場合、手元の現金が減少し、その分、借り入れた金額を返済する義務がなくなります。よって、「現金」勘定（資産）の減少および「借入金」勘定（負債）の減少として処理します。

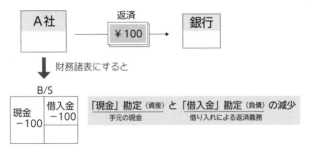

仕訳例 3 - 3 　返済時　［仕訳例3 - 2の続き］

借り入れた100円のうち、60円を現金で返済した。

（借）借　入　金　［負債－］　60※1　　　（貸）現　　　　金　［資産－］　60※2

⊖	借入金	⊕		⊕	現金	⊖
現金	60※1	現金	100	借入金	100	借入金	60※2

※1　借り入れによる返済義務が減少するため、「借入金」勘定（負債）の減少
※2　現金を支払うため、「現金」勘定（資産）の減少

補足

借入金勘定の残高

　借入金勘定の残高は、残りの返済義務の金額を意味します。例えば、上記の仕訳について、勘定を確認すると以下のようになります。

[仕訳例3-2]　借り入れ直後

[仕訳例3-3]　返済直後

　返済直後の借入金勘定の残高は40円となっており、残りの返済義務と一致しています。

3　資金の貸し付け

✔CHECK

> 勘定科目 **貸付金（資産 ＋|−）**：資金を貸し付けたことによって生じた、当該金額を回収する権利

(1)　取引の概要

　会社の資金が余っている場合や取引先の救済が必要な場合に、資金を貸し付けることがあります。貸し付けた金額は**回収する権利**があるため、返済期日になったら回収をします。

(2)　会計処理

① 貸付時

　現金を貸し付けた場合、手元の現金は減少する一方、貸し付けた金額を回収する権利が生じます。よって、「**現金**」勘定（資産）の**減少**および「**貸付金**」勘定（資産）の**増加**として処理します。「貸付金」勘定は「貸し付けた金額を回収する権利」を意味する資産の勘定科目です。

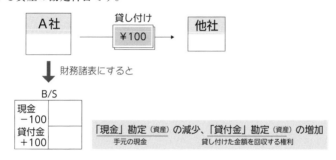

仕訳例3-4　貸付時

取引先へ現金100円を貸し付けた。

| （借）貸　付　金 ［資産＋］ | 100※1 | （貸）現　　　金 ［資産－］ | 100※2 |

⊕	貸付金	⊖	⊕	現金	⊖
現金	100※1			貸付金	100※2

※1　貸し付けた現金を回収する権利が増加するため、「貸付金」勘定（資産）の増加
※2　現金を支払うため、「現金」勘定（資産）の減少

② 回収時

現金で回収した場合、手元の現金が増加し、その分、貸し付けた金額を回収する権利がなくなります。よって、「**現金**」勘定（資産）の**増加**および「**貸付金**」勘定（資産）の**減少**として処理します。

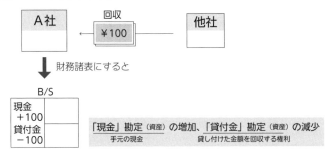

仕訳例3-5　回収時　［仕訳例3-4の続き］

貸し付けた100円のうち、60円を現金で回収した。

| （借）現　　　金 ［資産＋］ | 60※1 | （貸）貸　付　金 ［資産－］ | 60※2 |

⊕	現金	⊖	⊕	貸付金	⊖
貸付金	60※1 貸付金	100	現金	100 現金	60※2

※1　現金を受け取るため、「現金」勘定（資産）の増加
※2　貸し付けた現金を回収する権利が減少するため、「貸付金」勘定（資産）の減少

🔔 **ひと言アドバイス**

回収後の「貸付金」勘定の残高は40（＝100－60）になっている点も確認しよう。

4 固定資産の取得

✓CHECK

勘定科目	建物（資産 +┃−）：店舗、本社ビル、倉庫など

建物（資産 +┃−）：店舗、本社ビル、倉庫など
車両（資産 +┃−）：営業用自動車、運送用トラックなど
　　　※「車両」勘定は、「車両運搬具」勘定とする場合もあります。
土地（資産 +┃−）：建物のための敷地
備品（資産 +┃−）：建物・車両・土地以外の固定資産（パソコン、デスク、棚など）

用　語 固定資産：会社が所有する資産のうち、1年超使用する資産の総称

(1) 取引の概要

　会社は、固定資産を取得（購入）することがあります。固定資産とは、商売に使用するために保有する資産のうち、**1年超使用する資産**のことをいい、具体的には**建物、車両、土地、備品**のことをいいます★。

　★建物、車両、土地、備品はどれも有形の資産であるため、「有形固定資産」ともいいます。

💬ひと言アドバイス

　固定資産には、建物や土地といった不動産だけでなく、車両や備品も含まれる点に注意しよう。

(2) 会計処理

　現金を支払って固定資産を取得した場合、手元の現金は減少する一方、取得した固定資産が増加します。よって、**「現金」勘定**（資産）**の減少**および**「建物」勘定な**どの資産の増加として処理します。増加させる勘定科目は、その種類に応じて、「建物」勘定、「車両」勘定、「土地」勘定、「備品」勘定（すべて資産）で処理します。

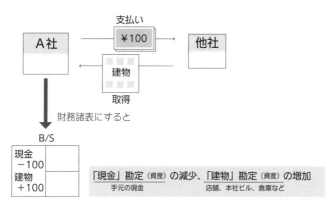

仕訳例3-6 建物の取得

現金100円を支払い、建物を取得した。

（借）建　　　物 ［資産＋］ 100※1	（貸）現　　　金 ［資産－］ 100※2

⊕	建物	⊖		⊕	現金	⊖
現金	100※1				建物	100※2

※1　建物が増加するため、「建物」勘定（資産）の増加
※2　現金を支払うため、「現金」勘定（資産）の減少

5　給料や諸経費の支払い

✓CHECK

勘定科目	給　　　料（費用 ＋│－）：従業員への給料の支払いによって生じた、資本（利益）の減少額
	水道光熱費（費用 ＋│－）：水道、電気、ガス代の支払いによって生じた、資本（利益）の減少額
	旅費交通費（費用 ＋│－）：出張費や日々の交通費の支払いによって生じた、資本（利益）の減少額

※旅費交通費は「旅費」勘定（出張に関する交通費や宿泊代）と「交通費」勘定（日々の交通費）に分けて記帳する場合もあります。

(1)　取引の概要

会社は従業員への給料や、水道光熱費といった諸経費の支払いを行います。

(2)　会計処理

現金で給料などを支払った場合、手元の現金は減少し、その分、資本（利益）が減少します。よって、**「現金」勘定（資産）の減少**および**「給料」勘定などの費用の発生**として処理します。発生させる費用の勘定科目はその種類に応じて、「給料」勘定、「水道光熱費」勘定、「旅費交通費」勘定など（すべて費用）で処理します。

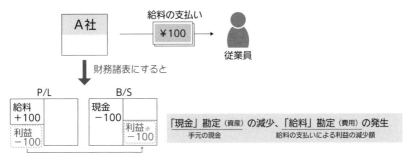

※正式には繰越利益剰余金

仕訳例3-7　給料の支払い

従業員へ給料100円を現金で支払った。

（借）給 料 ［費用＋］ 100※1	（貸）現 金 ［資産－］ 100※2

⊕	給料	⊖	⊕	現金	⊖
現金	100※1			給料	100※2

※1　「給料」の支払いにより資本（利益）が減少するため、費用の発生
※2　現金を支払うため、「現金」勘定（資産）の減少

6 商品売買（現金取引）

✓CHECK

> **勘定科目** 仕入（費用 ＋ | −）：商品の仕入によって生じた、資本（利益）の減少額
> 売上（収益 − | ＋）：商品の売上によって生じた、資本（利益）の増加額

(1) 取引の概要

　　会社は、主たる営業として**商品売買**を行います。具体的には、仕入先から商品を仕入れ、得意先へ販売します。なお、仕入代金と売上代金の差額が商品売買からの利益になります。

(2) 会計処理

① 商品の仕入

　　現金を支払って、商品を仕入れた場合、手元の現金は減少し、その分、資本（利益）が減少します。よって、「現金」勘定（資産）の減少および「仕入」勘定（費用）の発生として処理します★。「仕入」勘定は商品の仕入による資本（利益）の減少を意味する費用の勘定科目です。

　　　★商品の購入は、「商品」という資産の増加と考えることもできます。
　　　　しかし、購入した商品はすぐに販売するため「商品という資産は増えない」と考えるようにしましょう。

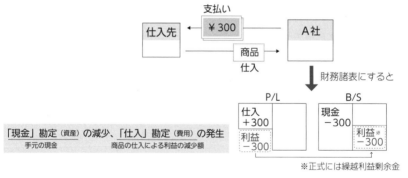

「現金」勘定（資産）の減少、「仕入」勘定（費用）の発生
手元の現金　　　　　　　　商品の仕入による利益の減少額

※正式には繰越利益剰余金

仕訳例3-8 商品の仕入

　　現金300円を支払って、商品を仕入れた。

（借）仕　　　　　入 ［費用＋］	300※1	（貸）現　　　　　金 ［資産−］	300※2

⊕	仕入	⊖		⊕	現金	⊖
現金	300※1					仕入　300※2

　　　※1　商品の「仕入」により資本（利益）が減少するため、費用の発生
　　　※2　現金を支払うため、「現金」勘定（資産）の減少

② 商品の売上

　商品を販売し、現金を受け取った場合、手元の現金は増加し、その分、資本（利益）も増加します。よって、「**現金**」勘定（資産）の**増加**および「**売上**」勘定（収益）の**発生**として処理します。「売上」勘定は商品の売上による資本（利益）の増加を意味する収益の勘定科目です。

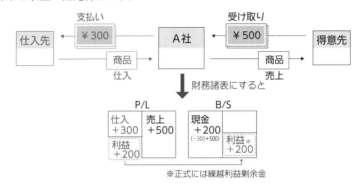

┃仕訳例 3-9　商品の売上　[仕訳例 3-8 の続き]

　後日、上記商品を500円で売り上げ、現金を受け取った。

（借）現　　　金 [資産+]	500※1	（貸）売　　　上 [収益+]	500※2

⊕	現金	⊖		⊖	売上	⊕
売上	500※1	仕入	300		現金	500※2

※1　現金を受け取るため、「現金」勘定（資産）の増加
※2　商品の「売上」により資本（利益）が増加するため、収益の発生

COLUMN　商品とは？（同じ取引でも目的が違えば仕訳は変わる）

　商品は販売目的で仕入れた物品をいいます。逆に言えば、販売する目的ではない場合、それは商品ではありません。そのため、同じ物品を購入したとしても、目的の違いにより異なる仕訳になることがあります。
　〈具体例〉家電量販店を営む会社がパソコン（PC）を購入した場合
　　①そのPCは販売する目的で仕入れた・・・・・「仕入」勘定（費用）の発生
　　②そのPCは本社で使用するために購入した・・「備品」勘定（資産）の増加

第2節 当座預金と小切手

簿記の問題では「当座預金口座」と「小切手」がよく登場します。一般的には、どちらもなじみがないものであるため、しっかり理解しましょう。

1 当座預金

☑CHECK

勘定科目 当座預金（資産 ＋|−）：当座預金口座にあるお金
用 語 当座預金口座：決済用の銀行口座

(1) 取引の概要

会社は銀行口座を用いて代金決済を行うことが多くあります。そこで、決済用の銀行口座*として、**当座預金口座**を開設することがあります。会社はこの当座預金口座から代金を支払ったり、当座預金口座に振り込んでもらったりします。

> ★当座預金口座を開設すると、小切手や手形による決済が可能となります。小切手は次の項目で説明し、手形は第4章で説明をします。

(2) 会計処理

当座預金口座にあるお金は会社の資産であるため、「当座預金」勘定（資産）で表します。よって、当座預金口座に入金したら「当座預金」勘定の増加とし、当座預金口座から出金したら「当座預金」勘定の減少として処理します。

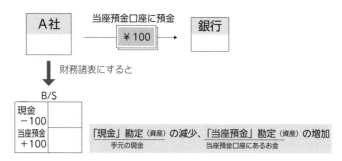

仕訳例 3-10　当座預金口座への入金

現金100円を当座預金口座に入金した。

（借）当 座 預 金 ［資産＋］	100※1	（貸）現 　　金 ［資産 ］	100※2

⊕	当座預金	⊖	⊕	現金	⊖
現金	100※1			当座預金	100※2

※1　当座預金の口座残高が増加するため、「当座預金」勘定（資産）の増加
※2　手元の現金が減少するため、「現金」勘定（資産）の減少

仕訳例 3-11　当座預金口座からの支払　［仕訳例 3-10の続き］

当座預金口座から水道光熱費30円を支払った。

（借）水 道 光 熱 費 ［費用＋］	30※1	（貸）当 座 預 金 ［資産－］	30※2

⊕	水道光熱費	⊖	⊕	当座預金	⊖
当座預金	30※1		現金	100	水道光熱費	30※2

※1　「水道光熱費」の支払いにより資本（利益）が減少するため、費用の発生
※2　当座預金の口座残高が減少するため、「当座預金」勘定（資産）の減少

2　小切手の取引①（小切手の振り出し）

☑CHECK

> **用　語**　小切手　：現金のかわりに代金決済の手段として用いることができる証券
>
> 振り出す：小切手を作成し相手に渡すこと
>
> 振出人　：小切手を振り出した会社のこと
> （ふりだしにん）

(1)　取引の概要

① 小切手とは

　会社どうしの取引では、何十万円から何千万円といった大きな金額の取引になることがあります。大きな金額を支払う場合、現金を用いるのは非現実的です。そこで使われるのが「小切手」です。

　会社は当座預金口座を開設すると小切手の振り出しができるようになります。**「振り出す」とは、小切手を作成し相手に渡すことです。**小切手は、下記のような証券であり、中央の金額欄に支払金額を記入することで、大きな金額でも証券1枚で取引することが可能となります。

●小切手の見本（A社が300,000円を支払うための小切手）

この小切手をZ銀行に持参すると300,000円に換金できる。
※A社はZ銀行に当座預金口座を開設し、300,000円以上預金している。

6/17にA社が小切手を振り出した（作成し渡した）。

② 小切手の取引例

| Case Study |

6/17にA社はB社から商品30万円を仕入れ、代金は小切手を振り出して支払った。

①A社は、商品の仕入時に小切手をB社に振り出す。
②B社が銀行へ小切手を換金しに来たら、**A社の当座預金口座から支払う**。その結果、A社の当座預金が減少する。

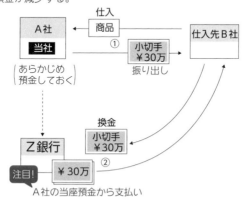

🗣 ひと言アドバイス

「小切手を振り出したら、当座預金が減少する」という点がポイント！

(2) 会計処理

上記の通り、小切手を振り出した場合、当座預金から支払われます。よって、「当座預金」勘定（資産）の減少として処理します。

| 仕訳例 3-12 | 小切手の振出

商品300,000円を仕入れ、代金は小切手を振り出して支払った。

（借）仕　　　　入［費用＋］　300,000※1　（貸）当 座 預 金［資産−］　300,000※2

⊕	仕入	⊖		⊕	当座預金	⊖
当座預金	300,000※1				仕入	300,000※2

※1　商品の「仕入」により資本（利益）が減少するため、費用の発生
※2　小切手の振り出しにより、当座預金が減少するため、「当座預金」勘定（資産）の減少

損益計算書(P/L)　貸借対照表(B/S)

費用		資産	負債
	収益		資本

COLUMN　簿記は形式よりも実質を重視する

　　小切手はすぐに換金可能ですが、受け取った側がすぐに換金するわけではありません。例えば、6/17に受け取った小切手を3日後の6/20に換金することもあります。この場合、支払いは6/20にされますが、上記の仕訳は6/17に行います。

　　つまり、厳密にはまだ当座預金から支払いが行われていないにもかかわらず、仕訳上は支払ったことにしてしまうのです。

　　これは、簿記では実質を重視しているからです。小切手を振り出せば、遅かれ早かれ当座預金から支払いが行われます。つまり、実質、「小切手の振出＝当座預金の減少」といえるのです。

3 小切手の取引②（小切手の受け取り）

(1) 取引の概要

次に、小切手を受け取った側を考えてみます。先ほどのCase StudyをB社目線でみてみましょう。

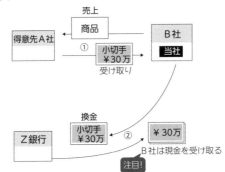

①B社は商品を販売し、A社振り出しの小切手を受け取る。

②小切手はすぐに換金可能なので、B社は受け取った小切手を銀行へ持参し現金化する。その結果、B社では現金が増加する。

🔊 ひと言アドバイス

「小切手を受け取った側は、現金が増加する」という点がポイント！

(2) 会計処理

上記の通り、小切手を受け取った場合、小切手を換金することで手元の現金が増加します。よって、「現金」勘定（資産）の増加として処理します。

仕訳例3-13　小切手の受取

A社へ商品を300,000円で売り上げ、代金はA社振り出しの小切手で受け取った。

（借）現　　　金 [資産+] 300,000※1 　（貸）売　　　上 [収益+] 300,000※2

⊕	現金	⊖		⊖	売上	⊕
売上	300,000※1				現金	300,000※2

※1　小切手は現金に換金できるため、「現金」勘定（資産）の増加
※2　商品の「売上」により資本（利益）が増加するため、収益の発生

POINT

1. 小切手は、振り出し側と受け取り側で増減する勘定科目が異なるので注意する。

小切手の振り出し側（A社）	小切手の受け取り側（B社）
当座預金の減少	現金の増加

■例題3-1

　次の3月中の取引について、下記の各問に答えなさい。なお、便宜上、会計期間は3月の1ヶ月間とする。

　問1　各取引について仕訳帳の仕訳および総勘定元帳への転記を行いなさい。
　問2　3月31日における残高試算表を作成しなさい。
　問3　残高試算表をもとに、財務諸表を作成しなさい。

3/ 1　会社設立に際して、現金3,000円の出資を受けた。
3/ 2　仕入先A社から商品900円を購入し、代金は現金で支払った。
3/ 5　得意先S社へ商品を2,000円で販売し、代金は小切手で受け取った。
3/ 6　現金3,500円を当座預金口座に預け入れた。
3/ 7　U銀行から2,800円の借り入れを行い、現金を受け取った。
3/10　仕入先E社から商品1,200円を購入し、代金は小切手を振り出して支払った。
3/13　建物700円と土地1,000円を取得し、現金1,700円を支払った。
3/18　得意先D社へ商品を4,000円で販売し、代金は小切手で受け取った。
3/21　得意先O社に800円の貸し付けを行い、小切手を振り出した。
3/25　従業員に給料2,400円を現金で支払った。
3/26　得意先O社から貸付金のうち300円の返済を受け、当座預金口座に振り込まれた。
3/29　水道料金600円を当座預金から支払った。
3/30　U銀行から借り入れた金額のうち、1,000円を返済するために小切手を振り出した。

■解答欄

問1

〈仕訳帳〉

	借方科目	金額	貸方科目	金額
3／1	現　　　金	3,000	資　本　金	3,000

〈総勘定元帳〉

現金

3/1 資本金 3,000

当座預金

建物

土地

貸付金

借入金

資本金

3/1 現　　金 3,000

売上

仕入

給料

水道光熱費

問2

残高試算表

借方残高	勘定科目	貸方残高
	現　　金	
	当座預金	
	建　　物	
	土　　地	
	貸　付　金	
	借　入　金	
	資　本　金	
	売　　上	
	仕　　入	
	給　　料	
	水道光熱費	

問3

貸借対照表
XX年3月31日

資　産	金　額	負債・資本	金　額
		繰越利益剰余金	

損益計算書
XX年3月1日〜XX年3月31日

費　用	金　額	収　益	金　額
当期純利益			

■解答解説

問1
〈仕訳帳〉

	借方科目	金額	貸方科目	金額
3／1	現　　　　金	3,000	資　　本　　金	3,000
3／2	仕　　　　入	900	現　　　　金	900
3／5	現　　　　金	2,000	売　　　　上	2,000
3／6	当　座　預　金	3,500	現　　　　金	3,500
3／7	現　　　　金	2,800	借　　入　　金	2,800
3／10	仕　　　　入	1,200	当　座　預　金	1,200
3／13	建　　　　物	700	現　　　　金	1,700
	土　　　　地	1,000		
3／18	現　　　　金	4,000	売　　　　上	4,000
3／21	貸　　付　　金	800	当　座　預　金	800
3／25	給　　　　料	2,400	現　　　　金	2,400
3／26	当　座　預　金	300	貸　　付　　金	300
3／29	水　道　光　熱　費	600	当　座　預　金	600
3／30	借　　入　　金	1,000	当　座　預　金	1,000

〈総勘定元帳〉

現金
3/1 資本金 3,000	3/2 仕　入 900
3/5 売　上 2,000	3/6 当座預金 3,500
3/7 借入金 2,800	3/13 諸　口 1,700
3/18 売　上 4,000	3/25 給　料 2,400

当座預金
3/6 現金 3,500	3/10 仕　入 1,200
3/26 貸付金 300	3/21 貸付金 800
	3/29 水道光熱費 600
	3/30 借入金 1,000

建物
3/13 現　金 700

土地
3/13 現　金 1,000

貸付金
3/21 当座預金 800	3/26 当座預金 300

借入金
3/30 当座預金 1,000	3/7 現　金 2,800

資本金
	3/1 現　金 3,000

売上
	3/5 現　金 2,000
	3/18 現　金 4,000

仕入			給料		
3/2 現　金 900			3/25 現　金 2,400		
3/10 当座預金 1,200					

水道光熱費	
3/29 当座預金 600	

問2

残高試算表

借方残高	勘定科目	貸方残高
3,300	現　　金	
200	当座預金	
700	建　　物	
1,000	土　　地	
500	貸付金	
	借入金	1,800
	資本金	3,000
	売　　上	6,000
2,100	仕　　入	
2,400	給　料	
600	水道光熱費	
10,800		10,800

問3

貸借対照表

XX年3月31日

資　産	金　額	負債・資本	金　額
現　　　金	3,300	借　入　金	1,800
当 座 預 金	200	資　本　金	3,000
建　　　物	700	繰越利益剰余金	900
土　　　地	1,000		
貸　付　金	500		
	5,700		5,700

損益計算書

XX年3月1日〜XX年3月31日

費　用	金　額	収　益	金　額
仕　　　　入	2,100	売　　　　上	6,000
給　　　料	2,400		
水 道 光 熱 費	600		
当 期 純 利 益	900		
	6,000		6,000

1．仕訳をする都度、勘定への転記を行う。なお、3/13の仕訳は現金の相手科目が複数あるため、現金勘定の相手科目欄には「諸口」と記入する点に留意すること。

2．勘定記入を終えたら、試算表を作成する。本問は残高試算表であるため、各勘定の残高金額を算定し、その金額をうつす（合計試算表と勘違いしないように気をつける）。

3．財務諸表は残高試算表の金額をうつすことで作成する。なお、損益計算書の当期純利益900は差額で算定する。また、当期純利益の金額だけ繰越利益剰余金は増加するため、貸借対照表の繰越利益剰余金も900となる。

補足

本問（例題3-1）の復習方法と実際の試験問題

・復習の方法

　わからない箇所があった場合は、テキストの該当ページに戻り確認するようにしましょう。また、そのうえですべての金額を合わせられるように復習してください。

・実際の試験を解く際は

　本問を解いてわかるのは、正しい財務諸表を作成するのは簡単ではないという点です。わからない取引が出題されたり、ちょっとした計算ミスをしたり、1つでも間違えてしまうと、正しい財務諸表は作成できません。しかし、安心してください。検定試験の配点は様々な箇所に部分点が振られており、かつ、合格点も70％となっています。つまり、日商簿記検定は満点を目指す試験ではないのです。そのため、実際の試験では次のように解くのが大事になります。

・わからない取引が出てきた場合：その取引は飛ばして次の取引にうつる（わかる箇所から解く）

・試算表の貸借が一致しなかった場合：いったん構わず財務諸表の埋められる箇所を埋める（もしくは、そもそも試算表の貸借一致は確認しない）

ひと言アドバイス

この問題は、今の段階ではどれだけ時間がかかってもいいけど、最終的には20分くらいで解けることを目標にしよう！

第 **4** 章
商品売買

第1節 商品売買の基本的な取引

会社の主たる事業である、商品売買についてみていきます。重要な取引であるからこそ、論点が様々あるのですが、まず第1節においては、商品売買の基本的な取引について学習していきます。

1 掛け取引（代金の後払い）

✅CHECK

> **勘定科目** 売掛金（資産 ＋│−）：商品を掛け売上したことによって生じた、代金を回収する権利
> 買掛金（負債 −│＋）：商品を掛け仕入したことによって生じた、代金を支払う義務
>
> **用語** 掛け取引：代金を後払いで行う取引

(1) 取引の概要

商品売買取引を迅速に行うため、先に商品の受け渡しを行い、後日、代金決済をすることがあります。このように、代金を後払いで行う取引のことを「掛け取引」といいます。

(2) 売上側の会計処理

① 掛け売上時

商品を掛けで売った場合、「掛け代金を回収する権利」が生じます。この権利は「売掛金」勘定（資産）で表します。よって、「売掛金」勘定の増加として処理します。

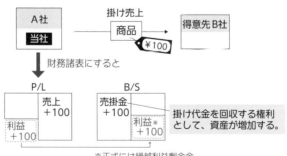

仕訳例4-1　掛け売上時

当社は、得意先B社に対して商品100円を掛けで販売した。

> ★第3章では、勘定記入まで示していましたが、第4章以降は、仕訳のみ示し、便宜上、勘定記入は基本的に省略します。

（借）売　掛　金 [資産＋]	100※1	（貸）売　　　上 [収益＋]	100※2

> ※1　商品の売上代金を回収する権利が増加するため、「売掛金」勘定の増加
> ※2　掛けであっても、商品を売り上げたことには変わりがないため、現金売上と同様に収益の発生とする

② 掛け代金の回収時

掛け代金を回収した場合、「掛け代金を回収する権利」がなくなります。よって、「売掛金」勘定（資産）の減少として処理します。

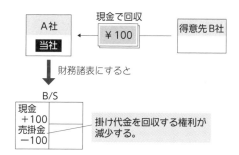

仕訳例4-2　掛け代金の回収時　[仕訳例4-1の続き]

後日、上記掛け代金100円を現金で受け取った。

（借）現　　　金 [資産＋]	100	（貸）売　掛　金 [資産－]	100※1

> ※1　商品の売上代金を回収する権利が減少するため、「売掛金」勘定の減少

🗨 ひと言アドバイス

> 貸方を「売上」にしてしまう間違いがよくあるよ。「売上」は仕訳例4-1の時点で計上しているため、仕訳例4-2の時点では計上しない点に気をつけよう。

📌補足

商品売買と現金収支のタイミング

　[仕訳例4-1] をみてください。この時点ではまだ代金を受け取っていませんが、「売上」の発生としています。簿記では、「商品を引き渡した時点」が商品の売れたタイミングとして会計処理をするのです。「代金を受け取った時点」が売上時点ではありませんので注意してください。同様に、商品を仕入れたタイミングは「商品を受け取った時点」であり、代金の支払時点ではありません。

(3) 仕入側の会計処理

① 掛け仕入時

掛け仕入を行った側では、「掛け代金の支払義務」が生じます。この義務は「買掛金」勘定 (負債) で表します。よって、「買掛金」勘定の増加として処理します。

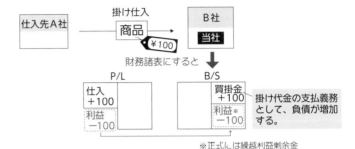

※正式には繰越利益剰余金

仕訳例 4-3 掛け仕入時

当社は、仕入先A社から商品100円を仕入れ、代金は掛けとした。

(借) 仕 入 [費用+]	100※1	(貸) 買 掛 金 [負債+]	100※2

> ※1 掛けであっても、商品を仕入れたことには変わりがないため、現金仕入と同様に費用の発生とする
> ※2 商品の仕入代金を支払う義務が増加するため、「買掛金」勘定の増加

② 掛け代金の支払時

掛け代金を支払った場合、「掛け代金の支払義務」がなくなります。よって、「買掛金」勘定 (負債) の減少として処理します。

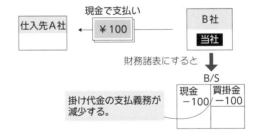

仕訳例 4-4 掛け代金の支払時 [仕訳例4-3の続き]

後日、上記掛け代金100円を現金で支払った。

(借) 買 掛 金 [負債-]	100※1	(貸) 現 金 [資産-]	100

> ※1 商品の仕入代金を支払う義務が減少するため、「買掛金」勘定の減少

 ひと言アドバイス

> 売掛金のときと同じように、借方は「仕入」の発生ではなく、「買掛金」の減少になる点に注意しよう。

■例題4-1

次の取引について、仕訳を示しなさい。

(1) 得意先C社に商品を5,000円で掛け販売した。

(2) 上記掛け代金について、小切手で受け取った。

(3) 仕入先D社から商品3,400円を仕入れ、代金は掛けとした。

(4) 上記掛け代金を小切手で支払った。

■解答欄

日付	借方科目	金額	貸方科目	金額
(1)				
(2)				
(3)				
(4)				

■解答解説

日付	借方科目	金額	貸方科目	金額
(1)	売　掛　金	5,000	売　　　上	5,000
(2)	現　　　金	5,000	売　掛　金	5,000
(3)	仕　　　入	3,400	買　掛　金	3,400
(4)	買　掛　金	3,400	当　座　預　金	3,400

第4章　商品売買

■例題4-2

次の取引について、仕訳を示しなさい。

(1) 得意先E社に商品を6,000円で販売し、現金1,000円を受け取り、残額は掛けとした。

(2) 仕入先F社から商品8,000円を仕入れ、現金6,500円を支払い、残額は掛けとした。

■解答欄

日付	借方科目	金額	貸方科目	金額
(1)				
(2)				

■解答解説

日付	借方科目	金額	貸方科目	金額
(1)	現　　　金	1,000	売　　　上	6,000
	売　掛　金	5,000		
(2)	仕　　　入	8,000	現　　　金	6,500
			買　掛　金	1,500

1．(1)の取引を財務諸表で表すと次のようになる。

現金と売掛金が増加する。

※正式には繰越利益剰余金

2．(2)の取引を財務諸表で表すと次のようになる。

現金は減少し、買掛金は増加する。

※正式には繰越利益剰余金

补足

収益・費用の金額と現金増減額

　例題4-2(2)の後に、「買掛金1,500を現金で支払った」場合の仕訳および財務諸表への影響は次のようになります。

（借）買掛金　1,500　　（貸）現金　1,500

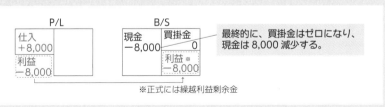

※正式には繰越利益剰余金

　93ページの補足で「収益・費用が発生するタイミングと、現金収支のタイミングがズレる」ことを説明しましたが、もう1つ大事な視点があります。それは、「タイミングがズレることはあっても、最終的に両者の金額（収益・費用の発生額と現金増減額）は一致する」という点です。例題4-2(2)でいうと、仕入時の現金減少額は6,500ですが、買掛金の支払いまで考えると8,000となり、最終的には費用（仕入）の発生額と現金減少額は8,000で一致するのです。

POINT

1．掛け売上した場合は、「売掛金」勘定（資産）の増加とする。
2．掛け仕入した場合は、「買掛金」勘定（負債）の増加とする。

第4章　商品売買

2 手付金（代金の前払い）

✓CHECK

> **勘定科目** 前払金（資産 ＋|－）：手付金を支払った場合の商品を受け取る権利
>
> ※「前払金」勘定は、「前渡金」勘定とする場合もあります。
>
> 前受金（負債 －|＋）：手付金を受け取った場合の商品を引き渡す義務
>
> **用　語** 手付金・内金：商品の引き渡し前にやりとりする代金のこと

(1) 取引の概要

商品の販売にあたって、相手の購入意思や代金支払能力を確認したい場合があります。この場合、先に代金の一部または全部を受け取ったうえで、後日、商品を引き渡します。このように、前もってやりとりする代金のことを**手付金**または**内金**といいます★。

代金は前払い

A社 売上側 ← ¥×× ← B社 仕入側

······ 商品 ······→

商品は後で受け渡し

> ★オンライン通販で購入する場合、先に代金を支払い、後日商品が発送されるのが通常ですが、これは手付金取引の一例といえます。また、高額商品の場合にも手付金取引が一般的です。

(2) 売上側の会計処理

① 手付金の受取時

手付金を受け取った場合、「商品を引き渡す義務」が生じます。この義務は「前受金」勘定（負債）で表します。よって、「前受金」勘定の増加として処理します。

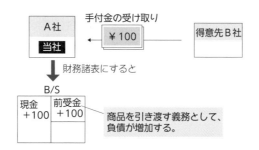

▌仕訳例4-5　手付金の受取時

得意先B社から商品100円の注文を受け、手付金として現金100円を受け取った。

（借）現　　　金［資産＋］	100	（貸）前　受　金［負債＋］	100※1

> ※1　商品を引き渡す義務が増加するため、「前受金」勘定の増加

> 🗨 **ひと言アドバイス**
>
> まだ商品を引き渡していないため、商品を売ったことにはならないよ。貸方を「売上」にしないように気をつけよう。

② 商品の引渡時

　商品の引き渡しにより「商品を引き渡す義務」がなくなります。よって、「**前受金**」勘定（負債）の**減少**として処理します。

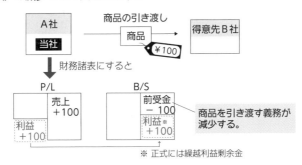

仕訳例4-6　商品の引渡時　［仕訳例4-5の続き］

　後日、B社に対して商品100円を引き渡した。

（借）前　受　金 [負債-]　　100※1	（貸）売　　　　　上 [収益+]　　100※2

> ※1　商品を引き渡す義務が減少するため、「前受金」勘定の減少
> ※2　商品の引き渡し時に「売上」勘定の発生とする

(3)　仕入側の会計処理

① 手付金の支払時

　手付金を支払った場合、「商品を受け取る権利」が生じます。この権利は「**前払金**」勘定（資産）で表します。よって、「**前払金**」勘定の**増加**として処理します。

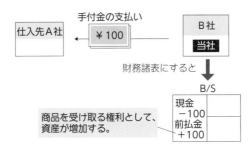

仕訳例 4-7 手付金の支払時

仕入先A社に商品100円の注文を行い、手付金として現金100円を支払った。

| (借) 前 払 金 [資産+] | 100※1 | (貸) 現 金 [資産−] | 100 |

※1 商品を受け取る権利が増加するため、「前払金」勘定の増加

 ひと言アドバイス

前受金と同じく、借方を「仕入」にしないように気をつけよう。

② 商品の受取時

商品の受け取りにより「商品を受け取る権利」がなくなります。よって、「前払金」勘定 (資産) の減少として処理します。

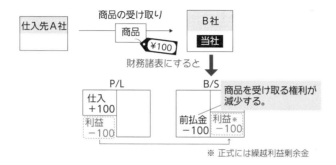

※ 正式には繰越利益剰余金

仕訳例 4-8 商品の受取時 [仕訳例4-7の続き]

後日、A社から商品100円を受け取った。

| (借) 仕 入 [費用+] | 100※1 | (貸) 前 払 金 [資産−] | 100※2 |

※1 商品の受取時に「仕入」勘定の発生とする
※2 商品を受け取る権利が減少するため、「前払金」勘定の減少

■例題 4-3

次の取引について、仕訳を示しなさい。

(1) 当社は、得意先C社から商品5,000円の注文を受け、手付金1,000円を現金で受け取った。

(2) C社に上記商品を引き渡し、手付金を充当した残額を現金で受け取った。

(3) 当社は、D社に商品8,000円を注文し、手付金1,500円を現金で支払った。

(4) D社から上記商品を受け取り、手付金を相殺した残額を現金で支払った。

■解答欄

日付	借方科目	金額	貸方科目	金額
(1)				
(2)				
(3)				
(4)				

■解答解説

日付	借方科目	金額	貸方科目	金額
(1)	現　　　　金	1,000	前　受　金	1,000
(2)	前　受　金	1,000	売　　　　上	5,000
	現　　　　金	4,000		
(3)	前　払　金	1,500	現　　　　金	1,500
(4)	仕　　　　入	8,000	前　払　金	1,500
			現　　　　金	6,500

1．(1)・(3)において、簿記上の取引となるのは手付金部分のみである。そのため、注文額で仕訳をしない点に留意する。

2．仮に(2)・(4)の取引が「残額を掛けとした」という場合、仕訳は次のようになる。

日付	借方科目	金額	貸方科目	金額
(2)	前　受　金	1,000	売　　　　上	5,000
	売　掛　金	4,000		
(4)	仕　　　　入	8,000	前　払　金	1,500
			買　掛　金	6,500

🔍POINT

1．手付金を受け取った場合は、「前受金」勘定（負債）の増加とする。

2．手付金を支払った場合は、「前払金」勘定（資産）の増加とする。

3 返品

✓CHECK

> **用 語** 　売上戻り：売り上げた商品が返品されること
> 　　　　　　仕入戻し：仕入れた商品を返品すること
> 　　　　　　逆仕訳　：借方と貸方が逆の仕訳

(1) 取引の概要

　　売買した商品に品違いがあったり、品質上の欠陥があったりした場合、返品が行われます。

　　売り上げた商品が返品されることを「**売上戻り**」といい、仕入れた商品を返品することを「**仕入戻し**」といいます。

(2) 会計処理

　　返品が行われた場合には、結果的に商品売買取引がなかったことになります。そのため、**売上の取り消しまたは仕入の取り消し**を行います。具体的には、返品額について、商品売買時の**逆仕訳***を行います。逆仕訳とは、借方と貸方が逆の仕訳をいいます。

★反対仕訳ということもあります。

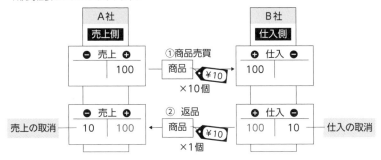

仕訳例4-9 　売上戻り

　　100円で掛け販売した商品のうち、10円分が品違いのため返品された。

(借) 売 　　　　上 [収益−]	10※1	(貸) 売 　掛 　金 [資産−]	10※2

※1　売り上げたことがなかったことになるため、「売上」勘定（収益）の取消
※2　商品の売上代金を受け取る権利が減少するため、「売掛金」勘定（資産）の減少

ひと言アドバイス

売上時：(借) 売掛金100　　(貸) 売　上100
　　　　　　　　　　　　　　　　逆仕訳
返品時：(借) 売　上 10　　(貸) 売掛金 10

仕訳例4-10　仕入戻し

100円で掛け仕入れした商品のうち、10円分が品違いであったため返品した。

| （借）買　掛　金［負債−］ | 10[※1] | （貸）仕　　　入［費用−］ | 10[※2] |

※1　商品の仕入代金を支払う義務が減少するため、「買掛金」勘定（負債）の減少

※2　仕入れたことがなかったことになるため、「仕入」勘定（費用）の取消

🗨 ひと言アドバイス

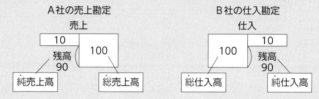

仕入時：（借）仕　入 100　　（貸）買掛金 100

逆仕訳

返品時：（借）買掛金 10　　（貸）仕　入 10

📢 補足

総額と純額

　上記の仕訳について、勘定を確認すると以下のようになります。このとき、当初の取引金額100円のことを「総売上高」および「総仕入高」といい、返品考慮後の金額（勘定の残高金額）のことを「純売上高」および「純仕入高」といいます。

```
      A社の売上勘定                    B社の仕入勘定
         売上                            仕入
   ┌─────┬───────┐          ┌───────┬─────┐
   │ 10  │       │          │       │ 10  │
   ├─────┤  100  │          │  100  ├─────┤
   │残高  │       │          │       │残高  │
   │ 90  │       │          │       │ 90  │
   └─────┴───────┘          └───────┴─────┘
  純売上高      総売上高        総仕入高      純仕入高
```

　なお、財務諸表は勘定の残高をもとに作成するため、財務諸表に計上されるのは「純額」（上記なら90）になります。

COLUMN　仕訳を取り消すにはどうすればよいか？

　上記では、逆仕訳することで商品売買の仕訳を取り消しました。ですが、取り消すなら、逆仕訳ではなく消しゴム等で過去の仕訳を消すという方法でも良さそうです。しかし、一度記帳したものを消すことはしません。主な理由は2つあります。

① 記録の改ざんを防止するため

　　記録を消すことが許されると、記録の改ざんにつながる可能性があります。

② 取引の流れを記録に残すため

　　商品売買→返品が本来の流れです。しかし、記録を消してしまうと、「そもそも商品売買取引自体がなかった」ことになり、実際の流れとは異なる記録になってしまいます。

■例題 4 - 4

次の取引について、仕訳を示しなさい。

(1) 当社は、得意先に対して、商品を15,000円で掛け販売した。

(2) 上記の商品のうち、1,000円分について汚損のため返品された。

(3) 当社は、仕入先から商品10,000円を掛け仕入れした。

(4) 上記の商品のうち、2,000円分が品違いであったため返品した。

■解答欄

日付	借方科目	金額	貸方科目	金額
(1)				
(2)				
(3)				
(4)				

■解答解説

日付	借方科目	金額	貸方科目	金額
(1)	売　掛　金	15,000	売　　　　上	15,000
(2)	売　　　　上	1,000	売　掛　金	1,000
(3)	仕　　　　入	10,000	買　掛　金	10,000
(4)	買　掛　金	2,000	仕　　　　入	2,000

1．総売上高と純売上高

　　総売上高15,000、純売上高14,000[※1]

2．総仕入高と純仕入高

　　総仕入高10,000、純仕入高8,000[※2]

　　　※1　純売上高：総売上15,000 − 返品1,000 = 14,000
　　　※2　純仕入高：総仕入10,000 − 返品2,000 = 8,000

POINT

1．返品は、商品売買時の逆仕訳を行う。

2．損益計算書計上額は、純額になる。

4 商品売買に伴う諸経費（当社負担）

✓ CHECK

> **勘定科目** 発送費（費用 ＋┃－）：商品販売のための運送料の支払いによる費用
>
> ※「発送費」勘定は、「支払運賃」勘定とする場合もあります。
>
> **用　語** 諸掛り・付随費用：商品の売買に伴って生じる諸経費
> 売上諸掛り：商品の売上に伴って生じる諸経費
> 仕入諸掛り：商品の仕入に伴って生じる諸経費
> 購入代価　：諸掛りを含まない商品本体の金額

（1）取引の概要

商品の売買に伴い、運送料などの諸経費★が生じることがあります。この諸経費を「諸掛り」または「付随費用」といいます。

　　★諸経費には、運送料の他、保険料、梱包代などがあります。

また、商品の売上に伴って生じる諸掛りを「**売上諸掛り**」、商品の仕入れに伴って生じる諸掛りを「**仕入諸掛り**」といいます。

（2）会計処理

諸掛りは費用として処理します。しかし、**売上諸掛りと仕入諸掛りで使用する勘定科目が異なります**。

諸掛りの分類	勘定科目（会計処理）
売上諸掛り	「発送費」勘定（費用）など、支払った内容がわかる勘定科目で処理する。
仕入諸掛り	「仕入」勘定（費用）に含める（「発送費」勘定などは使用しない）。

仕入諸掛りを「仕入」勘定に含めて処理する理由は、その商品を購入するのにかかった総額を「仕入」勘定で把握するためです★。

　　★例えば、定価5,000円、送料100円だった場合、5,100円で買ったと考えるのが普通ですよね。簿記でも同じように考え、仕入は5,100円とするのです。

> 「仕入」勘定の金額 ＝ 購入代価 ＋ 仕入諸掛り（付随費用）

※購入代価とは、諸掛りを含まない商品本体の金額のことです。

第4章　商品売買

損益計算書(P/L)　貸借対照表(B/S)
費用　　　　　　資産　　負債
　　　収益　　　　　　　　　資本

仕訳例4-11　売上諸掛り

商品を2,000円で掛け販売した。なお、発送費50円を現金で支払った。

（借）売　掛　金 [資産+]	2,000※1	（貸）売　　　上 [収益+]	2,000※1
（借）発　送　費 [費用+]	50※2	（貸）現　　　金 [資産−]	50※3

- ※1　通常の掛け販売の仕訳
- ※2　売上諸掛りは、その内容がわかる勘定科目を使って費用に計上する
- ※3　現金を支払うため、「現金」勘定の減少

 ひと言アドバイス

売上諸掛りの場合、売上と発送費の支払いを別々に仕訳しよう。

仕訳例4-12　仕入諸掛り

商品1,500円を仕入れ、代金は掛けとした。なお、引取費用100円を現金で支払った。

（借）仕　　　入 [費用+]	1,600※1	（貸）買　掛　金 [負債+]	1,500※2
		現　　　金 [資産−]	100※3

- ※1　仕入諸掛りは「仕入」勘定に含めて処理する
  - 仕入：購入代価1,500＋仕入諸掛り100＝1,600
- ※2　商品の仕入代金を支払う義務が増加するため、「買掛金」勘定の増加
- ※3　現金を支払うため、「現金」勘定の減少

 ひと言アドバイス

仕入諸掛りは「仕入」勘定に含めるから、「発送費」勘定は使わないよ。

COLUMN　送料が無料だった場合は、送料がかからない？

　諸掛りの典型例は送料です。例えば、家電量販店で大型家電を購入すると自宅への発送が必要になります。このとき、送料がかかる場合と、送料が無料の場合の2つのケースがありますよね。もし送料が無料だった場合、「送料自体がかからないのか？」というと、当然そうではありません。送料はお店（相手）が負担してくれているのです。

　つまり、諸掛りには「自分が負担する場合（当社負担）」と、「相手が負担する場合（先方負担）」の2つがありますが、いまここで学習したのは「当社負担」のケースになります。当社が負担する以上、その金額は当社の費用となります。

106　借　方

（第4章-16）

■例題4-5

次の取引について、仕訳を示しなさい。

(1) 得意先へ商品を8,000円で販売し、代金は掛けとした。なお、発送費300円を現金で支払った。

(2) 仕入先から商品5,000円を掛けで仕入れ、引取費用100円を現金で支払った。

■解答欄

日付	借方科目	金額	貸方科目	金額
(1)				
(2)				

■解答解説

日付	借方科目	金額	貸方科目	金額
(1)	売　掛　金	8,000	売　　　上	8,000
	発　送　費	300	現　　　金	300
(2)	仕　　　入	5,100	買　掛　金	5,000
			現　　　金	100

🔍POINT

1. 当社負担の売上諸掛りは、「発送費」勘定など費用の勘定で処理する。
2. 当社負担の仕入諸掛りは、「仕入」勘定（費用）に含めて処理する。

第4章　商品売買

5　商品売買に伴う諸経費（先方負担）

☑CHECK

> 勘定科目　立替金（資産 ＋│－）：代金を立替え払いした（代わりに払った）場合の代金
> を回収する権利

(1)　取引の概要

　1つ前のコラムで、諸掛りには「**先方負担**」の場合もあることを紹介しました。諸掛りが先方負担だった場合、本来、その諸掛りは当社にとって何ら関係がありません。

　しかし、先方負担の場合であっても、例えば、次のようなケースでは当社に関係することになります。

Case Study

　当社（A社）は仕入先から商品を仕入れた。契約上、送料は仕入先が負担することになっているが、仕入先が誤って着払いで送付したため、送料100円は当社が立替え払いした。

(2)　会計処理

① 仕入諸掛り

　上記のケースでは、当社が送料を一時的に立替え払いしたことになるため、当社には「立替金額を仕入先から回収する権利」が生じます。この権利は「**立替金**」勘定（資産）で表します。よって、「**立替金**」勘定の増加として処理します。

　なお、当社負担の場合と異なり、先方負担の諸掛りを立替え払いしても**当社の費用にはなりません**。

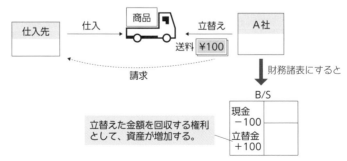

仕訳例4-13 先方負担の仕入諸掛り（「立替金」勘定を使用する場合）

商品1,500円を掛けで仕入れた。なお、先方負担の引取費用100円を現金で立替え払いした。

（借）	仕	入 [費用＋]	1,500※1	（貸）	買	掛	金 [負債＋]	1,500※1
（借）	立	替 金 [資産＋]	100※2	（貸）	現		金 [資産－]	100

※1　通常の掛け仕入の仕訳
※2　立替えた金額を回収する権利が増加するため、「立替金」勘定の増加

💬 **ひと言アドバイス**

> 当社負担のケースと異なり、立替額は当社の費用にならない（仕入に加算はしない）点に注意しよう。

また、[仕訳例4-13]では、同一の相手への債務（買掛金）1,500円と債権（立替金）100円が計上されています。結局、相手に対して支払うのは債務と債権を相殺した1,400円でよいので、**両者を相殺して仕訳する**こともできます。この場合、「立替金」勘定は使用しません。

仕訳例4-14 先方負担の諸掛り（「買掛金」勘定と相殺する場合）[仕訳例4-13と同じ取引]

（借）	仕	入 [費用＋]	1,500	（貸）	買	掛	金 [負債＋]	1,400※1
					現		金 [資産－]	100

※1　買掛金：購入代価1,500－立替金額100＝1,400

② 売上諸掛り

従来、先方負担の売上諸掛りを当社が支払った場合、以下のような「立替金」勘定を計上する処理をしていました。しかし、2022年の試験範囲の改定により、当該会計処理は試験範囲外となりました。

仕訳例4-15 先方負担の売上諸掛り（試験範囲外）

商品を2,000円で掛け販売し、発送費100円を立替え払いした場合

（借）	売	掛 金 [資産＋]	2,000	（貸）	売		上 [収益＋]	2,000
（借）	立	替 金 [資産＋]	100	（貸）	現		金 [資産－]	100

なお、次のような取引は出題される可能性があるのでおさえておきましょう。

仕訳例 4-16　売上諸掛り

　商品を2,000円で販売し、発送費100円を加えた合計額を掛けとした。また、販売と同時に発送費100円を現金で支払っている。

(借) 売 掛 金 [資産+]	2,100	(貸) 売 上 [収益+]	2,100※1
(借) 発 送 費 [費用+]	100※2	(貸) 現 金 [資産−]	100

　※1　売上は、得意先への請求額により計上する。
　　　　売上：販売価格2,000 + 発送費100 = 2,100
　※2　売上諸掛りは費用として処理する。

ひと言アドバイス

結果的に、支払った売上諸掛りは必ず費用計上することになるよ。

■例題 4-6

　次の取引について、仕訳を示しなさい。なお、(1)では立替金勘定を使用すること。

(1)　仕入先から商品5,000円を掛けで仕入れ、引取費用100円を現金で立替え払いした。

(2)　得意先へ商品を8,000円で販売し、発送費用300円を加えた合計額を掛けとした。また、同時に配送業者へ商品を引き渡し、送料は現金で支払った。

■解答欄

日付	借方科目	金額	貸方科目	金額
(1)				
(2)				

■ 解答解説

日付	借方科目	金額	貸方科目	金額
(1)	仕　　　　入	5,000	買　　掛　　金	5,000
	立　　替　　金	100	現　　　　金	100
(2)	売　　掛　　金	8,300	売　　　　上	8,300
	発　　送　　費	300	現　　　　金	300

1．「立替え払いした」とあるため、先方負担の取引と判断する。

2．仮に「立替金」勘定を使わない場合、次のようになる。

(1) | （借）仕　　　　入　　5,000　　（貸）買　　掛　　金　　4,900[※1]
　　　　　　　　　　　　　　　　　　　　　現　　　　金　　　100

　　　※1　買掛金：購入代価5,000 − 立替金額100 = 4,900

POINT

諸掛りのまとめ

	会計処理
売上諸掛り	「発送費」勘定などで処理する。
仕入諸掛り（当社負担）	「仕入」勘定に含める。
仕入諸掛り（先方負担）	「立替金」勘定で処理する。
	「買掛金」勘定と相殺する。

ひと言アドバイス

通常は負担する側が払うので、問題上特に指示がなければ、当社負担のケースになるよ。

第4章　商品売買

第2節　商品売買から生じる各債権債務

第1節では商品売買取引から生じる債権債務として、主に「売掛金」・「買掛金」と「前払金」・「前受金」を学習しましたが、他にも様々な債権債務があります。第2節ではそれらについて学習します。

1 商品券

☑CHECK

> **勘定科目**　受取商品券（資産 ＋│−）：商品券と引き替えに現金を受け取る権利

(1) 取引の概要

例えば百貨店を営んでいる場合、商品の販売代金として全国百貨店共通商品券(共通商品券) を受け取る場合があります★。この共通商品券は以下のような仕組みになっています。

　　★商品券にはギフトカード、ビール券、商店街・自治体が発行したものなど様々あります。

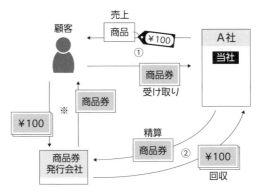

①顧客が商品券で商品を購入し、当社（A社）は商品券を受け取る。

　※事前に、顧客は商品券発行会社にお金を払い、商品券を購入している。

②後日、精算日をむかえたら、当社は商品券を発行会社に持ち込み精算する（現金化する）。

(2) 会計処理

① 商品券の受取時

受け取った商品券は、「商品券発行会社から代金を回収する権利」を意味します。よって、「受取商品券」勘定 (資産) の増加として処理します。

仕訳例 4-17　商品券の受取時

商品100円を販売し、代金は100円分の商品券を受け取った。

| （借）受取商品券 ［資産＋］ | 100※1 | （貸）売　　　上 ［収益＋］ | 100 |

※1　商品券の代金を回収する権利が増加するため、「受取商品券」勘定（資産）の増加

② 商品券の精算時

商品券を精算した場合、「発行会社から代金を回収する権利」がなくなります。よって、「受取商品券」勘定（資産）の減少として処理します。

仕訳例 4-18　商品券の精算時　［仕訳例 4-17の続き］

受け取った100円分の商品券を精算して、現金を受け取った。

| （借）現　　　金 ［資産＋］ | 100 | （貸）受取商品券 ［資産－］ | 100※1 |

※1　商品券の代金を回収する権利が減少するため、「受取商品券」勘定（資産）の減少

■例題 4-7

次の取引について、仕訳を示しなさい。

(1) 顧客へ商品15,000円を販売し、現金5,000円と自治体発行の商品券10,000円を受け取った。

(2) 上記商品券の換金請求を行い、同額が当座預金口座に振り込まれた。

■解答欄

日付	借方科目	金額	貸方科目	金額
(1)				
(2)				

■解答解説

日付	借方科目	金額	貸方科目	金額
(1)	現　　　金	5,000	売　　　上	15,000
	受取商品券	10,000		
(2)	当座預金	10,000	受取商品券	10,000

POINT

1.　商品券を受け取った場合は、「受取商品券」勘定（資産）の増加とする。

2 クレジット売掛金

☑CHECK

> **勘定科目** クレジット売掛金（資産 ＋|－）：信販会社から代金を受け取る権利
> 　　　　　 支払手数料（費用 ＋|－）：手数料を支払う（差し引かれる）ことによる費用
> **用　語** 信販会社：クレジット・カード会社のことで、顧客の代わりに代金を支払う
> 　　　　　 　　　　　会社のこと

(1) 取引の概要

　顧客からクレジット・カードの提示を受けて、商品を販売することがあります。この場合、取引は下記のようになります。

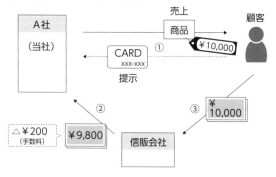

　①クレジット・カードの提示を受け、商品を販売する。

　②後日、信販会社（クレジット・カード会社）から代金を受け取る。なお、代金は手数料を差し引いた後の金額となる。

　③顧客が、信販会社に代金を支払う。

(2) 会計処理

　① クレジット・カードの提示を受け商品を販売した時点

　クレジット・カードの提示を受け商品を販売した場合、「信販会社から代金を受け取る権利」が生じます。勘定科目は、通常の掛け売上と区別するために、「クレジット売掛金」勘定（資産）を用います。

　ただし、信販会社への請求額は手数料を差し引いた金額となるため、「クレジット売掛金」勘定の増加額は手数料控除後の金額とし、手数料は費用と考え、「支払手数料」勘定（費用）を計上します。

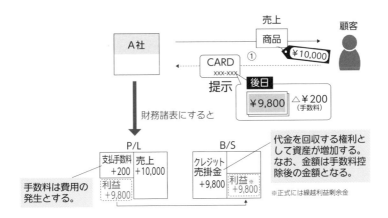

仕訳例 4-19　クレジット・カードの提示を受け商品を販売した場合

　クレジット・カードの提示を受け、商品10,000円を販売した。信販会社への手数料は販売代金の２％であり、販売時に費用を認識する。

（借）クレジット売掛金	［資産+］	9,800※1	（貸）売　　　　　上	［収益+］	10,000
支払手数料	［費用+］	200※2			

　※1　信販会社から代金を受け取る権利が増加するため、「クレジット売掛金」勘定の増加
　　　　クレジット売掛金：販売代金10,000 − 支払手数料200 ＝ 9,800
　※2　信販会社への「手数料」により資本（利益）が減少するため、費用の発生
　　　　支払手数料：販売代金10,000 × ２％ ＝ 200

> 🗨️ **ひと言アドバイス**
>
> 売上は販売価格で計上する一方で、クレジット売掛金は手数料を差し引いた金額にする点に注意しよう。

② 信販会社からの代金受取時

　信販会社から代金を受け取った場合、「信販会社から代金を受け取る権利」がなくなります。よって、**「クレジット売掛金」勘定 (資産) の減少**として処理します。

仕訳例 4-20　信販会社からの代金受取時　［仕訳例 4-19の続き］

　上記取引について、信販会社から手数料を差し引いた手取額が当社の当座預金口座に入金された。

（借）当 座 預 金	［資産+］	9,800	（貸）クレジット売掛金	［資産−］	9,800※1

　※1　信販会社から代金を受け取る権利が減少するため、「クレジット売掛金」勘定の減少

📌補足

支払手数料を代金回収時に認識する方法

[仕訳例4-19]の末尾に「販売時に費用を認識」とあります。この部分が、「代金回収時に費用を認識」となる場合があります。この場合、仕訳は次のようになります。

[仕訳例4-19] クレジット・カードの提示を受け商品を販売した場合

| (借) | クレジット売掛金 | 10,000 | (貸) | 売　　　上 | 10,000 |

[仕訳例4-20] 信販会社からの代金受取時

| (借) | 当座預金 | 9,800 | (貸) | クレジット売掛金 | 10,000 |
| | 支払手数料 | 200 | | | |

■例題4-8

次の取引について、仕訳を示しなさい。

(1) 顧客にクレジット・カード払いで商品5,000円を販売した。なお、信販会社の手数料は販売代金の１％であり、販売時に費用を認識する。

(2) 信販会社から上記代金（手数料控除後）が、当座預金口座に振り込まれた。

■解答欄

日付	借方科目	金額	貸方科目	金額
(1)				
(2)				

■解答解説

日付	借方科目	金額	貸方科目	金額
(1)	クレジット売掛金	4,950	売　　　上	5,000
	支 払 手 数 料	50		
(2)	当 座 預 金	4,950	クレジット売掛金	4,950

１．手数料は「販売時に認識する」とあるため、(1)の時点で支払手数料を計上する。

支払手数料：販売金額 5,000×１％＝50

📍POINT

1. クレジット・カードの提示を受けて商品を販売した場合は、「クレジット売掛金」勘定（資産）の増加とする。

2. 信販会社への手数料は、「支払手数料」勘定（費用）の発生とする。

3 手形（約束手形）

☑ CHECK

> **勘定科目**　受取手形（資産 ＋│−）：手形代金を回収する権利
> うけとりてがた
>
> 　　　　　支払手形（負債 −│＋）：手形代金を支払う義務
> しはらいてがた
>
> **用　語**　約束手形：「誰が」「誰に」「いつ」「いくら払うか」という約束が記載されて
> 　　　　　　　　　　いる証券
>
> 　　　　　振り出す：手形を作成し、相手に渡すこと
>
> 　　　　　振出人　：手形の作成者であり、代金を支払う人
>
> 　　　　　受取人・名宛人：手形の保有者であり、代金を受け取る人
> なあてにん
>
> 　　　　　満期日　：代金の支払期日（振出日よりも後の日付になる）
> まんきび

（1）取引の概要

　　商品代金を後払いにする方法として「**約束手形**」があります★。約束手形は、以下のような証券です。この約束手形は「A社がB社に対して、7/31に300,000円を支払う」ことを意味しています。

　　★手形には約束手形と為替手形の2つがあるのですが、為替手形は日商簿記検定の試験範囲外であるため、
かわせてがた
　　　約束手形のみ扱います。

　　約束手形においては、仕入側（手形上の債務者→代金を支払う側）が約束手形を振り出し、売上側（手形上の債権者→代金を受け取る側）が約束手形を保有します。

　　その後、満期日（代金の支払期日）に決済がされます。

第
4
章
商
品
売
買

なお、約束手形においては各会社を次のように表現します。

振出人	：手形の作成者であり、代金を支払う人（手形上の債務者）
受取人（名宛人）	：手形の保有者であり、代金を受け取る人（手形上の債権者）

補足

小切手と約束手形の比較

　代金を支払う側が振出人という点でいうと、約束手形は小切手と似ているようにみえます。しかし、小切手と大きく異なるのは換金可能日です。小切手は振出日に換金可能ですが、約束手形の換金可能日（支払期日）は振出日よりも後になります。つまり、すぐに換金できない（後払いになる）点が手形の特徴です。そのため、約束手形を受け取った側は、支払期日までその約束手形を手元に保管しておく必要があります。

〈小切手と約束手形の比較〉

	小切手	約束手形
共通点 （取引の構造）	代金を支払う側が振り出し、代金をもらう側が受け取る。 代金は当座預金口座から支払われる。	
相違点 （支払日）	振出日（すぐに換金可能）	振出日よりも後（後払い）

(2) 約束手形の振出側（仕入側）の会計処理

① 約束手形の振出時（仕入時）

　商品を仕入れ、約束手形を振り出した場合、「手形代金の支払義務」が生じます。この義務は「支払手形」勘定（負債）で表します。よって、「支払手形」勘定の増加として処理します。

仕訳例 4-21　約束手形の振出時

　当社はB社から商品300,000円を仕入れ、代金はB社受け取り、当社振り出しの約束手形で支払った。

（借）仕　　　　入 ［費用＋］	300,000	（貸）支 払 手 形 ［負債＋］	300,000※1

　　※1　手形代金の支払義務が生じるため、「支払手形」勘定の増加

② 手形代金の支払時

　約束手形の満期日となり手形代金を支払った場合、「手形代金の支払義務」がなくなります。よって、「支払手形」勘定（負債）の減少として処理します。

仕訳例4-22　手形代金の支払時　[仕訳例4-21の続き]

　上記の約束手形が満期となり、当社の当座預金口座から支払った。

(借) 支 払 手 形 [負債−]	300,000※1	(貸) 当 座 預 金 [資産−]	300,000

　※1　手形代金の支払義務が減少するため、「支払手形」勘定の減少

(3) 約束手形の受取側（売上側）の会計処理

① 約束手形の受取時

　商品を販売し、約束手形を受け取った場合、「手形代金を受け取る権利」が生じます。この権利は「受取手形」勘定（資産）で表します。よって、「受取手形」勘定の増加として処理します。

仕訳例4-23　約束手形の受取時

　当社はA社に商品300,000円を売上げ、代金は当社受け取り、A社振り出しの約束手形を受け取った。

(借) 受 取 手 形 [資産+]	300,000※1	(貸) 売　　　　上 [収益+]	300,000

　※1　手形代金を受け取る権利が生じるため、「受取手形」勘定の増加

② 手形代金の受取時

　約束手形の満期日となり手形代金を受け取った場合、「手形代金を受け取る権利」がなくなります。よって、「受取手形」勘定（資産）の減少として処理します。

仕訳例4-24　手形代金の受取時　[仕訳例4-23の続き]

　上記の約束手形が満期となり、手形代金が当社の当座預金口座に振り込まれた。

(借) 当 座 預 金 [資産+]	300,000	(貸) 受 取 手 形 [資産−]	300,000※1

　※1　手形代金を受け取る権利が減少するため、「受取手形」勘定の減少

COLUMN　通常の掛け取引と約束手形の違い

　通常の掛け取引と約束手形は、支払いを後にするという点で共通していますが、約束手形には特徴があります。

1. 約束手形には不渡りのペナルティがある

　約束手形を振り出したものの、満期日に預金残高が不足していると、約束手形の代金を支払えません。これを「不渡り」といいます。もし、半年の間に不渡りを2回してしまった場合、銀行取引停止処分というペナルティを受けます。この処分を受けると、銀行口座が強制的に解約され、借入金がある場合には即返済が必要となるので、経営が立ち行かなくなります。そのため、事実上の倒産といわれます。

2. 代金の支払期日を長めにできる

　上記のペナルティがあるため、支払に余裕を持たせる必要があります。そのため、約束手形の場合、通常の掛け取引よりも支払期日が長くなることが一般的です。

3. 証券を発行するため、他人へ売却したり譲渡したりできる

　通常の掛け取引は「口約束」のようなイメージです。対して、約束手形の場合「証券」を発行します。証券という現物があるため、これを他人へ売却したり譲渡したりすることができます。なお、売却することを「手形の割引」、譲渡することを「手形の裏書き」というのですが、詳しくは日商簿記2級で学習をします。

■例題4-9

次の取引について、仕訳を示しなさい。

(1)　仕入先A社から商品3,000円を仕入れ、代金はA社受け取り、当社振り出しの約束手形で支払った。

(2)　上記約束手形が満期となり、手形代金が当座預金から引き落とされた。

(3)　得意先B社へ商品5,000円を販売し、代金はB社振り出しの約束手形を受け取った。

(4)　上記約束手形が満期となり、手形代金が当座預金に入金された。

■解答欄

日付	借方科目	金額	貸方科目	金額
(1)				
(2)				
(3)				
(4)				

■解答解説 ∥∥∥

日付	借方科目	金額	貸方科目	金額
(1)	仕　　　　入	3,000	支　払　手　形	3,000
(2)	支　払　手　形	3,000	当　座　預　金	3,000
(3)	受　取　手　形	5,000	売　　　　上	5,000
(4)	当　座　預　金	5,000	受　取　手　形	5,000

💬ひと言アドバイス

振出人や受取人といった、難しい用語が登場するけど、仕訳の考え方は通常の掛け取引と同じだから、そこまで難しくはないよ。当社が支払側なのか受取側なのかを問題文からきちんと読み取ろう。

■例題4-10

次の取引について、仕訳を示しなさい。

8/1 得意先C社へ商品を4,600円で販売し、代金は掛け（支払期日8/31）とした。

8/20 C社から代金支払期日の延長に関して申し出があり、当社はこれを了承し、C社振出の約束手形4,600円（満期日10/31）を受け取った。

■解答欄

日付	借方科目	金額	貸方科目	金額
8/1				
8/20				

■解答解説

日付	借方科目	金額	貸方科目	金額
8/1	売　掛　金	4,600	売　　　上	4,600
8/20	受　取　手　形	4,600	売　掛　金	4,600

1. 本問のように、「通常の掛け取引を、後日、手形取引へ変更する」場合がある。この場合、「通常の掛け債権がなくなり、手形債権が増加する」ことになるため、解答のとおり、貸方で「売掛金」勘定の減少、借方で「受取手形」勘定の増加とする。

なお、ある勘定の金額を違う勘定に移動させることを「振り替える」といいます（本問では、4,600を「売掛金」勘定から「受取手形」勘定へ振り替えています）。

🗣ひと言アドバイス

「振り替える」という表現はこの後もでてくるから、しっかりおさえておこう。

2. 参考までに、C社側における8/20の仕訳を示すと次のとおりである。

8/20（借）買掛金 4,600 （貸）支払手形 4,600

💡POINT

1. 商品を販売し約束手形を受け取った場合は、「受取手形」勘定（資産）の増加とする。
2. 商品を仕入れ約束手形を振り出した場合は、「支払手形」勘定（負債）の増加とする。

4　電子記録による債権・債務（でんさい）

✔CHECK

勘定科目	電子記録債権（資産 ＋|－）：電子記録債権を回収する権利
	電子記録債務（負債 －|＋）：電子記録債務を支払う義務
用語	電子記録債権　：コンピュータ上で記録・管理される債権
	発生記録の請求：電子記録債権を発生させる請求
	債権者請求方式：債権者側が発生記録の請求をする方式
	債務者請求方式：債務者側が発生記録の請求をする方式

（1）　取引の概要

　　電子記録債権（でんさい）とは、コンピュータ上で記録・管理される債権をいい、約束手形と同様の取引を、コンピュータを介してできるようにしたものです。約束手形には、事務手続きが面倒である点や、手形自体の紛失・盗難リスクがある点、印紙税がかかる点などデメリットがあります。電子記録債権は、このような手形のデメリットを解消することができます。

　　具体的に電子記録債権の取引を確認してみましょう。なお、下記のケースは、「A社が、B社に対する売掛金3,000円を電子記録債権に切り替えた」場合となっています。

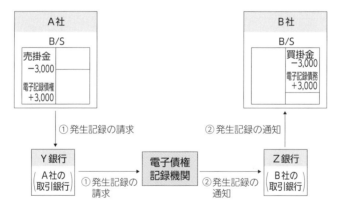

　①B社に対する売掛金について、B社の承諾を得たうえで、Y銀行を通じて、A社は電子記録債権の**発生記録の請求**を行う。
　②B社はZ銀行を通じて、その旨の通知を受ける。

　　なお、発生記録の請求は債権者（A社）側、債務者（B社）側のどちらからでも行えますが、債権者側から請求する場合には、債務者側の承諾が必要です。

第4章　商品売買

(2) 債権者の会計処理

① 電子記録債権の発生時

電子記録債権は「電子記録債権」勘定（資産）で処理します。上記のように発生記録の請求をした場合、「売掛金」勘定（資産）から「電子記録債権」勘定に振り替えます。

仕訳例4-25 電子記録債権の発生時

当社は、B社に対する売掛金3,000円について、同社の承諾を得て電子記録債権の発生記録の請求を行った。

（借）電子記録債権 ［資産＋］	3,000※1	（貸）売　掛　金 ［資産−］	3,000※2

※1・2　売掛金から電子記録債権に振り替えるので、「売掛金」勘定を減少させ（※2）、「電子記録債権」を増加させる（※1）

② 電子記録債権の回収時

電子記録債権を回収した場合、「電子記録債権」勘定（資産）の減少として処理します。

仕訳例4-26 電子記録債権の回収時　[仕訳例4-25の続き]

上記の電子記録債権3,000円について、当座預金口座に振り込まれた。

（借）当　座　預　金 ［資産＋］	3,000	（貸）電子記録債権 ［資産−］	3,000※1

※1 電子記録債権が減少するため、「電子記録債権」勘定の減少

(3) 債務者の会計処理

① 電子記録債務の発生時

電子記録債務は「電子記録債務」勘定（負債）で処理します。上記のように発生記録の請求を受けた場合、「買掛金」勘定（負債）から「電子記録債務」勘定に振り替えます。

仕訳例4-27 電子記録債務の発生時

A社に対する買掛金3,000円について、発生記録の通知を受け、電子記録債務が生じた。

（借）買　掛　金 ［負債−］	3,000※1	（貸）電子記録債務 ［負債＋］	3,000※2

※1・2　買掛金から電子記録債務に振り替えるので、「買掛金」勘定を減少させ（※1）、「電子記録債務」勘定を増加させる（※2）

② 電子記録債務の支払時

電子記録債務を支払った場合、「電子記録債務」勘定（負債）の減少として処理します。

仕訳例4-28　電子記録債務の支払時　[仕訳例4-27の続き]

上記の電子記録債務3,000円について、当座預金口座から支払った。

（借）電子記録債務 ［負債－］	3,000※1	（貸）当 座 預 金 ［資産－］	3,000

※1　電子記録債務が減少するため、「電子記録債務」勘定の減少

■例題4-11

次の取引について、仕訳を示しなさい。

(1)　得意先T社へ商品50,000円を掛け販売した。

(2)　上記の掛け代金について、T社が発生記録の請求を行い、電子記録債権が50,000円生じた。

(3)　上記の電子記録債権が決済され、当座預金に入金された。

■解答欄

日付	借方科目	金額	貸方科目	金額
(1)				
(2)				
(3)				

■解答解説

日付	借方科目	金額	貸方科目	金額
(1)	売　　掛　　金	50,000	売　　　　　上	50,000
(2)	電 子 記 録 債 権	50,000	売　　掛　　金	50,000
(3)	当 座 預 金	50,000	電 子 記 録 債 権	50,000

POINT

1．電子記録による債権債務は、「電子記録債権」勘定（資産）および「電子記録債務」勘定（負債）で処理する。

第3節　貸倒れ

掛けで販売したものの、代金を回収する前に相手先が倒産し代金を回収できない場合があります。本節ではそのような取引について学習をします。

1 債権の貸倒れ

✓ CHECK

> **勘定科目**　**貸倒損失（費用 ＋│－）**：貸倒れが生じた場合の費用の勘定
>
> **用 語**　**売上債権**：商品の売上から生じる債権であり、具体的には売掛金、受取手形、クレジット売掛金、電子記録債権のこと
>
> 　　　　　**貸倒れ**：相手方の経営悪化や倒産などを理由に売上債権が回収不能になること

(1) 取引の概要

売上債権とは、商品の売上から生じる債権であり、「売掛金」勘定、「受取手形」勘定、「クレジット売掛金」勘定、「電子記録債権」勘定のことをいいます。

売上債権は、相手方の経営悪化や倒産などを理由に回収不能になることがあります。これを「**貸倒れ**」といいます★。

> ★貸倒れといいますが、貸している金額に限定しているわけではありません。なお、貸付金の貸倒れは日商簿記検定2級で学習します。

(2) 会計処理

貸倒れが生じた場合、売上債権が消滅するため**売上債権を減少**させ、同額「**貸倒損失**」勘定（費用）を計上します。

┃ 仕訳例 4-29 ▶ 貸倒れの発生

A社が倒産し、A社に対する売掛金1,000円が貸倒れとなった。

(借) 貸 倒 損 失 [費用＋]	1,000※1	(貸) 売 掛 金 [資産－]	1,000※2

> ※1　貸倒れにより資本（利益）が減少するため、「貸倒損失」勘定の発生
> ※2　代金を回収する権利がなくなるため、「売掛金」勘定の減少

2 貸倒処理した債権を回収した場合

✅CHECK

> 勘定科目 償却債権取立益（しょうきゃくさいけんとりたてえき）（収益 −│＋）：前期以前に貸倒処理した金額を当期に回収した場合の収益

(1) 取引の概要

　相手先の経営悪化を理由に貸倒処理をした債権が、数年後になって、相手先の経営が好転したことなどを理由として回収できることがあります。

(2) 会計処理

　前期以前に貸倒処理した債権を当期に回収した場合、回収した期（当期）の収益とします。勘定科目は「償却債権取立益」勘定（収益）を用います。

▌仕訳例4-30　前期以前に貸倒処理した債権を当期に回収した場合

　前期以前に貸倒処理した売掛金1,000円を、当期に現金で回収した。

（借）現　　　　金 ［資産＋］	1,000	（貸）償却債権取立益 ［収益＋］	1,000※1

> ※1　前期以前に貸倒れ処理した債権の回収により資本（利益）が増加するため、「償却債権取立益」勘定の発生

📌補足

償却とは

　資産を減少させ費用を計上することを「資産を償却する」といいます。貸倒れが起きたら、「売上債権を減少させ、費用（貸倒損失）を計上する」処理を行うので、貸倒処理は「債権の償却処理」と捉えることができます。「償却債権取立益」という勘定科目名は、「償却した債権（＝貸倒処理した債権）を取り立てたことによる利益」を意味しているのです。

　なお、償却処理の代表例は第12章で学習する「減価償却（げんかしょうきゃく）」です。第12章はまだ先ですが、この段階で償却という概念をおさえておきましょう。

■例題4-12

次の取引について、仕訳を示しなさい。

(1) 当期に得意先J社から受け取った約束手形6,900円が、J社の倒産により全額貸し倒れた。

(2) 前期に貸倒処理したW社に対する売掛金4,000円を現金で回収した。

■解答欄

日付	借方科目	金額	貸方科目	金額
(1)				
(2)				

■解答解説

日付	借方科目	金額	貸方科目	金額
(1)	貸 倒 損 失	6,900	受 取 手 形	6,900
(2)	現　　　　金	4,000	償却債権取立益	4,000

POINT

1．売上債権の貸倒れが生じた場合は、「貸倒損失」勘定（費用）の発生とする。

2．前期以前に貸倒処理した債権を当期に回収した場合は、「償却債権取立益」勘定（収益）の発生とする。

第4節　商品売買の記帳方法 （三分法と分記法）

日商簿記3級において、商品売買の記帳方法は三分法により行います。しかし、試験範囲外になりますが、三分法の他に分記法があります。商品売買に関して、分記法の出題はされませんが、固定資産の売却（第6章）では分記法による処理を行います。そのため、参考までに、商品売買の分記法の処理を説明します。

1 記帳方法と三分法

✓ CHECK

> **用語** 記帳方法：仕訳の方法
> 　　　　　三分法　：商品売買の記帳方法の1つで、「仕入」、「売上」、「繰越商品」の3
> 　　　　　　　　　　つの勘定科目を使用する方法（試験で出題される方法）
> 　　　　　分記法　：商品売買の記帳方法の1つで、「商品」、「商品売買益」の2つの勘
> 　　　　　　　　　　定科目を使用する方法（試験範囲外）

第4章 商品売買

　記帳方法とは仕訳の方法のことをいいます。簿記では、1つの取引について、複数の記帳方法が認められていることがあります。

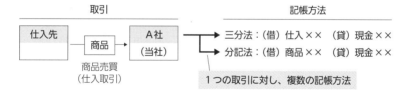

　商品売買については、三分法の他に、分記法という2つの記帳方法があります。

　三分法とは、「仕入」、「売上」、「繰越商品★」の3つの勘定科目を使用する方法で、今まで学習してきた記帳方法のことをいいます。つまり、商品の仕入時には「仕入」勘定（費用）を計上し、商品の売上時には「売上」勘定（収益）を計上する方法が三分法です。

　★「繰越商品」勘定は第12章で学習をします。

仕入時：	（借）仕	入	［費用＋］	300	（貸）○	○	○		300
売上時：	（借）○	○	○	500	（貸）売	上	［収益＋］		500

　試験では、**三分法**により仕訳を行います。

損益計算書(P/L) 貸借対照表(B/S)

| 費用 | 収益 | 資産 | 負債 |
| | | | 資本 |

(1) 分記法とは

分記法は、商品売買について、「商品」勘定（資産）、「商品売買益」勘定（収益）の2つの勘定を用いて記帳する方法です。

(2) 仕入時の会計処理

分記法では、商品の仕入れを「商品という資産の取得」と捉えます。よって、「商品」勘定（資産）の増加として処理します。

▌仕訳例 4-31　仕入時（分記法）

商品300円を仕入れ、現金を支払った。なお、記帳方法は分記法による。

| （借）商　　　　品　［資産＋］ | 300※1 | （貸）現　　　　金　［資産−］ | 300 |

※1　商品という資産が増加したと考えるため、「商品」勘定の増加

(3) 売上時の会計処理

商品を売り上げた場合には、「商品」勘定（資産）が減少するかわりに、「現金（または売掛金など）」勘定（資産）が増加すると捉えます。そのうえで、**増加した資産と、減少した「商品」勘定の差額で利益を算定します。当該利益は、「商品売買益」勘定（収益）として計上します。**

▌仕訳例 4-32　売上時（分記法）　［仕訳例 4-31の続き］

上記の商品（仕入原価300円）を500円で販売し、現金を受け取った。

| （借）現　　　　金　［資産＋］ | 500 | （貸）商　　　　品　［資産−］ | 300※1 |
| | | 商品売買益　［収益＋］ | 200※2 |

※1　「商品」勘定の減少と考える
※2　販売価格と引き渡した商品の原価の差額を「商品売買益」勘定に計上する
　　　商品売買益：販売価格500−商品の原価300＝200（差額）

この仕訳は以下の順番で考えると理解がしやすいです。

①現金500円を受け取るため、借方で「現金」勘定を500円増加させる。

（借）現　　　金　500	（貸）

②仕入原価300円の商品が売却により減少するため、貸方で「商品」勘定を300円減少させる。

（借）現　　　金　500	（貸）商　　　品　300

③「現金」勘定の増加額と「商品」勘定の減少額との貸借差額が利益の金額となるため、貸借差額として貸方に「商品売買益」勘定を計上する

（借）現　　　金　500	（貸）商　　　品　300
	商品売買益　200

⊕補足

分記法のメリットデメリット

　分記法は実際の商品の動きどおりに仕訳をおこなうため、わかりやすい方法です。また、商品を販売するたびに利益を算定できるというメリットがあります。しかし、分記法で記帳するためには、売却するたびにその商品の原価を調べる必要があるため、日々の取引数が多い会社には不向きな方法です。

売上時：	（借）現　　　金　500	（貸）商　　　品　300	← 売れた商品の原価
		商品売買益　200	の算定が面倒

そのため、実務上で一般的なのは三分法であり、検定試験上も三分法で出題されます。

第 5 章

現金預金

第1節　現金

第5章では、いわゆるお金に関する論点を学習します。まず第1節では現金について学習をします。

1 現金とは

✓CHECK

勘定科目 現金（資産 ＋|－）：通貨および通貨代用証券

用語 通貨代用証券：金融機関で即時に換金可能な証券（他人振出の小切手、郵便為替証書、送金小切手）

簿記における現金には、通貨の他に**通貨代用証券**も含まれます。通貨代用証券とは、金融機関（銀行や郵便局）に持っていくとその場ですぐに換金してもらえる証券のことをいいます。すぐに換金が可能なため、通貨代用証券を受け取ったら「**現金**」勘定（資産）の増加として扱います。

第3章（83ページ）で学習した「他人振出の小切手」は通貨代用証券の1つです。簿記検定3級では通貨代用証券として、次の3つをおさえておきましょう。

> 🗣 ひと言アドバイス
> 小切手を受け取ったら、「現金」勘定の増加だったね。

●通貨代用証券

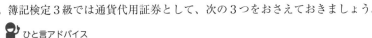

仕訳例5-1 通貨代用証券を受け取った場合①

得意先に商品を100円で販売し、代金は得意先振り出しの小切手で受け取った。

| （借）現　　　　金 ［資産＋］ | 100※1 | （貸）売　　　　上 ［収益＋］ | 100 |

※1　得意先が振り出した小切手は通貨代用証券であるため、「現金」勘定の増加

仕訳例5-2 通貨代用証券を受け取った場合②

得意先から売掛金200円の回収として、郵便為替証書を受け取った。

| （借）現　　　　金 ［資産＋］ | 200※1 | （貸）売　掛　金 ［資産－］ | 200 |

※1　郵便為替証書は通貨代用証券であるため、「現金」勘定の増加

COLUMN　送金小切手と郵便為替証書とは

　　受験上は、「送金小切手と郵便為替証書は通貨代用証券」という点を覚えるだけで問題ありません。ただし、イメージを明確にするために、このコラムで内容の説明をしておきます。

　　送金小切手は、当座預金口座を開設していない会社が、小切手で代金を支払いたい場合に使用されます（普通の小切手は、当座預金口座を開設していないと振り出しができません）。送金小切手は、銀行にお金を支払うことで同額の送金小切手を受け取ることができます。その送金小切手を取引先に渡し、取引先は、通常の小切手と同様に、銀行に持ち込むことで現金に換金ができます。このように、当座預金口座を持っていない会社でも小切手による支払いを可能にするのが送金小切手なのです。

　　郵便為替証書は、送金小切手と同じ取引を、郵便局で行う場合に発行される証券です。

　　取引先から受け取った送金小切手または郵便為替証書は、金融機関に持ち込むことですぐに換金できるため、通貨代用証券となります。

POINT

1．現金＝通貨＋通貨代用証券
2．他人振出の小切手、送金小切手、郵便為替証書が通貨代用証券である。

2 現金過不足

✓CHECK

> **勘定科目** 現金過不足（仮勘定）：現金過不足の発生額
>
> **用語** 仮勘定：一時的な記録を行う際の勘定であり、簿記の5要素のいずれにも属さない勘定
>
> 現金の実際有高：実際にもっている現金の金額
>
> ※現金の実際有高は、現金実査額や現金の手元有高ともいいます。

(1) 取引の概要

「現金勘定の残高（帳簿残高）」は「現金の実際有高」を示しています。しかし、記帳もれなどを原因として両者にズレが生じる場合があります。ズレが生じている状態を「現金過不足」といいます。

(2) 会計処理

① 現金過不足の発生時

現金過不足が生じた場合、「現金」勘定（資産）の残高が実際有高になるように修正します。

また、現金の相手勘定は「現金過不足」勘定（仮勘定）とします。「現金過不足」勘定は、ズレの原因が判明するまでの間、とりあえず計上しておく勘定（これを仮勘定といいます）であり、簿記の5要素のいずれにも該当しません。よって、**財務諸表上の定位置がないため、仕訳は現金の相手勘定として計上します。**

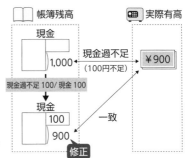

仕訳例5-3 現金過不足の発生時

現金の帳簿残高は1,000円であるが、実際有高を調べたところ金庫には900円しかなかった。

（借）現金過不足 [仮勘定+]	100※2	（貸）現　　金 [資産-]	100※1

> ※1 現金の帳簿残高を実際有高の900にするために、「現金」勘定を100減少させる
> ※2 現金の相手勘定として、仮勘定である「現金過不足」勘定を計上する

ひと言アドバイス

現金過不足の仕訳は、以下の順番で書こう。
① 「現金」勘定の残高が実際有高になるように修正する（今回は貸方で減少させる）
② 現金の相手勘定として「現金過不足」勘定を計上する（今回は借方）

（借）現金過不足 100　　（貸）現　　　金 100
　② 相手勘定として計上　　① 実際有高に修正

② 現金過不足の原因が判明したら

現金過不足の原因が判明したら、正しい勘定科目を計上し、**「現金過不足」勘定**（仮勘定）**は減少させます★。**

　★期末になっても原因が不明のままという場合もありますが、この場合の処理は第13章で解説をします。

仕訳例5-4　現金過不足の原因が判明した場合　[仕訳例5-3の続き]

上記の現金不足額100円の原因を調査したところ、水道光熱費の記帳もれが判明した。

（借）水 道 光 熱 費　[費用+]　　100※1　（貸）現 金 過 不 足　[仮勘定-]　　100※2

　※1　記帳もれとなっていた「水道光熱費」勘定を計上する
　※2　原因が判明したので、仮勘定である「現金過不足」勘定を取り消すために貸方に記帳する

 ひと言アドバイス

仕訳例5-3　（借）現金過不足 100　　（貸）現　　金 100
　　　　　　　　　　　　　　　　　　　　　「現金過不足」勘定を減少
仕訳例5-4　（借）水道光熱費 100　　（貸）現金過不足 100
　　　　　　　正しい勘定科目を計上

なお、「現金過不足」勘定は次のようになります。

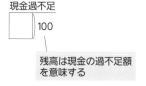
[仕訳例5-3] 現金過不足の発生時

現金過不足

| | 100 |

残高は現金の過不足額を意味する

[仕訳例5-4] 原因の判明時

現金過不足

| 100 | 100 |

原因が判明したら残高をゼロにする

第5章　現金預金

■例題5-1

次の取引について、仕訳を示しなさい。

(1) 現金の帳簿残高は93,000円であるが、実際有高は97,000円であった。

(2) 仮に、上記(1)の原因が売掛金4,000円回収の記帳もれと判明した場合

(3) 仮に、上記(1)の原因が受取利息9,500円と旅費交通費5,500円の記帳もれと判明した場合

■解答欄

日付	借方科目	金額	貸方科目	金額
(1)				
(2)				
(3)				

■解答解説

日付	借方科目	金額	貸方科目	金額
(1)	現　　　　　金	4,000	現 金 過 不 足	4,000
(2)	現 金 過 不 足	4,000	売　　掛　　金	4,000
(3)	現 金 過 不 足	4,000	受 取 利 息	9,500
	旅 費 交 通 費	5,500		

1．現金過不足の発生額は4,000（＝実際有高97,000－帳簿残高93,000）であり、現金超過（実際有高の方が多い）なので、「現金」勘定（資産）を増加させる。

2．(3)のように、複数の原因により現金過不足が生じる場合もある。この場合も、計上もれについて計上したうえで、「現金過不足」勘定（仮勘定）を減少させればよい。

🔍 POINT

1．現金過不足の発生時は、「現金」勘定（資産）の残高が実際有高になるように修正し、現金の相手勘定を「現金過不足」勘定（仮勘定）とする。

2．現金過不足の原因が判明したら、「現金過不足」勘定（仮勘定）を取り消し、正しい勘定科目を計上する。

第2節　預金

預金に関する各論点をみていきます。小切手の応用的な取引を学習するので、小切手を忘れてしまった場合には、第3章も合わせて確認しましょう。

1 小切手の応用的な取引① （ただちに当座預金に入金した場合）

相手先から小切手を受け取り、これをただちに換金し当座預金に入金することがあります。この場合、実質的には代金が当座預金口座に直接入金されたことと同じになります。よって、「当座預金」勘定（資産）を直接増加させます。

仕訳例5-5 受け取った小切手をただちに当座預金に入金した場合

売掛金100円の回収として得意先振出の小切手を受け取り、ただちに当座預金口座に入金した。

（借）当座預金 [資産+]	100※1	（貸）売　掛　金 [資産−]	100

※1　ただちに当座預金口座に入金したため、「当座預金」勘定の増加

> **ひと言アドバイス**
>
> 上の仕訳は、下記の2つの仕訳を1つにまとめたものと理解することもできるよ。1つにまとめると、「現金」勘定の増加と減少が相殺されるから、結果的に「現金」勘定は出てこないんだ。
>
> 小切手の受取：　~~(借) 現　　金 100~~　（貸）売掛金 100 ⎫
> 当座預金への入金：（借）当座預金 100　~~(貸) 現　　金 100~~ ⎬ （借）当座預金 100　（貸）売掛金 100

2 小切手の応用的な取引② （自己振出小切手）

☑CHECK

用語　自己振出小切手：当社が振り出した小切手であり、受け取り時に「当座預金」勘定（資産）の増加とする

(1) 取引の概要

小切手を受け取った側は、その小切手を換金せずに、代金の支払い手段として、誰かに譲渡することもできます。そのため、**小切手を振り出したからといって、すぐに換金される**（当社の当座預金口座から引き出される）**わけではありません**。

このとき、当社が振り出した小切手が換金されないまま当社に戻ってくるケースがあります。このように、振出人が当社である場合の小切手を「自己振出小切手」といいます。自己振出小切手は、当座預金が引き出されなかったことを意味します。

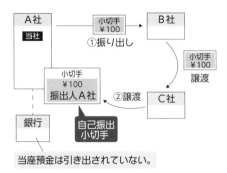

当座預金は引き出されていない。

(2) 会計処理

　自己振出小切手を受け取った場合、「当座預金」勘定（資産）の増加とします。これは、下記の流れで理解しましょう。

① 小切手の振出時

　通常はすぐに当座預金から引き出されるため、小切手の振出時に「当座預金」勘定の減少として記帳します。

② 自己振出小切手の受取時

　小切手が換金されないまま戻ってきたため、結果的に、当座預金口座から引き出されることはなくなります。そのため、①の「当座預金」勘定の減少を取り消すために、「当座預金」勘定の増加とします。

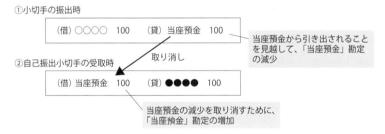

①小切手の振出時

　（借）○○○○　100　（貸）当座預金　100

当座預金から引き出されることを見越して、「当座預金」勘定の減少

②自己振出小切手の受取時

取り消し

　（借）当座預金　100　（貸）●●●●　100

当座預金の減少を取り消すために、「当座預金」勘定の増加

仕訳例 5-6　自己振出小切手を受け取った場合

　売掛金100円の回収として、自己振出小切手を受け取った。

（借）当 座 預 金 [資産+]	100※1	（貸）売 掛 金 [資産−]	100

※1　「当座預金」勘定の減少を取り消すために、「当座預金」勘定の増加

ひと言アドバイス

　小切手の仕訳は、振出人が「当社」か「他社（他人）」かによって違うので注意しよう。

■例題5-2

次の取引について、仕訳を示しなさい。

(1) 売掛金3,700円の回収として、得意先振出の小切手を受け取り、これをただちに当座預金口座に入金した。

(2) 売掛金5,200円の回収として、当社振出の小切手を受け取った。

■解答欄

日付	借方科目	金額	貸方科目	金額
(1)				
(2)				

■解答解説

日付	借方科目	金額	貸方科目	金額
(1)	当 座 預 金	3,700	売 掛 金	3,700
(2)	当 座 預 金	5,200	売 掛 金	5,200

1. 他人振出の小切手を受け取った場合、本来は「現金」勘定（資産）の増加とするが、(1)では、「ただちに入金」とあるため、「当座預金」勘定（資産）の増加とする。

2. (2)の小切手の振出人は「当社」であるため、「当座預金」勘定の減少を取り消すために、借方を「当座預金」勘定とする。

POINT

小切手を受け取った場合の会計処理まとめ

	会計処理	理由
他人振出の小切手	「現金」勘定（資産）の増加	すぐに換金できるため
他人振出の小切手をただちに当座預金口座に預金した場合	「当座預金」勘定（資産）の増加	実質、当座預金に振り込まれたことと同じであるため
自己振出小切手	「当座預金」勘定（資産）の増加	小切手振出時における「当座預金」勘定の減少を取り消すため

3 預金に関するその他の論点

✓CHECK

勘定科目 普通預金（資産 ＋┃－）：普通預金口座の残高
定期預金（資産 ＋┃－）：定期預金口座の残高
●●銀行─○○預金（資産 ＋┃－）：●●銀行の○○預金口座の残高

用　語 当座借越契約：当座預金をマイナスにできる契約
当座借越：マイナスの当座預金のことであり、一時的な銀行からの借り入れ
を意味する

(1) 当座借越

① 取引の概要

当座借越とは、**マイナスの当座預金**のことをいいます。

決済専用の口座である当座預金では、日々、多くの入出金があります。もし出金
が連続した場合、当座預金口座の残高がなくなってしまい、次の決済ができなくな
る可能性があります。

そこで、会社は銀行と当座借越契約を結ぶことがあります。当座借越契約とは、
当座預金をマイナス残高にできる契約をいい、この契約を結ぶことで**残高不足であ
っても代金決済をすることができる**ようになります。

当座借越は、銀行が当社の代わりに立て替え払いしてくれたことを意味します。
そのため、当社からすると**銀行からの借り入れ**を意味します。

当座預金		
入　金	出　金	残高
600		+600
	1,000	−400

当座借越契約を結んでいると、
残高をマイナスにできる。
（銀行への借り入れを意味する）

② 会計処理

当座借越となった場合、「当座預金」勘定（資産）は貸方残高（マイナス残高）と
なります。

> 🗣 ひと言アドバイス
>
> 「当座借越＝銀行からの借り入れ」という点は、第13章（329ページ）でまた出てくるから、しっ
> かり理解しておこう。

仕訳例 5 - 7 当座預金残高を超えた引き出しを行った場合

　当社は、買掛金1,000円の支払いのために小切手を振り出した。なお、当社の当座預金口座の残高は600円であるが、当座借越契約（借越限度額5,000円）を結んでいる。

（借）買　　掛　　金	[負債-]	1,000	（貸）当 座 預 金	[資産-]	1,000※1

　※1　当座借越契約を結んでいるため、残高600円であっても当座預金から支払いができる。

仕訳例 5 - 8 当座借越を解消した場合　[仕訳例 5 - 7 の続き]

　当座借越400円を解消するために、現金1,500円を当座預金に預け入れた。

（借）当 座 預 金	[資産+]	1,500	（貸）現　　　　金	[資産-]	1,500

　なお、「当座預金」勘定（資産）は次のようになります。

　　　　[仕訳例 5 - 7] 当座借越の発生時　　　　[仕訳例 5 - 8] 当座借越の解消時

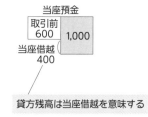

(2)　当座預金以外の預金（普通預金と定期預金）

　会社は、個人と同じように、普通預金や定期預金の口座をもつことができます。これらは、当座預金と同じように「**普通預金**」勘定（資産）、「**定期預金**」勘定（資産）とします。

　なお、振込手数料が生じた場合には「**支払手数料**」勘定（費用）を計上します。また、預金に対する利息が生じた場合には「**受取利息**」勘定（収益）を計上します。

仕訳例 5 - 9 普通預金口座に預金した場合

　普通預金口座に現金1,000円を預け入れた。

（借）普 通 預 金	[資産+]	1,000	（貸）現　　　　金	[資産-]	1,000

仕訳例5-10　普通預金口座から決済し、手数料が生じた場合

買掛金決済のために、普通預金口座から200円振り込んだ。なお、手数料が10円生じている。

| (借) | 買　掛　金 | [負債-] | 200 | (貸) | 普 通 預 金 | [資産-] | 210※1 |
| | 支 払 手 数 料 | [費用+] | 10 | | | | |

※1　手数料分も含めて普通預金口座が減るため、減少額は210となる

仕訳例5-11　普通預金に対する利息が生じた場合

普通預金に対する利息100円が、普通預金口座に振り込まれた。

| (借) | 普 通 預 金 | [資産+] | 100 | (貸) | 受 取 利 息 | [収益+] | 100 |

(3)　複数の銀行口座の管理

会社は複数の銀行に、複数の預金口座をもつことがあります。この場合には、各口座の管理を明確にするために、「Y銀行-普通預金」勘定（資産）といった銀行名と口座種類を組み合わせた勘定科目を使用することがあります。

仕訳例5-12　複数の銀行口座を管理している場合

Y銀行の普通預金口座とZ銀行の当座預金口座にそれぞれ現金1,000円を預け入れた。なお、当社は銀行名と口座種類を組み合わせた勘定科目を用いている。

| (借) | Y銀行-普通預金 | [資産+] | 1,000 | (貸) | 現　　　　金 | [資産-] | 2,000 |
| | Z銀行-当座預金 | [資産+] | 1,000 | | | | |

■例題5-3

次の取引について、仕訳を示しなさい。

(1) 買掛金300,000円の支払いのために小切手を振り出した。なお、当座預金の残高は220,000円であるが、当座借越契約（限度額150,000円）を結んでいる。

(2) 買掛金600,000円の支払いのため、当社の普通預金口座から相手先の普通預金口座へ振り込んだ。なお、振込手数料は100円である。

(3) 南北銀行の普通預金口座から、同銀行の当座預金口座に50,000円を振り替えた。なお、当社は銀行名と口座種類を組み合わせた勘定科目を用いている。

■解答欄

日付	借方科目	金額	貸方科目	金額
(1)				
(2)				
(3)				

■解答解説

日付	借方科目	金額	貸方科目	金額
(1)	買　掛　金	300,000	当　座　預　金	300,000
(2)	買　掛　金	600,000	普　通　預　金	600,100
	支　払　手　数　料	100		
(3)	南北銀行-当座預金	50,000	南北銀行-普通預金	50,000

🔍 POINT

1. マイナスの当座預金を当座借越といい、当座借越の場合、「当座預金」勘定（資産）の残高は貸方残高となる。

2. 預金の勘定科目には、「当座預金」勘定（資産）、「普通預金」勘定（資産）、「定期預金」勘定（資産）があり、「銀行名-口座種類」勘定（資産）という勘定科目を用いることもある。

第3節　小口現金

会社の現金の管理や、仕訳の記帳などは経理部が担当しています。経理部の負担を減らすための仕組みとして、小口現金制度があります。

1 小口現金

✔CHECK

> **勘定科目** **小口現金**（資産 ＋|－）：小口現金の残高
> **用 語** **定額資金前渡制度**：小口現金制度を採用している場合において、定期的に支払額を補給し、小口現金を一定額にするという方法
>
> ※定額資金前渡制度はインプレストシステムともいいます。

(1) 取引の概要

会社では旅費交通費や消耗品費など少額の支出取引が日々多く発生します。経理部からすると、取引の都度、精算して仕訳をするのは手間がかかります。そこで、この手間を省くために「**小口現金制度**」を採用することがあります。

小口現金制度は以下の2点が特徴です。

・あらかじめ各部門の担当者（用度係など）にお金を前渡しする
・仕訳は定期的（例えば1週間ごと）にまとめて行う

このようにすることで、上記の手間を省くことができます。

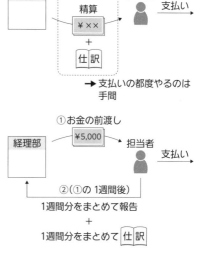

なお、経理部は、担当者から1週間分の報告を受けたら、次の週の支払いに備えるために1週間の支払額と同額を担当者に補給するのが一般的です。こうすることで、週初めには必ず一定額が担当者の手元にあることになります。この仕組みを「**定額資金前渡制度**（または**インプレストシステム**）」といいます。

(2)　会計処理

担当者に渡した現金を小口現金というため、「**小口現金**」勘定 (資産) で記帳します。

仕訳例5-13　小口現金制度を採用した場合

定額資金前渡制度による小口現金制度を採用するため、経理係は、用度係に小切手5,000円を振り出して、小口現金を渡した★。

★当座預金口座からお金を引き出すには小切手が必要です。そのため、小切手を振り出しています。

(借) 小 口 現 金	[資産+]	5,000※1	(貸) 当 座 預 金	[資産−]	5,000※1

※1　当座預金から引き出して、小口現金を設定するため、「当座預金」勘定を減少させ、「小口現金」勘定を増加させる

🗣 **ひと言アドバイス**

借方は「現金」勘定ではない点に注意しよう。

仕訳例5-14　支払の報告を受けた場合　[仕訳例5-13の続き]

用度係から旅費交通費2,000円の支払いを行ったと報告があった。

(借) 旅 費 交 通 費	[費用+]	2,000	(貸) 小 口 現 金	[資産−]	2,000

仕訳例5-15　小口現金の補給を行った場合　[仕訳例5-14の続き]

上記の報告を受けたので、支払額2,000円と同額の小切手を振り出して補給した。

(借) 小 口 現 金	[資産+]	2,000	(貸) 当 座 預 金	[資産−]	2,000

なお、「小口現金」勘定は次のようになります。

[仕訳例5-14] 支払の報告時　　　　　[仕訳例5-15] 小口現金の補給時

元の金額に戻る

🗣 **ひと言アドバイス**

定額資金前渡制度の場合、仕訳例5-14の小口現金の減少額と、仕訳例5-15の小口現金の増加額は同額になるよ。

■例題5-4

次の取引について、仕訳を示しなさい。

(1) 定額資金前渡制度による小口現金制度を採用するため、経理係は用度係に小切手3,000円を振り出して小口現金を渡した。

(2) (1)の1週間後、用度係から、通信費500円、消耗品費800円、旅費交通費1,000円の支払いを行ったと報告を受けた。

(3) (2)の報告を受け、経理係は支払額と同額の小切手を振り出して小口現金の補給を行った。

■解答欄

日付	借方科目	金額	貸方科目	金額
(1)				
(2)				
(3)				

■解答解説

日付	借方科目	金額	貸方科目	金額
(1)	小 口 現 金	3,000	当 座 預 金	3,000
(2)	通 信 費	500	小 口 現 金	2,300
	消 耗 品 費	800		
	旅 費 交 通 費	1,000		
(3)	小 口 現 金	2,300	当 座 預 金	2,300

1.「通信費」は電話料金などを支払った場合の費用の勘定科目で、「消耗品費」は文房具などすぐに使ってしまう物品を購入した場合の費用の勘定科目（詳しくは、第9章（186ページ）を参照）。

●POINT

1. 小口現金は、「現金」勘定（資産）ではなく「小口現金」勘定（資産）を用いる。

第 **6** 章

固定資産に関連した取引

第1節 固定資産の賃貸借

固定資産の賃貸借（貸す・借りる）契約を締結した場合の処理を学習します。

1 家賃や地代の支払い

✓ CHECK

> **勘定科目** 受取家賃（収益 $-|+$）：家賃を受け取ることによって生じた収益
> 受取地代（収益 $-|+$）：地代を受け取ることによって生じた収益
> 支払家賃（費用 $+|-$）：家賃を支払うことによって生じた費用
> 支払地代（費用 $+|-$）：地代を支払うことによって生じた費用

(1) 取引の概要

建物や土地の賃貸借契約を結ぶことがあります。賃借する側（借主側）は家賃や地代を支払います。逆に、賃貸する側（貸主側）は家賃や地代を受け取ることになります。

(2) 会計処理

家賃や地代を支払った場合は費用の発生とし、受け取った場合は収益の発生とします。

それぞれの勘定科目は次のようになります。

●使用する勘定科目

	借主側	貸主側
建物	「支払家賃」勘定（費用）	「受取家賃」勘定（収益）
土地	「支払地代」勘定（費用）	「受取地代」勘定（収益）

仕訳例6-1　家賃と地代の支払時

当社はB社に対して家賃100円、地代200円の合計300円を現金で支払った。

（借）支 払 家 賃 ［費用＋］	100※1	（貸）現　　　　金 ［資産−］	300
支 払 地 代 ［費用＋］	200※2		

　※1　「家賃」の支払いにより資本（利益）が減少するため、費用の発生
　※2　「地代」の支払いにより資本（利益）が減少するため、費用の発生

仕訳例6-2　家賃と地代の受取時

当社はA社から家賃100円、地代200円の合計300円を現金で受け取った。

（借）現　　　　金 ［資産＋］	300	（貸）受 取 家 賃 ［収益＋］	100※1
		受 取 地 代 ［収益＋］	200※2

　※1　「家賃」の受け取りにより資本（利益）が増加するため、収益の発生
　※2　「地代」の受け取りにより資本（利益）が増加するため、収益の発生

■例題6-1

　次の取引について、A社およびB社の仕訳を示しなさい。

　A社はB社に対して家賃6,400円、地代4,900円の合計11,300円を小切手で支払った。

■解答欄

会社	借方科目	金額	貸方科目	金額
A社				
B社				

■解答解説

会社	借方科目	金額	貸方科目	金額
A社	支 払 家 賃	6,400	当 座 預 金	11,300
	支 払 地 代	4,900		
B社	現　　　　金	11,300	受 取 家 賃	6,400
			受 取 地 代	4,900

POINT

> 1. 家賃を受け取った場合は「受取家賃」勘定（収益）の発生とし、地代を受け取った場合は「受取地代」勘定（収益）の発生とする。
> 2. 家賃を支払った場合は「支払家賃」勘定（費用）の発生とし、地代を支払った場合は「支払地代」勘定（費用）の発生とする。

2 敷金や仲介手数料の支払い

✓ CHECK

> **勘定科目**　差入保証金（資産 ＋｜－）：敷金を支払うことによって生じた、敷金の返金を受ける権利
> 　　　　　　　支払手数料（費用 ＋｜－）：仲介手数料を支払うことによって生じた費用
> **用語**　　敷　　金：物件を借りた際に、貸主に対して預けておく保証金であり、賃借契約を解約する際に、原則として返還される
> 　　　　　　仲介手数料：物件を借りた際に、仲介してくれた不動産会社に対して支払う手数料であり、返還されることはない

(1) 取引の概要

　建物や土地の賃貸借契約を結ぶと、借主は、貸主に対して敷金を支払い、不動産会社に対して仲介手数料を支払います。

　敷金は保証金として預けておくものなので、契約を解約する際に、原則として借主に返還されます。対して、仲介手数料は返還されません。

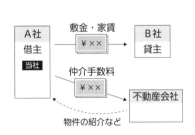

(2) 会計処理

　敷金を支払った場合、返金を受ける権利として、「差入保証金」勘定（資産）の増加として処理します。対して、仲介手数料を支払った場合、「支払手数料」勘定（費用）の発生として処理します。

💬 ひと言アドバイス

「支払手数料」勘定は、第4章（114ページ）で学習したクレジット売掛金でも出てきたよ。

仕訳例6-3　賃貸借契約の締結時

事務所開設のため、建物の賃貸借契約を締結し、敷金600円、不動産会社への手数料200円、家賃100円の合計900円を現金で支払った。

（借）差入保証金 ［資産＋］	600※1	（貸）現　　　金 ［資産－］	900
支払手数料 ［費用＋］	200※2		
支払家賃 ［費用＋］	100		

※1　敷金の返金を受ける権利が生じるため、「差入保証金」勘定の増加
※2　「手数料」の支払いにより資本（利益）が減少するため、費用の発生

■例題6-2

次の取引について、仕訳を示しなさい。

当社は、事務所開設のため、建物の賃貸借契約を締結した。家賃は月額200,000円である。敷金（家賃の6ヶ月分）、仲介手数料（家賃の3ヶ月分）および当月分の家賃の合計額を普通預金口座から支払った。

■解答欄

借方科目	金額	貸方科目	金額

■解答解説

借方科目	金額	貸方科目	金額
差　入　保　証　金	1,200,000	普　通　預　金	2,000,000
支　払　手　数　料	600,000		
支　払　家　賃	200,000		

1．金額の算定

差入保証金：家賃200,000×6ヶ月＝1,200,000
支払手数料：家賃200,000×3ヶ月＝600,000

POINT

1．敷金は返還されるため、支払った金額を「差入保証金」勘定として資産の増加とする。
2．手数料は返還されないため、支払った金額を「支払手数料」勘定として費用の発生とする。

第2節　固定資産の取得と売却

固定資産を取得（購入）した場合および売却した場合の処理を学習します。なお、固定資産の取得は第3章で学習しましたが、第6章では新たに取得時の付随費用を学習します。

1 固定資産を取得した場合（付随費用の処理）

✓CHECK

> **用語**　取得原価：資産の取得時に資産として計上する金額（固定資産の購入代価＋付随費用）
> 　　　　　付随費用：資産を購入してから使用可能となるまでの支出額

(1) 取引の概要

固定資産を購入するにあたり、購入代価（固定資産の本体の金額）の他に、**固定資産が使用可能となるまでの支出**（購入手数料、運送費、荷役費、据付費、試運転費、登記料など）が生じることがあります。このような支出を「**付随費用**」といいます。

(2) 会計処理

固定資産を取得した場合、「建物」勘定（資産）などを**取得原価で増加**させます。

（借）建　　　　物	××	（貸）現 金 な ど	××
	取得原価		

固定資産の取得原価は、購入代価に付随費用を加えた金額となります。

> **取得原価 = 購入代価 + 付随費用**

▌仕訳例6-4　備品の取得

備品1,000円を購入し、運送費100円を合わせた代金につき、小切手を振り出して支払った。

（借）備　　　　品 ［資産＋］	1,100※1	（貸）当 座 預 金 ［資産−］	1,100

※1　備品：購入代価1,000＋付随費用100＝1,100

🗨 ひと言アドバイス

取得原価に付随費用を含める点は、第4章（105ページ）で学習した商品の仕入諸掛りと同じ考え方だよ。ただ、固定資産を取得した際の付随費用は、費用ではなく資産とする点に気をつけよう。

■例題 6 - 3

次の取引について、仕訳を示しなさい。

建物5,000,000円を購入し代金は小切手を振り出して支払った。なお、登記料として20,000円を現金で支払った。

■解答欄

借方科目	金額	貸方科目	金額

■解答解説

借方科目	金額	貸方科目	金額
建　　　　物	5,020,000	当　座　預　金	5,000,000
		現　　　　金	20,000

１．金額の算定

建物：購入代価5,000,000 ＋ 付随費用20,000 ＝ 5,020,000

POINT

１．固定資産の取得原価＝購入代価＋付随費用

2 固定資産（土地）を売却した場合

✓ CHECK

勘定科目 固定資産売却益（収益 −|＋）：固定資産を取得原価★よりも高い金額で売却した場合の収益

固定資産売却損（費用 ＋|−）：固定資産を取得原価★よりも低い金額で売却した場合の費用

★正しくは、取得原価ではなく帳簿価額です（第12章第2節で学習）。

(1) 取引の概要

購入した固定資産が不要になったら売却をします。なお、第6章では土地の売却のみを扱い、土地以外の固定資産の売却は第12章（265ページ）で学習をします。

土地を売却すると、土地を相手に渡し、相手から対価を受け取ります。このとき、土地の取得原価よりも高く売却できるケースもあれば、低い金額での売却となるケースもあります。

(2) 会計処理

土地を売却すると土地が減少するため、「土地」勘定（資産）を取得原価により減少させます。また、受け取った対価の分だけ資産が増加するため、「現金」勘定（資産）などの増加として処理します。減少した「土地」勘定の金額と、増加した「現金」勘定の差額は次のように処理します。

①取得原価よりも高い金額で売却した場合　　②取得原価よりも低い金額で売却した場合

「固定資産売却益」勘定（収益）の発生　　　　「固定資産売却損」勘定（費用）の発生

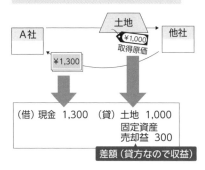

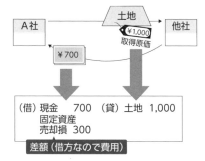

仕訳例6-5　土地の売却①（固定資産売却益が生じる場合）

土地（取得原価1,000円）を1,300円で売却し、現金を受け取った。

（借）現　　　金	［資産＋］	1,300	（貸）土　　　地	［資産－］	1,000
			固定資産売却益	［収益＋］	300※1

※1　売却金額1,300 ＞ 取得原価1,000・・・「固定資産売却益」勘定の発生
　　　固定資産売却益：売却金額1,300 － 取得原価1,000 ＝ 300

ひと言アドバイス

仕訳の形は第4章（130ページ）で学習した「分記法」と同じだよ。

仕訳例6-6　土地の売却②（固定資産売却損が生じる場合）

土地（取得原価1,000円）を700円で売却し、現金を受け取った。

（借）現　　　金	［資産＋］	700	（貸）土　　　地	［資産－］	1,000
固定資産売却損	［費用＋］	300※1			

※1　売却金額700 ＜ 取得原価1,000・・・「固定資産売却損」勘定の発生
　　　固定資産売却損：売却金額700 － 取得原価1,000 ＝ △300

ひと言アドバイス

△の記号はマイナスを意味するよ。

COLUMN　マイナス記号として、△を使用する理由

　簿記では、マイナス記号として「△」を使用することがよくあります。これは、記録の改ざんを防止するためです。「－」記号は、縦線を1本入れるだけで簡単に「＋」に変えることができてしまいます。そこで、改ざんがしづらい記号として「△」を使用するのです。

■例題6-4

次の取引について、仕訳を示しなさい。

(1) 土地（取得原価300,000円）を売却し、代金410,000円は小切手で受け取った。

(2) 土地（購入代価110,000円、付随費用10,000円）を売却し、代金99,000円は小切手で受け取った。

■解答欄

日付	借方科目	金額	貸方科目	金額
(1)				
(2)				

■解答解説

日付	借方科目	金額	貸方科目	金額
(1)	現　　　　金	410,000	土　　　　地	300,000
			固定資産売却益	110,000
(2)	現　　　　金	99,000	土　　　　地	120,000
	固定資産売却損	21,000		

1．金額の算定

(1) 固定資産売却益：売却金額410,000 − 取得原価300,000 = 110,000

　　※売却金額410,000 ＞ 取得原価300,000・・・「固定資産売却益」勘定の発生

(2) 固定資産売却損：売却金額99,000 − 取得原価120,000 = △21,000

　　※取得原価：購入代価110,000 + 付随費用10,000 = 120,000

　　※売却金額99,000 ＜ 取得原価120,000・・・「固定資産売却損」勘定の発生

📍POINT

1．土地の売却に係る固定資産売却損益は、売却金額と土地の取得原価の差額により算定する。

売却金額 ＞ 土地の取得原価・・・「固定資産売却益」勘定（収益）の発生

売却金額 ＜ 土地の取得原価・・・「固定資産売却損」勘定（費用）の発生

※　勘定科目は、「土地売却益」勘定、「土地売却損」勘定とすることもある。

3　固定資産の売買を後払いで行った場合

✓CHECK

> **勘定科目**　未 収 入 金（資産 ＋｜－）：商品以外の物品を後払いで売却したことによって生
> じた、代金を回収する権利
> ※「未収入金」勘定は、「未収金」勘定とする場合もあります。
>
> 　　　　　　　未 払 金（負債 －｜＋）：商品以外の物品を後払いで購入したことによって生
> じた、代金を支払う義務

（1）　取引の概要

固定資産の売買代金を後払いにすることがあります。

（2）　会計処理

固定資産の売買代金を後払いとした場合、売却側では「代金を回収する権利」が
生じるため**資産の増加**とし、購入側では「代金を支払う義務」が生じるため**負債の
増加**とします。この点は商品売買における「売掛金」勘定（資産）と「買掛金」勘
定（負債）と同じですが、**会社の本業である商品売買取引と、それ以外の取引を区
別して記帳するために、勘定科目は次のとおりにします。**

	代金を回収する権利	代金を支払う義務
商品売買	売 掛 金（資産）	買掛金（負債）
商品売買以外 （固定資産の売買など）	未収入金（資産）	未払金（負債）

┃仕訳例6-7　未収入金①（固定資産の売却時）

当社は土地（取得原価1,000円）を1,300円で売却し、代金は後払いとした。

（借）未 収 入 金 ［資産＋］	1,300※1	（貸）土　　　　地 ［資産－］	1,000
		固定資産売却益 ［収益＋］	300※2

　※1　商品売買以外から生じた債権であるため「未収入金」勘定の増加
　※2　売却金額1,300 ＞ 取得原価1,000・・・「固定資産売却益」勘定の発生
　　　　固定資産売却益：売却金額1,300 － 取得原価1,000 ＝ 300

┃仕訳例6-8　未収入金②（未収入金の決済時）　［仕訳例6-7の続き］

後日、上記代金を現金で回収した。

（借）現　　　　金 ［資産＋］	1,300	（貸）未 収 入 金 ［資産－］	1,300※1

　※1　代金を回収する権利が減少するため、「未収入金」勘定の減少

仕訳例6-9　未払金①（固定資産の購入時）

当社は土地を1,300円で購入し、代金は後払いとした。

（借）土　　　地 ［資産＋］	1,300	（貸）未　払　金 ［負債＋］	1,300※1

※1　商品売買以外から生じた債務であるため「未払金」勘定の増加

仕訳例6-10　未払金②（未払金の決済時）　［仕訳例6-9の続き］

後日、上記代金を現金で支払った。

（借）未　払　金 ［負債－］	1,300※1	（貸）現　　　金 ［資産－］	1,300

※1　代金を支払う義務が減少するため、「未払金」勘定の減少

■例題6-5

次の取引について、A社およびB社の仕訳を示しなさい。

(1)　A社は保有する土地（取得原価850,000円）をB社に900,000円で売却し、代金は月末に受け取ることとした。

(2)　B社は上記代金900,000円をA社に現金で支払った。

■解答欄

会社	日付	借方科目	金額	貸方科目	金額
A社	(1)				
A社	(2)				
B社	(1)				
B社	(2)				

■解答解説

会社	日付	借方科目	金額	貸方科目	金額
A社	(1)	未　収　入　金	900,000	土　　　　　地	850,000
				固定資産売却益	50,000
A社	(2)	現　　　　　金	900,000	未　収　入　金	900,000
B社	(1)	土　　　　　地	900,000	未　払　金	900,000
B社	(2)	未　払　金	900,000	現　　　　　金	900,000

1．金額の算定

(1)　固定資産売却益：売却金額900,000 － 取得原価850,000 ＝ 50,000

※売却金額900,000 ＞ 取得原価850,000・・・「固定資産売却益」勘定の発生

○ POINT

> 1. 商品以外の物品の売買から生じる債権・債務は、「未収入金」勘定（資産）・「未払金」勘定（負債）で処理する。

COLUMN　商品売買と固定資産の売却の比較

　固定資産の売却の仕訳は、商品売買の分記法と同じ形をしています。分記法に関しては131ページの補足で次のように説明しました。

　　"分記法は、売却するたびにその商品の原価を調べる必要があるため、日々の取引数が多い会社には不向きな方法。そのため、実務上で一般的なのは三分法"

　この点、固定資産の売却は頻繁に行うものではないので、売却した固定資産の原価を調べる時間的余裕があります。そのため、商品売買の分記法のような問題は生じません。

　また、商品売買（三分法）と固定資産の売却にはもう1つ違いがあります。損益計算書を比べてみましょう。
　〈具体例〉原価100円、売却金額150円

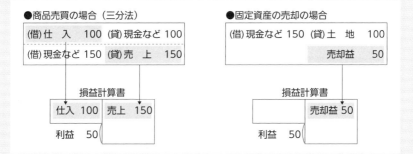

●商品売買の場合（三分法）
（借）仕　入　100　（貸）現金など 100
（借）現金など 150　（貸）売　上　150

損益計算書
仕入 100　売上 150
利益　50

●固定資産の売却の場合
（借）現金など 150　（貸）土　地　100
　　　　　　　　　　　　売却益　50

損益計算書
売却益 50
利益　50

　このように、利益50円が商品売買では総額ベース（150円と100円の差額）で表示され、固定資産の売却では純額ベース（50円のみ）で表示されます。
　商品売買は会社のメイン事業であるため、「いくら分売ったのか？」という売上高150円の情報はとても重要です。三分法で仕訳を行うことで売上高をしっかり表示できるのです。
　対して、固定資産の売却はメイン事業ではないので、商品売買ほど詳細な情報を載せる必要がありません。よって、売却益50円という結果だけを表せばよいのです。

第3節　固定資産の修理

> 固定資産は購入後に修理することがあります。簿記では、固定資産の修理を2つに分けて考えます。

1　収益的支出と資本的支出

✓CHECK

> **勘定科目**　修繕費（費用 $+|-$）：収益的支出によって生じた費用
> **用語**　収益的支出：固定資産の原状回復や現状維持のための支出であり、単に修繕ともいう
> 　　　　　資本的支出：固定資産の価値を高める支出であり、改良ともいう

(1)　取引の概要

会社は購入した固定資産を修理することがあります。簿記では固定資産の修理を「収益的支出」と「資本的支出」の2つに分けて考えます。

収益的支出とは、ペンキの塗り替え、タイヤの取り替え、割れたガラスの修理といった原状回復や現状維持するための支出をいいます。

対して、資本的支出とは、エレベーターや非常階段の設置、建物のリノベーションのような固定資産の価値を高める支出をいいます。

なお、収益的支出を「修繕」、資本的支出を「改良」ということもあります。

(2)　会計処理

収益的支出は単なる経費の支払いと捉え**「修繕費」勘定**(費用) を計上し、資本的支出は資産の価値を高める支出であるため**「建物」勘定などの資産を増加**させます。

	意味	会計処理
収益的支出（修繕）	原状回復や現状維持するための支出	**費用の発生**
資本的支出（改良）	固定資産の価値を高める支出	**資産の増加**

 ひと言アドバイス

> 収益的支出は費用の発生、資本的支出は資産の増加。名称と会計処理が異なる点に注意しよう。

仕訳例6-11　修繕

保有する建物の修繕を行い、代金1,000円を現金で支払った。このうち700円は資本的支出に該当すると判断した。

(借) 建 物 [資産+]	700※1	(貸) 現 金 [資産−]	1,000
修 繕 費 [費用+]	300※2		

※1　資本的支出の金額は資産の価値を増やすため、「建物」勘定の増加
※2　残額は収益的支出と判断する。よって、当期の費用とするため、「修繕費」勘定の発生

■例題6-6

次の取引について、仕訳を示しなさい。

(1) 建物壁面のペンキがはがれたため、修繕を行い、現金100,000円を支払った。

(2) 建物内装のリノベーションを行い、現金500,000円を支払った。これは建物の価値を増加させるための支出である。

■解答欄

日付	借方科目	金額	貸方科目	金額
(1)				
(2)				

■解答解説

日付	借方科目	金額	貸方科目	金額
(1)	修 繕 費	100,000	現 金	100,000
(2)	建 物	500,000	現 金	500,000

🔍 POINT

1．原状回復や現状維持するための支出を「収益的支出（または単に修繕）」といい、「修繕費」勘定（費用）で処理する。
2．固定資産の価値を高める支出を「資本的支出（または改良）」といい、「建物」勘定などの資産の増加として処理する。

第 **7** 章

資金の賃貸借

第1節　資金の貸し付け・借り入れ

資金の貸し付けおよび借り入れに関する諸論点を学習します。なお、貸付時および借入時の基本的な処理は第3章（71ページ、69ページ）で学習しました。「貸付金」勘定、「借入金」勘定を忘れてしまった場合は戻って確認しておきましょう。

1　利息の受け払い

✓CHECK

勘定科目　受取利息（収益 −┃＋）：利息を受け取ったことによる収益
　　　　　支払利息（費用 ＋┃−）：利息を支払ったことによる費用

(1)　取引の概要

利息は、資金のレンタル料であり、借入側が貸付側に支払います。利息を支払うタイミングは借入時（前払い）、返済時（後払い）、借入期間途中と様々あります。

(2)　貸付側の会計処理（利息の受取）

利息を受け取った場合は収益の発生とし、勘定科目は「**受取利息**」勘定（収益）とします。

仕訳例7−1　利息の受取時

当社はB社に対する貸付金について、利息100円を現金で受け取った。

（借）現　　　金　[資産＋]	100	（貸）受 取 利 息　[収益＋]	100※1

※1　「利息」の受け取りにより資本（利益）が増加するため、収益の発生

(3)　借入側の会計処理（利息の支払）

利息を支払った場合は費用の発生とし、勘定科目は「**支払利息**」勘定（費用）とします。

仕訳例7−2　利息の支払時

当社はA社からの借入金について、利息100円を現金で支払った。

（借）支 払 利 息　[費用＋]	100※1	（貸）現　　　金　[資産−]	100

※1　利息の支払いにより資本（利益）が減少するため、費用の発生

補足

利息の計算

問題上、利息の金額を次の計算式により自分で算定する場合もあります。

$$利息の金額 = 元金^{※1} \times 年利率^{※2}$$

※1 元金とは、貸付金額または借入金額のこと。

※2 年利率とは、元金に対する1年間の利息の割合のこと。なお、利息の計算期間が1年未満の場合には月割計算（または日割計算）を行う。

【具体例】借入金額10,000円、利率年6％、借入日4/1、借入期間1年

ケース1：利息は1年後に1年分を
後払いする場合

```
4/1    1年間    3/31
├─────────────┤
            利払日
            600
```

利息は3/31に600円を支払う

ケース2：利息は半年ごとに
後払いする場合

```
4/1  6ヶ月 9/30 6ヶ月 3/31
├──────┼──────┤
      利払日   利払日
      300     300
```

利息は9/30と3/31に300円ずつ支払う

※利息：借入金額10,000×6％＝600

※利息：借入金額10,000×6％×6ヶ月/12ヶ月＝300

■例題7-1

次の取引について、仕訳を示しなさい。

(1) H社に現金1,000,000円を貸し付けた。なお、返済期日は半年後であり、利息60,000円は後払いである。

(2) 半年後となり、利息も含めた小切手1,060,000円をH社から受け取った。

(3) 取引銀行から500,000円を借り入れ、利息20,000円を差し引いた残額が、当社の普通預金口座に振り込まれた。

(4) 上記の借入額500,000円を現金で返済した。

■解答欄

日付	借方科目	金額	貸方科目	金額
(1)				
(2)				
(3)				
(4)				

■ 解答解説

日付	借方科目	金額	貸方科目	金額
(1)	貸　付　金	1,000,000	現　　　金	1,000,000
(2)	現　　　金	1,060,000	貸　付　金	1,000,000
			受　取　利　息	60,000
(3)	普　通　預　金	480,000	借　入　金	500,000
	支　払　利　息	20,000		
(4)	借　入　金	500,000	現　　　金	500,000

1．(2)の取引は、貸付金の回収と利息の受け取りが同時に行われている。よって、解答の仕訳は次の仕訳を1つにまとめたものである。

借方科目	金額	貸方科目	金額
現　　　金	1,000,000	貸　付　金	1,000,000
現　　　金	60,000	受　取　利　息	60,000

2．(3)の取引は、資金の借り入れと利息の支払いが同時に行われている。よって、解答の仕訳は次の仕訳を1つにまとめたものである。

借方科目	金額	貸方科目	金額
普　通　預　金	500,000	借　入　金	500,000
支　払　利　息	20,000	普　通　預　金	20,000

 ひと言アドバイス

> (3)の貸方を「借入金480,000」にしないように注意しよう。「借入金」勘定（負債）の増加額は、入金額ではなく、返済義務の500,000になるよ。

POINT

> 1．利息を受け取った場合は「受取利息」勘定（収益）の発生とする。
> 2．利息を支払った場合は「支払利息」勘定（費用）の発生とする。

2　役員に対する貸付金など

✓CHECK

勘定科目　役員貸付金（資産＋|−）：当社の役員に対して資金を貸し付けたことによって生じた、当該金額を回収する権利
　　　　　　従業員貸付金（資産＋|−）：当社の従業員に対して資金を貸し付けたことによって生じた、当該金額を回収する権利
　　　　　　役員借入金（負債−|＋）：当社の役員から資金を借り入れたことによって生じた、返済義務
用　語　役員：会社の取締役、執行役、監査役などの総称で、いわゆる経営陣のこと

(1)　取引の概要

　　会社は、自社の役員（取締役や執行役や監査役など）や従業員に対して資金を貸し付けたり、自社の役員から資金を借り入れたりすることがあります。

(2)　会計処理

　　自社の役員や従業員への貸付金・借入金であることを明確にするために、その内容に応じて「役員貸付金」勘定（資産）、「従業員貸付金」勘定（資産）、「役員借入金」勘定（負債）で処理します。

仕訳例7−3　役員への貸付金

　　当社は、当社の取締役であるY氏に現金100円を貸し付けた。

（借）役員貸付金　［資産＋］　　　100※1　　（貸）現　　　金　［資産−］　　　100

※1　役員への貸付金であるため、「役員貸付金」勘定の増加

■**例題7−2**
次の取引について、仕訳を示しなさい。
(1)　当社の従業員へ現金500,000円を貸し付けた。
(2)　当社の執行役から現金600,000円を借り入れた。

■**解答欄**

日付	借方科目	金額	貸方科目	金額
(1)				
(2)				

■ 解答解説 ||||||||||||||||||||||||||||||||||||||||||||||||||||||||||||||||||||||||||||||||||||||||||||||||||||||||||||

日付	借方科目	金額	貸方科目	金額
(1)	従業員貸付金	500,000	現　　　　金	500,000
(2)	現　　　　金	600,000	役員借入金	600,000

POINT

> 1．自社の役員や従業員への貸付金・借入金は、その内容に応じて「役員貸付金」勘定（資産）、「従業員貸付金」勘定（資産）、「役員借入金」勘定（負債）で処理する。

3　約束手形による資金の貸し付け・借り入れ

✓CHECK

> **勘定科目**　手形貸付金（資産 ＋│−）：資金の貸し付けを行い、約束手形を受け取った場合の当該金額を回収する権利
> 　　　　　　手形借入金（負債 −│＋）：約束手形を振り出して資金を借り入れたことによって生じた、返済義務

(1)　取引の概要

　　通常、資金の貸し借りを行う場合、借用証書を作成して行います。しかし、借用証書の作成には多少の手間が生じます。そこで、もう少し簡便的に資金の貸し借りをする方法として、**約束手形**を使用する方法があります。約束手形には支払金額や支払期日が書かれているため、借用証書の代わりになるのです。具体的には、**資金の借入側が、貸付側に対して約束手形を振り出します。**

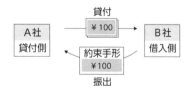

(2)　会計処理

　　約束手形による貸し借りを強調するために、「**手形貸付金**」勘定（資産）および「**手形借入金**」勘定（負債）を用います。なお、「貸付金」勘定（資産）および「借入金」勘定（負債）で処理することもあります。

■仕訳例 7-4　約束手形による貸付金

当社はB社に対して現金100円を貸し付け、同社振出の約束手形を受け取った。

| (借) 手形貸付金 [資産+] | 100※1 | (貸) 現　　　金 [資産−] | 100 |

※1　約束手形による貸付金であるため、「手形貸付金」勘定の増加

■仕訳例 7-5　約束手形による借入金

当社はA社から現金100円を借り入れ、約束手形を振り出した。

| (借) 現　　　金 [資産+] | 100 | (貸) 手形借入金 [負債+] | 100 |

> **ひと言アドバイス**
>
> 約束手形を使った取引だけど、「受取手形」勘定や「支払手形」勘定は使わない点に注意！

■例題 7-3

次の取引について、仕訳を示しなさい。

(1)　当社はM社に対して現金300,000円を貸し付け、同社振出の約束手形を受け取った。

(2)　当社はN社から現金100,000円を借り入れ、約束手形を振り出した。

■解答欄

日付	借方科目	金額	貸方科目	金額
(1)				
(2)				

■解答解説

日付	借方科目	金額	貸方科目	金額
(1)	手形貸付金	300,000	現　　　金	300,000
(2)	現　　　金	100,000	手形借入金	100,000

● POINT

1．約束手形による貸付金・借入金は、「手形貸付金」勘定（資産）、「手形借入金」勘定（負債）で処理する。

2．「貸付金」勘定（資産）、「借入金」勘定（負債）で処理することも認められる。

COLUMN　商取引と金融取引

　　手形による貸し付けをした場合、「手形貸付金」勘定で処理しますが、「貸付金」勘定で処理することもできます。しかし、「受取手形」勘定は使用しません。この理由は、簿記では「商取引」と「金融取引」を区別して記帳するからです。

　　商取引とは、商品売買取引のことであり、金融取引とは資金の貸し借りに関する取引です。手形による貸し付けは金融取引です。

　　そのため、同じ金融取引の「貸付金」勘定を使うことはあっても、商取引の勘定科目である「受取手形」勘定は使用しないのです。

第 **8** 章
給料に関連した取引

第1節 立替金・預り金

第8章では給料の支払について学習をするのですが、まず、給料に付随した勘定科目として「立替金」勘定と「預り金」勘定から学習します。なお、「立替金」勘定は、第4章（108ページ）で一度学習しているので、合わせて確認をしておきましょう。

1 一時的な立て替えと預かり

✓CHECK

勘定科目		
立 替 金（資産 ＋┼－）	：一時的に金銭を立て替え払いした場合の、その金額を回収する権利	
従業員立替金（資産 ＋┼－）	：当社の従業員に対して、一時的に金銭を立て替え払いした場合の、その金額を回収する権利	
預 り 金（負債 －┼＋）	：一時的に金銭を預かった場合の、金銭を返す義務	
従業員預り金（負債 －┼＋）	：当社の従業員から、一時的に金銭を預かった場合の、金銭を返す義務	

(1) 取引の概要

会社は、従業員や取引先のために、金銭を一時的に立て替え払いすることがあります。また、従業員や取引先から一時的に金銭を預かる場合があります。

(2) 金銭の立て替えをした場合の会計処理

金銭を一時的に立て替え払いした場合、「立替額を回収する権利」が生じます。この権利は「立替金」勘定（資産）で処理します。なお、当社の従業員に対する立替金については「従業員立替金」勘定（資産）を用いることもあります。

▌仕訳例8-1 金銭の立替時

当社は従業員が負担すべき生命保険料100円について、現金で支払った。

（借）従業員立替金 ［資産＋］	100※1	（貸）現 金 ［資産－］	100

※1 従業員から立替額を回収する権利が増加するため、「従業員立替金」勘定の増加

> 🗨 **ひと言アドバイス**
>
> 勘定科目の指定がなければ「立替金」勘定でも正解になるよ。

仕訳例 8-2　立替金の回収時　[仕訳例8-1の続き]

従業員に給料10,000円を支給するに際して、上記の立替額100円を控除した残額9,900円を現金で支払った。

（借）給　　　　料	[費用＋]	10,000	（貸）従業員立替金	[資産－]	100※1
			現　　　　金	[資産－]	9,900

※1　従業員から立替額を回収する権利が減少するため、「従業員立替金」勘定の減少

➕補足

給料の前貸し

従業員の求めに応じて、給料日の前に給料を支給することがあります。いわゆる給料の前貸し（従業員からすると、給料の前借り）です。給料を前貸しした場合には「従業員立替金」勘定（資産）または「立替金」勘定（資産）で処理します。

【具体例】従業員に給料100円を現金で前貸しした。
　　（借）従業員立替金　100　　（貸）現金　100

なお、給料の前貸しは、一時的なもの、かつ、給料の支払額と相殺されるものなので、通常の貸し付けとは異なります。よって、「貸付金」勘定（資産）では処理しません。

(3)　金銭を預かった場合の会計処理

金銭を一時的に預かった場合、「預かった金銭を返す義務」が生じます。この義務は「預り金」勘定（負債）で処理します。なお、当社の従業員から預かった金額については「従業員預り金」勘定（負債）を用いることもあります。

仕訳例 8-3　金銭の預かり時

当社は取引先から一時的に現金200円を預かり、金庫に保管した。

（借）現　　　　金	[資産＋]	200	（貸）預　　り　　金	[負債＋]	200※1

※1　預かった金額を返す義務が増加するため、「預り金」勘定の増加

仕訳例 8-4　預かった金銭の返金時　[仕訳例8-3の続き]

上記200円について、後日、取引先へ返金した。

（借）預　　り　　金	[負債－]	200※1	（貸）現　　　　金	[資産－]	200

※1　預かった金額を返す義務が減少するため、「預り金」勘定の減少

■例題8-1

次の取引について、仕訳を示しなさい。

(1) 当社は従業員が負担すべき生命保険料25,000円について、現金で支払った。

(2) 従業員に給料340,000円を支給するに際して、上記の立替額25,000円を控除した残額315,000円を普通預金から支払った。

(3) 当社は、D社の売掛金50,000円をD社の代わりに現金で受け取った。

(4) 上記50,000円について、当座預金からD社に支払った。

■解答欄

日付	借方科目	金額	貸方科目	金額
(1)				
(2)				
(3)				
(4)				

■解答解説

日付	借方科目	金額	貸方科目	金額
(1)	従業員立替金	25,000	現　　　　金	25,000
(2)	給　　　　料	340,000	従業員立替金	25,000
			普　通　預　金	315,000
(3)	現　　　　金	50,000	預　　り　　金	50,000
(4)	預　　り　　金	50,000	当　座　預　金	50,000

POINT

1. 一時的に金銭を立て替え払いした場合は「立替金」勘定（資産）の増加とする。

2. 一時的に金銭を預かった場合は「預り金」勘定（負債）の増加とする。

COLUMN　勘定科目と送り仮名

　基本的に勘定科目は漢字のみで表記され、送り仮名はつけません。しかし、「預り金」勘定は例外的に送り仮名をつけます。これは、送り仮名をつけなかった場合「預金」勘定となり、意味が変わってしまうからです。

第2節　給料の支払い（源泉徴収）

給料の支払いを理解するためには、源泉徴収制度への理解が不可欠です。源泉徴収制度を理解したうえでおさえるようにしましょう。

1　所得税と源泉徴収制度

✓CHECK

勘定科目　所得税預り金（負債 −｜＋）：源泉徴収した所得税を納付する義務
　　　　　　　　※「所得税預り金」勘定は、「従業員預り金」勘定を用いる場合もあります。

用　語　源泉徴収制度：従業員負担の所得税や社会保険料について、給料から差し引いたうえで従業員に代わって会社が納付する制度のこと
　　　所　得　税：給料に対してかかる税金（負担者は従業員）

(1)　取引の概要

　従業員の給料には所得税という税金がかかります。本来、所得税は従業員が納付すべきものですが、**源泉徴収制度**により、会社が納付することとなっています。具体的には、次のような取引になります。

① 給料日（給料100,000円、所得税5,000円の場合）

　本来、会社は給料総額100,000円を従業員へ支払うべきです。しかし、実際に支払う金額は、所得税5,000円を差し引いた95,000円のみとなります。このように、給料から差し引く（預かる）ことを**源泉徴収**といいます。なお、源泉徴収後の95,000円を**手取金**といいます。

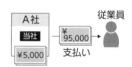

② 翌月

　所得税5,000円は会社が預かっているため、会社が税務署へ納付します。このように、源泉徴収制度では、会社が従業員の代わりに所得税を納付することになります（実際には、全従業員の金額をまとめて納付します★）。

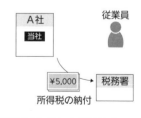

　★源泉徴収制度を採用することで、税務署の徴税手続きの事務負担が軽減できるメリットがあります。

損益計算書(P/L) 貸借対照表(B/S)
| 費用 | 収益 | 資産 | 負債 |
| | | | 資本 |

(2) 会計処理

源泉徴収を行った場合においても、「給料」勘定（費用）の発生額は給料総額の100,000円とします。なぜなら、源泉徴収した所得税は税務署に支払うため、最終的に給料総額の全額を支払うことになるからです。

また、源泉徴収した5,000円は、会社が一時的に預かったうえで税務署へ納付します。つまり、源泉徴収額は「預り金」勘定（負債）の増加となります。ただし、通常は所得税の預り金であることを強調するために「所得税預り金」勘定（負債）を用います。

│仕訳例 8-5 給料の支払時（所得税の源泉徴収時）

給料100,000円の支払いに際して、所得税5,000円を差し引いた残額を現金で支払った。

| （借）給 料 ［費用＋］ | 100,000※1 | （貸）所得税預り金 ［負債＋］ | 5,000※2 |
| | | 現 金 ［資産−］ | 95,000※3 |

※1 最終的に100,000を支払うことになるため、「給料」勘定の発生額は100,000
※2 源泉徴収した所得税5,000は納付する義務があるため、「所得税預り金」勘定の増加
※3 源泉徴収を差し引いた残額95,000を支払うため、「現金」勘定は95,000の減少

 ひと言アドバイス

> 次の2点がポイントだよ。
> ・会社は最終的に給料総額の100,000円を支払う
>   →「給料」勘定は100,000円の発生
> ・源泉徴収した5,000円は、一時的に預かったうえで税務署へ納付する
>   →預かった5,000円は「預り金」勘定の増加

│仕訳例 8-6 所得税の納付時　［仕訳例 8-5の続き］

上記、所得税5,000円を現金で納付した。

| （借）所得税預り金 ［負債−］ | 5,000※1 | （貸）現 金 ［資産−］ | 5,000 |

※1 源泉徴収した所得税の納付義務が減少するため、「所得税預り金」勘定の減少

2 社会保険料

✓CHECK

勘定科目 社会保険料預り金（負債 −｜+）：源泉徴収した社会保険料を納付する義務
　　　　　　※「社会保険料預り金」勘定は、「従業員預り金」勘定を用いる場合もあります。

　　　　　法定福利費（費用 +｜−）：企業が負担した社会保険料に関する費用

用　語 社会保険料：健康保険料や厚生年金保険料の総称

(1) 取引の概要

　給料から源泉徴収するのは所得税に限りません。**社会保険料**（健康保険料や厚生年金保険料）も源泉徴収し、後日、年金事務所などに納付します★。

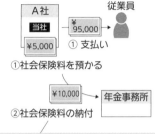

　　★源泉徴収するものとしては、他にも住民税など様々
　　あJますがAありますが、受験上は所得税と社会保険料をおさえ
　　ておけばよいでしょう。

①社会保険料を預かる

②社会保険料の納付

従業員負担分5,000＋会社負担分5,000

　また、社会保険料は従業員負担額（社会保険料の源泉徴収額）と同額について会社が負担することになっており、社会保険料を納付する際はその合計金額を納付します。

 ひと言アドバイス

　言い換えると、「社会保険料10,000円を、従業員と会社で5,000円ずつ折半する」ということだよ。

(2) 会計処理

　源泉徴収した社会保険料は、「**社会保険料預り金**」勘定 (負債) で処理します。また、社会保険料の会社負担額は、会社の費用となるため「**法定福利費**」勘定 (費用) を用いて処理します。

│仕訳例 8-7 給料の支払時 (源泉徴収時)

　給料100,000円の支払いに際して、社会保険料5,000円を差し引いた残額を現金で支払った。

（借）給　　　　料 ［費用＋］	100,000	（貸）社会保険料預り金 ［負債＋］	5,000※1
		現　　　　金 ［資産−］	95,000

　　※1　源泉徴収した社会保険料5,000は納付する義務があるため、「社会保険料預り金」勘定の増加

第8章 給料に関連した取引

仕訳例8-8　社会保険料の納付時　[仕訳例8-7の続き]

　上記、社会保険料について会社負担分5,000円と合わせた合計額を現金で納付した。

| （借）社会保険料預り金 | ［負債−］ | 5,000※1 | （貸）現　　　　金 | ［資産−］ | 10,000※3 |
| 法 定 福 利 費 | ［費用＋］ | 5,000※2 | | | |

※1　源泉徴収した社会保険料の納付義務が減少するため、「社会保険料預り金」勘定の減少

※2　当社負担分は当社の費用になるため、「法定福利費」勘定の計上

※3　従業員負担分（源泉徴収額）と当社負担分を合わせて支払うため、現金は10,000の減少

 ひと言アドバイス

> 従業員負担分は負債の減少になり、会社負担分は費用の発生になる点に注意しよう。

■例題8-2

次の取引について、仕訳を示しなさい。

(1) 当社は従業員に給料総額500,000円を支給するに際して、所得税15,000円、社会保険料60,000円を控除した残額425,000円を普通預金から支払った。

(2) 上記の源泉徴収額と社会保険料の当社負担分60,000円を合わせた、135,000円を普通預金から支払った。

■解答欄

日付	借方科目	金額	貸方科目	金額
(1)				
(2)				

■解答解説

日付	借方科目	金額	貸方科目	金額
(1)	給　　　　料	500,000	所 得 税 預 り 金	15,000
			社 会 保 険 料 預 り 金	60,000
			普 通 預 金	425,000
(2)	所 得 税 預 り 金	15,000	普 通 預 金	135,000
	社 会 保 険 料 預 り 金	60,000		
	法 定 福 利 費	60,000		

🔍 POINT

1．源泉徴収額は「所得税預り金」勘定（負債）、「社会保険料預り金」勘定（負債）の増加とする。

2．会社が負担する社会保険料は「法定福利費」勘定（費用）の発生とする。

第8章　給料に関連した取引

第 9 章

その他の取引

第1節 租税公課およびその他の費用

主に、固定資産税などの税金を支払った場合の会計処理を学習します。税金は難しい用語が多いですが、仕訳自体はシンプルなので苦手意識は持たないようにしましょう。

1 固定資産税や印紙税を支払った場合

✓CHECK

勘定科目 租税公課（費用 ＋│－）：固定資産税や印紙税などの税金の支払いによって生じた費用

用 語 固定資産税・自動車税：固定資産（土地や建物）や自動車を所有している場合に課せられる税金

印 紙 税：課税文書（約束手形、一定の契約書、一定額を超えた領収書など）に対して課せられる税金

収入印紙：印紙税を納付する際に使用する証票であり、課税文書に貼付する

(1) 取引の概要

会社は事業活動を行っていくうえで様々な税金を納付することになります。例えば、次のようなものがあります。

税金	内容
固定資産税	土地や建物を所有している場合に課せられる税金
自動車税	自動車を所有している場合に課せられる税金
印紙税	課税文書（約束手形、一定の契約書、一定額を超えた領収書など）を作成した場合に課せられる税金

(2) 会計処理

固定資産税などを支払った場合は費用の発生となり、「**租税公課**」勘定 (費用) で処理します。

仕訳例9-1 固定資産税

固定資産税100円の納税通知書が会社に届いたため、これを現金で納付した。

(借) 租 税 公 課 [費用+]	100	(貸) 現　　　　金 [資産−]	100

仕訳例9-2　印紙税

領収書に貼付するため、200円分の収入印紙を現金で購入した。

（借）租 税 公 課 ［費用＋］	200	（貸）現　　　　金 ［資産－］	200

COLUMN　収入印紙ってどんなもの？

収入印紙は切手と同じような見た目をしています。また、見た目だけでなく仕組みも似ています。切手は郵便局などで購入しそれを葉書に貼り付けますが、収入印紙も郵便局などで購入しそれを約束手形や契約書などに貼り付けます（なお、郵便局は、受け取った印紙代金を国に納めます）。

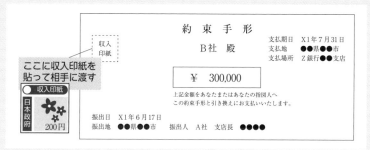

なお、収入印紙の勘定科目は「租税公課」勘定ですが、切手は「通信費」勘定で処理します。

また、収入印紙は名称に「収入」とありますが、会社からすれば、現金を「支出」して購入する（納付する）ものであるため、その名称に惑わされないように注意してください（国からすると収入です）。

■ 例題9-1

次の取引について、仕訳を示しなさい。

(1) 当社は固定資産税50,000円と、自動車税30,000円の合計額80,000円について小切手を振り出して支払った。

■ 解答欄

日付	借方科目	金額	貸方科目	金額
(1)				

■ 解答解説

日付	借方科目	金額	貸方科目	金額
(1)	租　税　公　課	80,000	当　座　預　金	80,000

POINT

1. 固定資産税、自動車税、印紙税（収入印紙）は、「租税公課」勘定（費用）の発生とする。

2 その他の費用

ここまでに、様々な費用の勘定科目を学習しました。以下に、その他の代表的な費用の勘定科目を示しておきます。

費用の勘定科目	内容
広告宣伝費	広告や宣伝に関する支出をした場合
消耗品費	文房具、コピー用紙、蛍光灯などすぐに使ってしまう物品を購入した場合★
通信費	インターネット料金、電話料金、はがき・切手代金を支出した場合
保険料	火災保険など保険の料金を支出した場合
保管費	在庫保管用の倉庫の使用料を支出した場合
諸会費	町内会費など各種会費を支払った場合
雑費	上記のいずれにも該当しない少額の支出を行った場合

★パソコン用のマウスなど、ある程度長期間使うものでも、少額なら消耗品費にするのが一般的です。

ひと言アドバイス

基本的に、「〇〇費」という勘定科目は、費用の勘定科目だよ。

第2節　仮払金・仮受金

> 収入や支出があったものの、その内容や金額が未確定の場合の会計処理を学習します。

1　金額や内容が未確定の支出

✔CHECK

> **勘定科目**　**仮払金**（かりばらいきん）（資産 ＋│－）：支払いを行ったが、その内容や金額が未確定な場合の支出額

(1) 取引の概要

　金額や内容が未確定な段階で、概算額を見積もって先にお金を支払うことがあります。例えば、出張にかかる金額（「旅費交通費」勘定（費用））です。**旅費交通費の金額は、出張が終わるまで確定しませんが、出張に行く前におおまかな見積額（概算額）を従業員に渡しておくことがあります。**

　また、ICカードへの入金も例の1つです。ICカードへ入金（いわゆるチャージ）した金額は、旅費交通費や消耗品費として使用することができます。そのため、ICカードへの入金時点では、内容が確定していないことになります。

(2) 会計処理

① 仮払時

　金額や内容が未確定の支出をした場合、仕訳の借方は、**「仮払金」勘定（資産）**の増加とします。「仮払金」勘定は、「金額や内容が未確定の支出をしたため、いったん仮の記録をした」ことを意味します。

仕訳例9-3　仮払時

従業員が出張するに際して、出張費用の概算額300円を現金で手渡した。

（借）仮　払　金 ［資産＋］	300※1	（貸）現　　　金 ［資産－］	300

※1　概算額、つまり、金額が未確定の支出であるため、いったん「仮払金」勘定の増加

> **ひと言アドバイス**
>
> 「旅費交通費」勘定の金額が未確定なので、いったん「仮払金」勘定にするよ。
> 　（借）旅費交通費 ？？　　（貸）現　　金 300
> 　　　→ いったん仮払金

② 金額確定時

　未確定だった金額や内容が確定したら、「仮払金」勘定（資産）から確定した勘定科目に振り替えます。つまり、借方に確定した勘定科目を計上し、貸方で「仮払金」勘定を減少させることになります。

▌仕訳例9-4 ▶ 金額確定時　[仕訳例9-3の続き]

　帰社した従業員から、旅費交通費は400円だったと報告を受けたため、不足分100円を現金で手渡した。

（借）旅費交通費 [費用+]	400※1	（貸）仮　払　金 [資産−]	300※2
		現　　　金 [資産−]	100

※1　金額が確定したため、この時点で「旅費交通費」勘定の発生
※2　金額が確定したため、「仮払金」勘定の減少

▶補足

仮払金

　上記の仕訳例は、結局のところ「旅費交通費400円を現金で支払った」という取引です。そのため、次のように理解することができます。

①仮払時

（借）仮　払　金　300　（貸）現　金　300

②金額確定時

（借）旅費交通費　400　（貸）仮払金　300
現　金　100

（借）旅費交通費　400　（貸）現　金　400

2つの仕訳を合算すると、「旅費交通費400円を現金で支払った」場合の仕訳になる。

　このように、「仮払金」勘定（資産）は、金額や内容が確定するまでの間、一時的に計上しておくための勘定なのです。そのため、厳密には5要素のいずれにも該当しません。しかし、一般的に「仮払金」勘定は「資産」の勘定科目と言われます。この理由は、「仮払金」勘定は、増加は借方、減少は貸方となり、この点で資産に類似した勘定科目と考えられるからです。

　同様の理由で、次に学習する「仮受金」勘定（負債）も、厳密には負債ではないのですが、他の負債の勘定科目と同じように、増加は貸方、減少は借方に記帳されるため、「負債」となります。

　なお、この説明がしっくりしない場合には、以下のように理解してもいいでしょう。

　仮払金：仮で払っただけなので、確定するまでは返してもらう権利がある→資産
　仮受金：内容が不明ということは、相手が誤って払っている可能性もあり、その場合は返す義務がある→負債

2 内容不明の入金

☑CHECK

> **勘定科目** 仮受金（負債 −｜＋）：預金口座へ入金があったが、その内容が不明な場合の
> 入金額

(1)　取引の概要

　　会社の銀行口座には日々多くの入金があります。その中には、振込があったもの
のその理由がすぐにはわからない場合があります。

(2)　会計処理

　① 仮受時

　　預金口座へ入金があったものの、その内容が不明の場合、仕訳の貸方は、「**仮受金**」
勘定（負債）の増加とします。「仮受金」勘定は、「内容不明の入金があったため、
いったん仮の記録をした」ことを意味します。

▎**仕訳例9-5　仮受時**

　　当社の当座預金口座に取引先から100円の入金があったが、理由が不明である。

（借）当 座 預 金 ［資産＋］	100	（貸）仮 受 金 ［負債＋］	100※1

　　※1　内容が不明であるため、いったん「仮受金」勘定の増加

　② 内容判明時

　　不明だった内容が確定したら、「仮受金」勘定（負債）から確定した勘定科目に振
り替えます。つまり、貸方に確定した勘定科目を計上し、借方で「仮受金」勘定を
減少させることになります。

▎**仕訳例9-6　内容判明時　［仕訳例9-5の続き］**

　　上記の内容不明金100円は、貸付金の回収額であることが判明した。

（借）仮 受 金 ［負債−］	100※1	（貸）貸 付 金 ［資産−］	100※2

　　※1　内容が判明したため、「仮受金」勘定の減少
　　※2　内容が貸付金の回収であったため、「貸付金」勘定の減少

■例題9-2

次の一連の取引について、仕訳を示しなさい。

(1) 従業員の出張に際し、概算の旅費交通費120,000円を現金で渡した。

(2) 出張先の従業員から、当座預金口座に800,000円の入金があったが内容は不明である。

(3) 従業員が出張から帰社し、上記の入金は、売掛金の回収額であることが判明した。

(4) 出張費用を精算したところ、総額は110,000円であったため、現金10,000円の返金を受けた。

■解答欄

日付	借方科目	金額	貸方科目	金額
(1)				
(2)				
(3)				
(4)				

■解答解説

日付	借方科目	金額	貸方科目	金額
(1)	仮　払　金	120,000	現　　　金	120,000
(2)	当　座　預　金	800,000	仮　受　金	800,000
(3)	仮　受　金	800,000	売　掛　金	800,000
(4)	旅　費　交　通　費	110,000	仮　払　金	120,000
	現　　　金	10,000		

POINT

1. 金額や内容が未確定の支出をした場合は、「仮払金」勘定（資産）の増加とする。

2. 内容不明の入金があった場合は、「仮受金」勘定（負債）の増加とする。

3. 金額や内容が確定したら、「仮払金」勘定または「仮受金」勘定から確定した勘定科目に振り替える。

第3節　訂正仕訳

会社は誤った仕訳をしてしまうことがあります。誤った仕訳をした場合には、訂正をしなければいけません。仕訳の誤りは、仕訳で訂正することになります。

1 訂正仕訳

✓CHECK

用語 訂正仕訳：誤った仕訳を訂正するための仕訳

(1) 論点の概要

　　会社は、誤った仕訳を行ってしまうことがあります★。この場合、訂正仕訳を行うことで正しい記録に修正します。訂正仕訳は、①「誤った仕訳の逆仕訳」と、②「本来行うべきだった、正しい仕訳」の2つから構成されます。

　　★誤りの内容には、「勘定科目や金額を間違えて仕訳をした」と、「貸借を逆にして仕訳をした」の2つがあります。

$$誤った仕訳 ＋ 訂正仕訳 ＝ 正しい仕訳$$

　　①誤った仕訳の逆仕訳
　　＋
　　②本来行うべきだった、正しい仕訳

> 💬 ひと言アドバイス
> 「訂正仕訳≠正しい仕訳」という点に注意しよう。

(2) 訂正仕訳

Case Study

買掛金100円を現金で支払った際に、誤って1,000円で記帳していたため、訂正を行う。

〈会社が行った誤った仕訳〉

（借）買　掛　金 1,000　（貸）現　　　金 1,000

〈訂正仕訳〉

①　誤った仕訳の逆仕訳

（借）現　　　金 1,000　（貸）買　掛　金 1,000

　　誤った仕訳の記録を逆仕訳で相殺消去する。

② 本来行うべきだった、正しい仕訳

（借）買　掛　金 100　（貸）現　　　金 100

正しい仕訳を行い、正しい記録にする。

　このように、①「誤った仕訳の逆仕訳」と②「本来行うべきだった、正しい仕訳」を行うと、訂正することができます。なお、一般的には、①と②を合算した仕訳を訂正仕訳にします（[仕訳例9-7] 参照）。

> 💬 **ひと言アドバイス**
>
> ┌───┐
> ①誤った仕訳の逆仕訳をして、②正しい仕訳をすれば、どんな誤りの仕訳でも訂正できるよ。
> だからこそ、「誤った仕訳」と「正しい仕訳」の両方をしっかり考えることが大切だよ。
> └───┘

仕訳例9-7 ▶ 訂正仕訳　[Case Studyと同じ]

買掛金100円を現金で支払った際に、誤って1,000円で記帳していた。

（借）現　　　金 [資産+]　900※1　（貸）買　掛　金 [負債+]　900

※1　下記の仕訳の合算です。

① 誤った仕訳の逆仕訳

（借）現　　金 1,000　（貸）買　掛　金 1,000

② 本来行うべきだった、正しい仕訳

（借）買　掛　金 100　（貸）現　　金 100

（借）現　　金 900　（貸）買　掛　金 900

■例題9-3

訂正仕訳を示しなさい。

(1)　得意先から売掛金50,000円を現金で回収した際に、誤って売上勘定の貸方に記帳していた。

(2)　商品5,000円を掛けで販売した際に、誤って借方と貸方を反対に仕訳していた。

■解答欄

日付	借方科目	金額	貸方科目	金額
(1)				
(2)				

■解答解説

日付	借方科目	金額	貸方科目	金額
(1)	売　　　　上	50,000	売　掛　金	50,000
(2)	売　掛　金	10,000	売　　　　上	10,000

1．(1)では、会社は誤って、（借）現　　金 50,000 （貸）売　　上 50,000 と仕訳している。
　　よって、訂正仕訳は次のようになる。

　　① 誤った仕訳の逆仕訳

　　（借）売　　上 50,000 （貸）現　　金 50,000

　　② 本来行うべきだった、正しい仕訳　　　　（借）売　　上 50,000 （貸）売 掛 金 50,000

　　（借）現　　金 50,000 （貸）売 掛 金 50,000

2．(2)では、会社は誤って、（借）売　　上 5,000 （貸）売 掛 金 5,000 と仕訳している。
　　よって、訂正仕訳は次のようになる。

　　① 誤った仕訳の逆仕訳

　　（借）売 掛 金 5,000 （貸）売　　上 5,000

　　② 本来行うべきだった、正しい仕訳　　　　（借）売 掛 金 10,000 （貸）売　　上 10,000

　　（借）売 掛 金 5,000 （貸）売　　上 5,000

🍎POINT

> 1．誤った仕訳 ＋ 訂正仕訳 ＝ 正しい仕訳
> 2．訂正仕訳 ＝ 誤った仕訳の逆仕訳 ＋ 正しい仕訳

第10章
帳簿と伝票

第2章で一度登場した仕訳帳と総勘定元帳について学習をします。例題はありません。形式だけ確認をしておきましょう。

1　主要簿とは

　　第2章において、**仕訳帳**と**総勘定元帳**という2つの帳簿があることを学習しました。この2つの帳簿を**主要簿**といいます。主要簿にはすべての簿記上の取引が記録されます。また、試算表（T／B）や財務諸表（F／S）は、主要簿をもとにして作成されます。

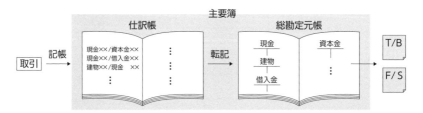

(1)　仕訳帳

　　仕訳帳は、**仕訳を記録する帳簿**であり、仕訳帳に記入した内容を総勘定元帳に転記します。

●仕訳帳の記入方法

日付欄	取引日を記入します。月は月初めだけ記入するのが一般的です。
摘要欄・金額欄	摘要欄には勘定科目を書きます。勘定科目が複数ある場合は、諸口と書き、その下に勘定科目を記入します。金額欄には金額を記入します。なお、摘要欄の下に取引の要約も記入します。
元丁欄★	総勘定元帳の何ページ目に転記したのかを意味しています（総勘定元帳は、1ページ目に現金、2ページ目に当座預金のように、勘定科目別にページが分けられています）。

記入例10-1 仕訳帳の記入

4 / 1	(借) 現	金	100	(貸) 資	本	金	100
4 / 5	(借) 仕	入	300	(貸) 現	金		30
				買	掛	金	270

▼

仕　訳　帳　　　　　　1ページ

X1年		摘　　　　　要	元丁	借方	貸方
4	1	(現　　金)	1	100	
		(資本金)	10		100
		株主から出資を受けた。			
	5	(仕　　入)　　　　諸　　口	13	300	
		(現　　金)	1		30
		(買掛金)	6		270
		仕入先B社から甲商品を仕入れた。			

日付欄　　　　　　　　　摘要欄　　　　　　　元丁欄　　　金額欄

🗨 ひと言アドバイス

この仕訳帳から、上の普段の仕訳がイメージできればOKだよ。

(2)　**総勘定元帳**

　　総勘定元帳は、**勘定が書いてある帳簿**で、仕訳帳の内容を転記してきます。総勘定元帳には、**標準式**と**残高式**という2つの形式があります。

●総勘定元帳の記入方法

日付欄	取引日を記入します。月は月初めだけ記入するのが一般的です。
摘要欄・金額欄	摘要欄には仕訳の相手科目（複数ある場合は諸口）、金額欄には仕訳の金額を記入します。
仕丁欄	仕訳帳の何ページ目から転記されたのかを意味しています。
残高欄	残高式において、その時点における残高金額を記入します。なお、借/貸欄には、借方残高の場合には借を、貸方残高の場合には貸を記入します。

記入例10-2 総勘定元帳の記入

① 標準式

一般的なT勘定の形式です。

	現 金								1ページ
X1年	摘 要	仕丁	借 方	X1年	摘 要	仕丁	貸 方
4	1	資 本 金	1	100	4	5	仕 入	1	30

日付欄　　摘要欄　　仕丁欄 金額欄　　日付欄　　摘要欄　　仕丁欄 金額欄

勘定の借方　　　　　　　　　勘定の貸方

② 残高式

通常の転記に加えて、残高欄にその時点における残高金額も記入する形式です。

	現 金					1ページ
X1年	摘 要	仕丁	借 方	貸 方	借/貸	残 高
4	1	資 本 金	1	100		借	100
	5	仕 入	1		30	借	70

日付欄　　摘要欄　　仕丁欄　　金額欄　　　残高欄

第2節　補助簿

補助簿について学習します。補助簿は様々ありますが、このうち特に重要なのは商品有高帳です。その他の補助簿は、その形式の確認だけしておきましょう。

1　補助簿とは

補助簿は、内部管理目的で作成される帳簿で、補助簿では特定の勘定科目について主要簿よりも詳細な記録を行います。補助簿は財務諸表作成のための帳簿ではないため、どの補助簿を用意するかは会社ごとに判断します。

補助簿には、補助記入帳と補助元帳の2種類があります。

補助記入帳	特定の勘定科目について、取引の発生順に記録する補助簿
補助元帳	特定の勘定科目について、取引先別、品目別などに区別して記録する補助簿

2　補助記入帳

補助記入帳とは、特定の勘定科目の増減明細を取引発生順に記録する補助簿です。補助記入帳は、会社にとって重要な勘定科目について、詳細な記録を残したいときに用います。

現金預金関連	(1) 現金出納帳、(2) 当座預金出納帳、(3) 小口現金出納帳
手形関連	(4) 受取手形記入帳、(5) 支払手形記入帳
商品売買関連	(6) 売上帳、(7) 仕入帳

(1) 現金出納帳

現金出納帳は、「現金」勘定 (資産) の増減明細を記録するための補助簿です。

記入例10-3　現金出納帳の記入

4/5	(借)	現	金	Ⓐ300	(貸)	売	上	300
4/6	(借)	買 掛 金		80	(貸)	現	金	Ⓑ80

▼

現金出納帳

X1年		摘　　　要	収　入	支　出	残　高
4	1	前月繰越	500		500
	5	C社に甲商品の売上	Ⓐ300		800
	6	D社に買掛金の支払		Ⓑ80	720
	30	次月繰越		720	
			800	800	

※貸借合計の一致を確かめるために、月初残高は前月繰越として収入欄に、月末残高は次月繰越として支
　出欄に記入する (これ以降の当座預金出納帳などでも同様)。なお、今回は、「現金」勘定の月初残高を
　500としている。

※残高欄には、その時点における残高を記入する。

(2) 当座預金出納帳

当座預金出納帳は、「当座預金」勘定 (資産) の増減明細を記録するための補助簿
です。

記入例10-4　当座預金出納帳の記入

4/2	(借)	買 掛 金	150	(貸)	当 座 預 金	Ⓐ150
4/4	(借)	当 座 預 金	Ⓑ300	(貸)	売 掛 金	300

▼

当座預金出納帳

X1年		摘　　　要	小切手番号	預　入	引　出	借/貸	残　高
4	1	前月繰越		500		借	500
	2	E社へ買掛金の支払	201		Ⓐ150	〃	350
	4	F社より売掛金の回収		Ⓑ300		〃	650

※小切手番号欄には、振り出した小切手の番号を記入する。

※残高欄には、その時点における残高を記入し、借/貸欄には借方残高か貸方残高かを記入する (当座借
　越の場合、貸となる)。

(3)　小口現金出納帳

　　小口現金出納帳は、「小口現金」勘定（資産）の増減明細を記録するための補助簿です。小口現金出納帳には小口現金を使用するたびに記入しますが、仕訳帳には一定期間分をまとめて記入します。

記入例10-5　小口現金出納帳の記入

10/22	（借）	小　口　現　金	Ⓐ 42,000		（貸）	当　座　預　金	42,000
10/28	（借）	通　　信　　費	24,000		（貸）	小　口　現　金	Ⓑ 39,500
		交　　通　　費	10,500				
		消　耗　品　費	5,000				
10/29	（借）	小　口　現　金	Ⓒ 39,500		（貸）	当　座　預　金	39,500

▼

小口現金出納帳

受　入	X1年		摘　　要	支　払	内　　訳		
					通信費	交通費	消耗品費
8,000	10	22	前週繰越				
Ⓐ 42,000	〃		本日補給				
	〃		電話料金	24,000	24,000		
	23		電車賃	1,800		1,800	
	24		コピー用紙	5,000			5,000
	27		タクシー代	8,700		8,700	
			合　　計	Ⓑ 39,500	24,000	10,500	5,000
	28		次週繰越	10,500			
50,000				50,000			
10,500	10	29	前週繰越				
Ⓒ 39,500	〃		本日補給				

　※小口現金の補給を受けたら受入欄に記入する。
　※小口現金から支払ったら、支払欄と内訳欄の2箇所に記入する。
　※摘要欄の合計39,500が小口現金の支払額合計になり、経理部はこの金額を仕訳帳に仕訳する。なお、縦と横の合計の一致を確認することで記入ミスの有無を確認できる。
　※支払欄の次週繰越10,500は、受入欄合計50,000と支払額合計39,500の差額となる。

　　上記は経理部への報告が10/28、小口現金の補給が10/29に行われた場合の小口現金出納帳です。小口現金への補給は、経理部への報告と同時（10/28）に行われることもあります。この場合、補給後の金額が次週繰越となります（下記の小口現金出納帳参照）。

受　入	X1年		摘　　要	支　払	内　訳		
					通信費	交通費	消耗品費
			合　計	Ⓑ 39,500	24,000	10,500	5,000
39,500		28	本日補給				
		〃	次週繰越	50,000			
89,500				89,500			
50,000	10	29	前週繰越				

(4) 受取手形記入帳

受取手形記入帳は、「受取手形」勘定 (資産) の増減明細を記録するための補助簿です。

記入例10-6 受取手形記入帳の記入

2 / 3	(借) 受 取 手 形	Ⓐ 80,000	(貸) 売 掛 金	80,000
2 /10	(借) 受 取 手 形	Ⓑ 90,000	(貸) 売 上	90,000
3 / 3	(借) 当 座 預 金	80,000	(貸) 受 取 手 形	Ⓒ 80,000

▼

受取手形記入帳

X1年		手形種類	手形番号	摘要	支払人	振出人または裏書人	振出日		満期日		支払場所	手形金額	てん末		
Ⓐ2	3	約手	7	売掛金	G商事	G商事	2	3	3	3	Y銀行	80,000	Ⓒ3	3	当座入金
Ⓑ2	10	約手	12	売 上	H商事	H商事	2	10	4	10	Z銀行	90,000			

※手形種類欄の約手は、約束手形を意味しています★。

★手形には、約束手形の他に為替手形があるのですが、為替手形は日商簿記検定では出題されません。

※摘要欄には、「受取手形」勘定が増加した際の相手勘定を記入する。

※てん末欄には、「受取手形」勘定が減少した際の取引を記入する。

(5) 支払手形記入帳

支払手形記入帳は、「支払手形」勘定（負債）の増減明細を記録するための補助簿です。

記入例10-7 ▶ 支払手形記入帳の記入

5／5	（借）仕	入	36,000	（貸）支 払 手 形	Ⓐ 36,000
8／5	（借）支 払 手 形	Ⓑ 36,000	（貸）当 座 預 金	36,000

▼

支払手形記入帳

X1年		手形種類	手形番号	摘要	受取人	振出人	振出日		満期日		支払場所	手形金額	てん末		
Ⓐ 5	5	約手	20	仕 入	I 商事	当社	5	5	8	5	Y銀行	36,000	Ⓑ 8	5	当座決済

(6) 売上帳

売上帳は、「売上」勘定（収益）の増減明細を記録するための補助簿です。

記入例10-8 ▶ 売上帳の記入

6／8	（借）売 掛 金	80,000	（貸）売	上	Ⓐ 80,000
6／19	（借）現 金	10,000	（貸）売	上	Ⓑ 10,000
6／23	（借）売 上	Ⓒ 1,500	（貸）売 掛 金	1,500

▼

売上帳

X1年		摘　　　要		内　訳	金　額
6	8	J 商事	掛け		
		商品甲　100個　@200円		20,000	
		商品乙　200個　@300円		60,000	Ⓐ 80,000
6	19	K 商事	現金		
		商品甲　50個　@200円			Ⓑ 10,000
	23	J 商事	掛け返品		
		商品乙　5個　@300円			Ⓒ △1,500
	30		総売上高		90,000
	〃		売上戻り高		△1,500
	〃		純売上高		88,500

※摘要欄には、販売先、対価、販売した商品などを記入する。
※月末になったら、総売上高から売上戻り高を控除し、純売上高を算定する。

(7) 仕入帳

仕入帳は、「仕入」勘定（費用）の増減明細を記録するための補助簿です。

記入例10-9 仕入帳の記入

4 / 5	(借) 仕	入	Ⓐ 5,200	(貸) 買	掛	金	5,000
				現		金	200
4 / 6	(借) 買	掛	金	100	(貸) 仕	入	Ⓑ 100

▼

仕入帳

X1年		摘　　要	内　訳	金　額
4	5	L商事　　　　　掛け		
		商品丙　50個　@100円	5,000	
		引取費用現金払い	200	Ⓐ 5,200
	6	L商事　　　　　掛け返品		
		商品丙　1個　@100円		Ⓑ △100
	30	総仕入高		5,200
	〃	仕入戻し高		△100
	〃	純仕入高		5,100

※摘要欄には、仕入先、対価、購入した商品などを記入する。
※月末になったら、総仕入高から仕入戻し高を控除し、純仕入高を算定する。

ひと言アドバイス

@は単価を意味するよ。あと、総と純の違いを忘れてしまった場合は、103ページを確認しよう。

3 補助元帳

補助元帳とは、**特定の勘定科目について、取引先別、品目別などに区別して記録する補助簿**です。総勘定元帳だけでは勘定科目の内訳の把握はできないため、内訳を把握したい場合、補助元帳を用います。

掛け代金関連	(1) 売掛金元帳（得意先元帳）、(2) 買掛金元帳（仕入先元帳）
商品関連	(3) 商品有高帳
固定資産関連	(4) 固定資産台帳

(1) 売掛金元帳（得意先元帳）

　売掛金元帳とは、「売掛金」勘定（資産）の増減を、相手先別に記録するための補助簿です（得意先元帳ともいいます）。売掛金元帳を用いることで、どの会社にどれくらい売掛金があるのかを把握することができます。

　売掛金元帳を用いる場合、仕訳においても会社名を記入します。そのうえで、いつもどおり総勘定元帳に転記することに加えて、売掛金元帳にも転記をします。なお、売掛金元帳は「売掛金」勘定の増減を相手先別に記録・集計するものなので、「売掛金」勘定の残高と、売掛金元帳の残高合計は必ず一致します。

記入例10-10　売掛金元帳

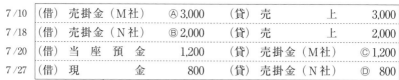

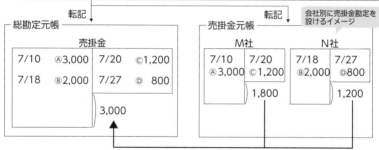

総勘定元帳の残高と、売掛金元帳の残高合計は一致する

売掛金元帳
M　　社

X1年		摘　　要	借　方	貸　方	借/貸	残　高
7	10	掛け売上	Ⓐ 3,000		借	3,000
	20	当座へ入金		Ⓒ 1,200	〃	1,800

※元帳の上にM社とあるため、この売掛金元帳は得意先M社に対する売掛金の増減明細であることがわかる（省略しているが、会社はN社に対する売掛金元帳も作成している）。

※「売掛金」勘定の残高は常に借方残高であるため、借/貸欄に借が記入される。

(2) 買掛金元帳（仕入先元帳）

買掛金元帳は、「買掛金」勘定（負債）の増減を、相手先別に記録するための補助簿です（仕入先元帳ともいいます）。特徴などは売掛金元帳と同じです。

▌記入例10-11 ▶ 買掛金元帳

9/12	（借）仕　　　入	2,500	（貸）買掛金（O社）	Ⓐ2,500
9/19	（借）仕　　　入	1,500	（貸）買掛金（P社）	Ⓑ1,500
9/25	（借）買掛金（O社）	Ⓒ1,800	（貸）現　　　金	1,800
9/30	（借）買掛金（P社）	Ⓓ1,000	（貸）支　払　手　形	1,000

総勘定元帳の残高と、買掛金元帳の残高合計は一致する

▼

買掛金元帳
O 社

X1年		摘　　要	借　方	貸　方	借/貸	残　高
9	12	掛け仕入		Ⓐ2,500	貸	2,500
	25	現金で支払い	Ⓒ1,800		〃	700

※ 元帳の上にO社とあるため、この買掛金元帳は仕入先O社に対する買掛金の増減明細であることがわかる（省略しているが、会社はP社に対する買掛金元帳も作成している）。

※「買掛金」勘定の残高は常に貸方残高であるため、借/貸欄に貸が記入される。

▶補足

人名勘定（じんめいかんじょう）

売掛金元帳や買掛金元帳を用いずに相手先別の掛け代金を把握する方法として、人名勘定を用いる方法があります。人名勘定は会社名を勘定科目とし、「売掛金」勘定（資産）や「買掛金」勘定（負債）は用いません。記入例［10-10］と［10-11］について、人名勘定を用いた場合の仕訳を示すと次のようになります。

[記入例10-10を人名勘定で仕訳した場合]

| 7/10 | （借）M　社 3,000 （貸）売　　上 3,000 |
| 7/20 | （借）当座預金 1,200 （貸）M　　社 1,200 |

[記入例10-11を人名勘定で仕訳した場合]

| 9/12 | （借）仕　　入 2,500 （貸）O　　社 2,500 |
| 9/25 | （借）O　　社 1,800 （貸）現　　金 1,800 |

(3)　商品有高帳

① 概要

　商品有高帳は、**商品の増減を記録**することで、手もとにある商品の原価を把握できるようにするための補助簿です。なお、**商品有高帳には原価で記入するため、売価については記入しません。**

　商品有高帳のイメージは会社の**倉庫**です。仕入れた商品はいったん倉庫に入ったうえで、注文があったら倉庫から払い出され、在庫は倉庫に保管されます。この**倉庫の動きを記録しておく**のが商品有高帳です。

● 商品有高帳は倉庫の動きを記録する

記入例10-12　商品有高帳

　4 /10　商品甲を500円（数量 5 個、仕入単価@100円）で仕入れた。

　4 /20　商品甲のうち 4 個を600円（販売単価@150円）で販売した。

| 4 /10 | （借）仕　　　　　入 | 500 | （貸）現　金　な　ど | 500 |
| 4 /20 | （借）現　金　な　ど | 600 | （貸）売　　　　　上 | 600 |

▼

商品有高帳
商品甲

日付	摘要	受入欄			払出欄			残高欄		
		数量	単価	金額	数量	単価	金額	数量	単価	金額
4 /10	仕入	5	100	500				5	100	500
4 /20	売上				4	100	400	1	100	100

※これは「商品甲」を対象とした商品有高帳である。会社は、商品別に商品有高帳を作成する。
※仕訳上は、「仕入」勘定（費用）と「売上」勘定（収益）で記録されるので、商品の増減はないようにみえるが、実際には商品は増減しているため、商品有高帳に記入される。
※ 4 /10（仕入）：商品を仕入れたら、在庫が増加する。そのため、受入欄に仕入れた商品の原価を記入したうえで、残高欄にその時点の在庫の原価を記入する。
※ 4 /20（売上）：商品を販売したら、在庫が減少する。そのため、払出欄に販売した商品の原価を記入したうえで、残高欄にその時点の在庫の原価を記入する。
　4 /20の残高金額：4 /10の残高金額500 − 4 /20の払出金額400 = 100

🗨 ひと言アドバイス

商品を売り上げたら、仕訳では売価で記録するけど、商品有高帳では原価で記録するよ。また、仕訳だけでは在庫の把握はできないけど、商品有高帳に記録すれば把握できるようになるんだ。

② 払出単価の決定方法

　同じ商品であっても、**仕入れる都度、仕入単価が異なる場合**があります。この場合、在庫ひとつひとつの仕入単価を厳密に区別して管理することは困難です。そのため、仮定計算を行います。日商簿記検定3級では、**先入先出法**と**移動平均法**という2つの仮定計算を学習します。

	計算方法の概要
先入先出法	先に仕入れた商品から先に払い出しが行われたと仮定する方法★
移動平均法	商品を仕入れる都度その時点の**平均単価**を算定し、その単価を次の払出単価とする方法

★英語でFirst In, First Outというため、頭文字をとってFIFO（ファイフォ）ということがあります。

🔊 ひと言アドバイス

> 詳しい作り方は、次の例題を使って説明するよ。例題は、まず解説を読んで作成方法を理解してから解いてみよう。

■例題10-1

下記に示した資料に基づき、先入先出法による商品有高帳を作成しなさい。

〈当月の取引〉

1/ 1	前月繰越	100個	@ 90円
1/ 3	仕　入	150個	@100円
1/ 5	売　上	80個	@200円 （売価）
1/10	仕　入	70個	@120円
1/25	売　上	200個	@200円 （売価）

■解答欄

日付	摘要	受入欄			払出欄			残高欄		
		数量	単価	金額	数量	単価	金額	数量	単価	金額

■ 解答解説

日付	摘要	受入欄			払出欄			残高欄		
		数量	単価	金額	数量	単価	金額	数量	単価	金額
1/1	前月繰越	100	90	9,000				100	90	9,000
1/3	仕　入	150	100	15,000				100	90	9,000
								150	100	15,000
1/5	売　上				80	90	7,200	20	90	1,800
								150	100	15,000
1/10	仕　入	70	120	8,400				20	90	1,800
								150	100	15,000
								70	120	8,400
1/25	売　上				20	90	1,800			
					150	100	15,000			
					30	120	3,600	40	120	4,800
1/31	次月繰越				40	120	4,800			
		320		32,400	320		32,400			

1. 記入の方法

　　1/ 1：まずは、月初の在庫を受入欄に記入したうえで、同額を残高欄にも記入する。

　　1/ 3：仕入分について、受入欄に記入したうえで、残高欄に記入する。先入先出
　　　　　法における残高欄は、先に仕入れたものと、後に仕入れたものを区別する
　　　　　ため、複数行に渡って仕入れた順番通りに記入する。

日付	摘要	受入欄				残高欄		
		数量	単価	金額		数量	単価	金額
1/3	仕　入	150	100	15,000		100	90	9,000
						150	100	15,000

@90の商品100個、@100の商品150
個を保有していることを意味している。

1/ 5：販売分について、払出欄に原価で記入する。先入先出法なので、払い出した80個は、先に仕入れていた月初の在庫から払い出されたものとして計算する。

先に仕入れたものから先に払い出す

日付	摘要		払出欄			残高欄		
			数量	単価	金額	数量	単価	金額
1/3	仕　入					100	90	9,000
						150	100	15,000
1/5	売　上		80	90	7,200	20	90	1,800
						150	100	15,000

保有する170個のうち、先に仕入れた@90の商品は20個だけ残っていて、後に仕入れた@100の商品は150個残っている。

 ひと言アドバイス

商品有高帳には、売価を記入しない点に注意しよう。

1/10：1/3と同じように記入する。なお、この時点での在庫は月初分、1/3仕入分、1/10仕入分の3種類となるため、行数も3行になる。

1/25：1/5と同じように記入する。すなわち、次のように考える。
・まず、販売した200個のうち、月初分の20個が先に払い出される。
・続いて、残りの180個のうち、1/3仕入分の150個が払い出される。
・最後に、残りの30個は、1/10仕入分から払い出される。
この結果、月末の在庫40個は1/10仕入分が残っていることになる。

1/31：月末になったら、貸借合計の一致を確かめるために、月末在庫40個を払出欄に記入する。この一致を確かめることで、計算誤りの有無を確認することができる（今回は、受入欄と払出欄とも320個，32,400で一致）。

■例題10-2

下記に示した資料に基づき、移動平均法による商品有高帳を作成しなさい。

〈当月の取引〉

　　1／1　前月繰越　100個　@ 90円

　　1／3　仕　　入　150個　@100円

　　1／5　売　　上　 80個　@200円（売価）

　　1／10　仕　　入　 70個　@120円

　　1／25　売　　上　200個　@200円（売価）

■解答欄

日付	摘要	受入欄			払出欄			残高欄		
		数量	単価	金額	数量	単価	金額	数量	単価	金額

■解答解説

日付	摘要	受入欄			払出欄			残高欄		
		数量	単価	金額	数量	単価	金額	数量	単価	金額
1/1	前月繰越	100	90	9,000				100	90	9,000
1/3	仕　入	150	100	15,000				250	96	24,000
1/5	売　上				80	96	7,680	170	96	16,320
1/10	仕　入	70	120	8,400				240	103	24,720
1/25	売　上				200	103	20,600	40	103	4,120
1/31	次月繰越				40	103	4,120			
		320		32,400	320		32,400			

1．記入の方法

　　1／3：仕入分について、受入欄に記入したうえで、残高欄で平均単価@96を計算
　　　　　する。なお、平均単価を求めるため、先に仕入れたものと後から仕入れた
　　　　　ものの区別はしない。

日付	摘要	受入欄			払出欄			残高欄		
		数量	単価	金額	数量	単価	金額	数量	単価	金額
1/3	仕　入	150	100	15,000				250	96※1	24,000

> @96の商品を250個保有していると考える。なお、平均単価は、数量と金額を先に埋めたうえで、金額÷数量で計算する。

1/ 5：払出欄に記入する単価は、直近の平均単価となるため@96※1となる。
　　※1　平均単価：1/3残高金額24,000÷1/3残高数量250個＝@96

1/10：1/3と同様に、残高欄で平均単価@103※2を計算する。
　　※2　平均単価：1/10残高金額24,720÷1/10残高数量240個＝@103

1/25：払出欄に記入する単価は、直近の平均単価となるため@103※2となる。

ひと言アドバイス

> 例題10-1と10-2は同じ数値例だけど、払出欄や残高欄の金額は異なってるね。このように、仮定計算の方法によって金額は多少変わってしまうんだ。

③ 売上原価の算定

　商品の原価には**仕入**と**売上原価**という２つの金額があります。仕入と売上原価は在庫の分だけズレることになります。

● 仕入と売上原価

仕　　入	当期に購入した商品の原価のことで、商品有高帳では受入欄に記入される。また、期中仕訳では「仕入」勘定（費用）として記録されている。
売上原価	当期に販売した商品の原価のことで、商品有高帳では払出欄に記入される。なお、**期中仕訳では記録されない**金額である。

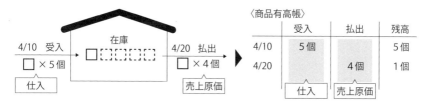

　上図では、仕入５個に対して売上原価４個の結果、在庫が１個生じています。この**在庫１個分**について仕入と売上原価がズレています。仕入と売上原価の関係を具体的に式で表すと次のようになります。

> **仕入高 ＋ 期首在庫 － 期末在庫 ＝ 売上原価**

| Case Study | 例題10-1における売上原価の計算 |

〈商品有高帳〉

	受入	払出
月初在庫	9,000	
仕入合計	23,400 ※1	
払出合計		27,600 ※2
次期繰越		4,800
	32,400	32,400

仕入 / 売上原価

〈売上原価の算定〉

仕入	23,400	受入欄合計 32,400
期首在庫	＋ 9,000	
期末在庫	△ 4,800	
売上原価	27,600	

※1 仕入合計：1／3受入15,000＋1／10受入 8,400＝23,400
※2 払出合計：1／5払出 7,200＋1／25払出20,400＝27,600

💬 ひと言アドバイス

売上原価は払出合計を直接計算することでも求めることができるよ。ただ、仕入高に在庫を加減する計算方法は、第12章でもう一度出てくるんだ。とても重要な計算方法だから、しっかり理解しておこう。

④ 売上総利益の算定

　商品売買による儲けを**売上総利益**といいます。売上総利益は「商品を売っていくら儲かったのか？」という金額であり、会社としても非常に重要な金額です。この売上総利益は次のように計算されます。

$$売上総利益 ＝ 売上高 － 売上原価$$

　売上総利益のポイントは、売上高から控除するのは仕入ではなく**売上原価**という点です。売上原価を控除することで、販売した分の利益が計算できるのです。

| Case Study | 例題10-1における売上総利益の計算 |

損益計算書

売上原価 27,600 (280個)	売上 56,000 (280個) ※1
売上総利益 28,400 (280個)	

※1 売上：1／5売上80個×売価@200＋1／25売上200個×@200＝56,000

> 🗣 **ひと言アドバイス**
>
> 個数に注目してみよう。売上も売上原価も280個分だから、ちゃんと280個分の利益が計算できてるね。
>
> もしこれが、売上原価ではなく仕入個数だと、販売個数と不一致になってしまい、正しい利益は計算出来ないんだ。

■例題10-3

例題10-2を前提に、解答欄に示した各金額を答えなさい。

■解答欄

売上高：＿＿＿＿＿＿円　売上原価＿＿＿＿＿＿円　売上総利益＿＿＿＿＿＿円

■解答解説

売上高：56,000 円　売上原価　28,280 円　売上総利益　27,720 円

1．売上高：1/ 5売上80個×売価@200＋1 /25売上200個×売価@200＝56,000

2．売上原価：当月仕入23,400※①＋月初在庫9,000※②－月末在庫4,120※③＝28,280※④

商品有高帳

日付	摘要	受入金額		払出金額		残高金額
1/1	前月繰越	②	9,000	④		9,000
1/3	仕　入	①	15,000			24,000
1/5	売　上				7,680	16,320
1/10	仕　入		8,400			24,720
1/25	売　上				20,600	4,120
1/31	次月繰越			③	4,120	
			32,400		32,400	

※便宜上、金額のみの記載としている。

3．売上総利益：売上高56,000－売上原価28,280＝27,720

🔍 **POINT**

1．**売上総利益は、売上高から売上原価を控除して算定する。**

2．**売上原価は、「仕入高 ＋ 期首在庫 － 期末在庫」で算定できる。**

⑷　**固定資産台帳**

　　固定資産台帳とは、「建物」勘定（資産）などの**固定資産を管理する**ための補助簿
です。固定資産台帳には取得年月日、取得原価、減価償却などについて記録します。
なお、減価償却については第12章で学習します。

固定資産台帳
建　　物

取得 年月日	用途	耐用 年数	取得 原価	期首減価 償却累計額	当期 増加	当期 減少	当期 償却	期末減価 償却累計額
X2/4/1	本社ビル	30 年	6,000	400	－	－	200	600
X4/10/1	営業所	20 年	2,800	－	2,800	－	70	70

　　当期がＸ４年４月１日からＸ５年３月31日の場合、当期の仕訳は次のとおりにな
ります。

X4/10/1	（借）建　　　　　物	2,800	（貸）現　金　な　ど	2,800
X5/3/31	（借）減 価 償 却 費	270[※1]	（貸）減価償却累計額	270

　　※１　減価償却費：本社ビル減価償却費200＋営業所減価償却費70＝270

第3節　伝票

仕訳帳に仕訳をする代わりに、伝票に仕訳を記録する場合があります。伝票を用いた記録方法について学習します。

1　伝票とは

第1節において仕訳は仕訳帳に記入することを学習しましたが、仕訳帳よりも少ない手間で記録する方法として**伝票**があります（伝票に記録することを**起票**といいます）★。

> ★特に、取引の大半が現金取引である会社において向いている記録方法です。

伝票は連番つづりの用紙になっており、取引のたびに起票します。なお、日商簿記検定試験において、伝票の形式は下記のような簡略化された形式で出題されることが一般的です。

〈実物〉

〈試験上の形式〉

入 金 伝 票 X1年9月8日	
科　目	金　額
売上	20,000

※「B社に商品甲を20,000円で販売し、現金を受け取った」ことを意味している。

2 伝票の起票

(1) 基本的な起票方法（3伝票制）

　伝票の制度には様々ありますが、日商簿記検定では**3伝票制**が出題されます。3伝票制では、**入金伝票、出金伝票、振替伝票**の3種類の伝票を用意し、会社が行った各取引を3伝票のいずれかに記録していきます。

取引	用いる伝票
「現金」勘定が増加する取引（**入金取引**）	入金伝票
「現金」勘定が減少する取引（**出金取引**）	出金伝票
その他の取引	振替伝票

起票例10-1　入金伝票の起票

　得意先に商品を20,000円で販売し、現金を受け取った。

（借）現　　　金　　20,000　　（貸）売　　　上　　20,000

入 金 伝 票	
科　目	金　額
売上	20,000

　※入金伝票は「現金」勘定が増加したことを意味する。
　※科目欄には、仕訳における現金の相手勘定を記入する。

🗣 **ひと言アドバイス**

伝票制度の場合でも、仕訳から考えるようにしよう。

起票例10-2　出金伝票の起票

　仕入先に買掛金5,000円を現金で支払った。

（借）買　掛　金　　5,000　　（貸）現　　　金　　5,000

出 金 伝 票	
科　目	金　額
買掛金	5,000

　※出金伝票は「現金」勘定が減少したことを意味する。
　※科目欄には、仕訳における現金の相手勘定を記入する。

起票例10-3　振替伝票の起票

得意先に商品を20,000円で販売し、代金は掛けとした。

振 替 伝 票			
借方科目	金　額	貸方科目	金　額
売掛金	20,000	売上	20,000

※振替伝票には「現金」勘定が増減しない取引について、仕訳をそのまま記入する。

■例題10-4

次の各取引について、解答欄に示した伝票の空欄を埋めなさい。

(1) 商品を5,000円で仕入れ、代金は現金で支払った。

(2) 商品を8,000円で販売し、代金は現金で受け取った。

(3) 商品を7,500円で販売し、代金は掛けとした。

■解答欄

(1)
（　　　）伝 票	
科　目	金　額

(2)
（　　　）伝 票	
科　目	金　額

(3)
（　　　）伝 票			
借方科目	金　額	貸方科目	金　額

■解答解説

(1)
出 金 伝 票	
科　目	金　額
仕入	5,000

(2)
入 金 伝 票	
科　目	金　額
売上	8,000

(3)
振 替 伝 票			
借方科目	金　額	貸方科目	金　額
売掛金	7,500	売上	7,500

POINT

1．「現金」勘定（資産）が増加する場合は入金伝票に記入し、減少する場合は出金伝票に記入する。また、それ以外の取引は振替伝票に記入する。

⑵　一部現金取引の起票方法

「現金」勘定（資産）が増減する取引とその他の取引が同時に行われる取引を**一部現金取引**といいます。例えば、「商品売買の代金の一部を現金で受け取り、残額を掛けとした」場合が該当します。

(借) 現　　　金	5,000	(貸) 売　　　上	20,000
売　掛　金	15,000		

一部現金取引は、入金伝票（または出金伝票）と振替伝票の双方に関係するため、工夫して起票する必要があります。具体的には、**取引を分割する方法**と、**取引を擬制する方法**の２つがあります。

●一部現金取引の起票方法

取引を分割する方法	「現金」勘定が増減する部分と、その他の部分に分割して起票する方法
取引を擬制する方法	まず「現金」勘定が増減しない取引を行い、その直後に代金の一部を決済したと擬制して起票する方法

▌起票例10-4　一部現金取引の起票

得意先に商品を20,000円で販売し、5,000円は現金で受け取り、残額は掛けとした。

① 取引を分割する方法

現金を受け取った部分と掛けとした部分に分割して起票を行う。

(借) 現　　　金	5,000	(貸) 売　　　上	5,000	→ 入金伝票
(借) 売　掛　金	15,000	(貸) 売　　　上	15,000	→ 振替伝票

入　金　伝　票	
科　目	金　額
売上	5,000

振　替　伝　票			
借方科目	金　額	貸方科目	金　額
売掛金	15,000	売上	15,000

② 取引を擬制する方法

　まず全額掛け売上を行い、直後に代金の一部を現金で回収したものとみなして起票を行う。

| (借) 売　掛　金　20,000 | (貸) 売　　　　上　20,000 | → 振替伝票 |
| (借) 現　　　　金　5,000 | (貸) 売　掛　金　5,000 | → 入金伝票 |

入　金　伝　票	
科　目	金　額
売掛金	5,000

振　替　伝　票			
借方科目	金　額	貸方科目	金　額
売掛金	20,000	売上	20,000

ひと言アドバイス

①と②の伝票を見比べてみよう。どちらの方法で起票するかによって、入金伝票も振替伝票も違うものとなるんだよ。

■例題10-5

　次の取引について、①取引を分割する方法、②取引を擬制する方法によった場合の伝票を作成しなさい。

⑴　商品を30,000円で仕入れ、代金のうち10,000円は現金で支払い、残額は掛けとした。

■解答欄

①取引を分割する方法

出　金　伝　票	
科　目	金　額

振　替　伝　票			
借方科目	金　額	貸方科目	金　額

②取引を擬制する方法

出　金　伝　票	
科　目	金　額

振　替　伝　票			
借方科目	金　額	貸方科目	金　額

■ 解答解説 ||||||||||||||||||||||||||||||||||||||||||||||||||||||||||||||||||||||||||||||||||||||||||||||||||||||||||||||

①取引を分割する方法

出 金 伝 票	
科　目	金　額
仕入	10,000

振 替 伝 票			
借方科目	金　額	貸方科目	金　額
仕入	20,000	買掛金	20,000

②取引を擬制する方法

出 金 伝 票	
科　目	金　額
買掛金	10,000

振 替 伝 票			
借方科目	金　額	貸方科目	金　額
仕入	30,000	買掛金	30,000

1．① 取引を分割する方法

（借）仕　　　　入	10,000	（貸）現　　　　金	10,000	→ 出金伝票
（借）仕　　　　入	20,000	（貸）買　掛　金	20,000	→ 振替伝票

2．② 取引を擬制する方法

（借）仕　　　　入	30,000	（貸）買　掛　金	30,000	→ 振替伝票
（借）買　掛　金	10,000	（貸）現　　　　金	10,000	→ 出金伝票

🔍POINT

1．一部現金取引の起票には2つの方法があるため、問題文をよく読み、どちらの方法なのかを判断する。

3 総勘定元帳への転記

　伝票に記録した仕訳は、総勘定元帳へ転記します。取引の都度、転記することを**個別転記**というのですが、起票するたびに個別転記するのは手間がかかります。そのため、伝票の場合には個別転記ではなく、１日分の記録をまとめて**合計転記**することが一般的です。

　具体的には、１日の終わりにその日の伝票を仕訳日計表に集計し、仕訳日計表から総勘定元帳へ合計転記します★。仕訳日計表とは１日分の伝票を集計するための表であり、合計試算表と同じように各勘定科目の借方合計と貸方合計を集計してくる表です。

> ★１日分ではなく、１週間分や１ヶ月分を集計して転記する方法もあります。この場合の表は、それぞれ仕訳週計表、仕訳月計表といいます。

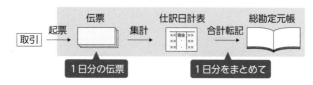

🗣️ **ひと言アドバイス**

> より詳しい作り方は、次の例題およびその解説を使って説明するよ。
> 例題は、まず解説を読んで理解したうえで、実際に解いてみよう。

■例題10-6

　下記に示したＸ１年８月１日の伝票に基づき、⑴仕訳日計表を作成し、⑵総勘定元帳へ転記しなさい。なお、問題の便宜上、総勘定元帳への転記は現金勘定のみとする。

■解答欄

(1)

仕訳日計表

X1年8月1日　　　　　　　20ページ

借方合計	元丁	勘定科目	元丁	貸方合計
		現　　金		
		売　掛　金		
		買　掛　金		
		売　　上		
		仕　　入		

(2)

現金　　　　　　　　　　1ページ

X1年		摘　要	仕丁	借　方	貸　方	借/貸	残　高
8	1	前月繰越	✓	7,300		借	7,300

■解答解説

(1)

仕訳日計表

X1年8月1日　　　　　　　20ページ

借方合計	元丁	勘定科目	元丁	貸方合計
10,000	1	現　　金	1	5,600
		売　掛　金		5,500
3,400		買　掛　金		1,800
		売　　上		4,500
4,000		仕　　入		
17,400				17,400

(2)

現金　　　　　　　　　　　　　　1ページ

X1年		摘　　要	仕丁	借　方	貸　方	借/貸	残　高
8	1	前月繰越	✓	7,300		借	7,300
	〃	仕訳日計表	20	10,000		〃	17,300
	〃	仕訳日計表	20		5,600	〃	11,700

第10章　帳簿と伝票

1．仕訳日計表

(1)　仕訳

　　仕訳日計表の借方欄・貸方欄には、その勘定科目の1日における借方合計・貸方合計を記入する。試験上は、仕訳をもとにした方が算定しやすいため、まず、伝票から仕訳を書くのがおすすめである。

①　入金伝票

101	（借）現　　　　金	1,500	（貸）売　　　　上	1,500
102	（借）現　　　　金	3,000	（貸）売　　　　上	3,000
103	（借）現　　　　金	5,500	（貸）売　掛　金	5,500

②　出金伝票

201	（借）仕　　　　入	2,200	（貸）現　　　　金	2,200
202	（借）買　掛　金	3,400	（貸）現　　　　金	3,400

③　振替伝票

301	（借）仕　　　　入	1,800	（貸）買　掛　金	1,800

(2)　借方欄、貸方欄の各金額

　　現金・借方　：1,500（入金伝票101）＋3,000（入金伝票102）＋
　　　　　　　　　5,500（入金伝票103）＝10,000

　　現金・貸方　：2,200（出金伝票201）＋3,400（出金伝票202）＝5,600

　　売掛金・貸方：5,500（入金伝票103）

　　買掛金・借方：3,400（出金伝票202）

　　買掛金・貸方：1,800（振替伝票301）

　　売上・貸方　：1,500（入金伝票101）＋3,000（入金伝票102）＝4,500

　　仕入・借方　：2,200（出金伝票201）＋1,800（振替伝票301）＝4,000

(3) 元丁欄

　仕訳帳と同様に、総勘定元帳の何ページ目に転記したのかを記入する。本問では、(2)の解答欄から現金勘定は総勘定元帳の1ページとわかるので、仕訳日計表の現金勘定の元丁欄には1と記入する。

2．総勘定元帳

　仕訳日計表から総勘定元帳へ転記するため、総勘定元帳には1日の借方合計額と貸方合計額が転記される。なお、摘要欄および仕丁欄には転記元を記入する（本問では、仕訳日計表の20ページから転記されてきたため、仕訳日計表および20と記入する）。なお、前月繰越は該当する転記元がないため、転記元ではなくチェックマーク（✓）を記入します。

4 売掛金元帳、買掛金元帳への転記

　伝票制度を採用している場合に、補助元帳として**売掛金元帳**および**買掛金元帳**を用いる場合があります。総勘定元帳へは仕訳日計表から合計転記をしましたが、売掛金元帳および買掛金元帳へは伝票ごとに**個別転記**を行います。なぜなら、合計転記をしてしまうと売掛金および買掛金の増減明細を把握することができなくなるからです。

■例題10-7

　下記に示したX1年5月1日の伝票に基づき、(1)仕訳日計表を作成し(2)総勘定元帳へ転記しなさい。また、(3)売掛金元帳の記入も示しなさい。なお、問題の便宜上、総勘定元帳への転記は売掛金勘定のみとし、売掛金元帳への転記はA社のみとする。

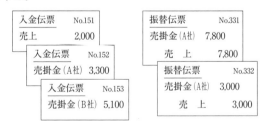

■解答欄

(1)

仕訳日計表

X1年5月1日 12ページ

借方合計	元丁	勘定科目	元丁	貸方合計
		現　　　金		
		売　掛　金		
		売　　　上		

(2)

売　掛　金 4ページ

X1年		摘　　　要	仕丁	借　方	貸　方	借/貸	残　高
5	1	前月繰越	✓	15,000		借	15,000

(3)

売掛金元帳

A　社 1ページ

X1年		摘　　　要	仕丁	借　方	貸　方	借/貸	残　高
5	1	前月繰越	✓	10,000		借	10,000

■解答解説

(1)

仕訳日計表

X1年5月1日 12ページ

借方合計	元丁	勘定科目	元丁	貸方合計
10,400		現　　　金		
10,800	4	売　掛　金	4	8,400
		売　　　上		12,800
21,200				21,200

第10章｜帳簿と伝票

(2)

売　掛　金

X1年		摘　　要	仕丁	借　方	貸　方	借/貸	残　高
5	1	前月繰越	✓	15,000		借	15,000
	〃	仕訳日計表	12	10,800		〃	25,800
	〃	仕訳日計表	12		8,400	〃	17,400

(3)

売掛金元帳

A　社

X1年		摘　　要	仕丁	借　方	貸　方	借/貸	残　高
5	1	前月繰越	✓	10,000		借	10,000
	〃	入金伝票	152		3,300	〃	6,700
	〃	振替伝票	331	7,800		〃	14,500
	〃	振替伝票	332	3,000		〃	17,500

1．仕訳日計表

（1）仕訳

①入金伝票

151	（借）現　　　　　金	2,000	（貸）売　　　　上	2,000
152	（借）現　　　　　金	3,300	（貸）売掛金（A社）	3,300
153	（借）現　　　　　金	5,100	（貸）売掛金（B社）	5,100

②振替伝票

331	（借）売掛金（A社）	7,800	（貸）売　　　　上	7,800
332	（借）売掛金（A社）	3,000	（貸）売　　　　上	3,000

（2）借方欄、貸方欄の各金額

現金・借方　：2,000（入金伝票151）＋3,300（入金伝票152）＋
　　　　　　　5,100（入金伝票153）＝10,400

売掛金・借方：7,800（振替伝票331）＋3,000（振替伝票332）＝10,800

売掛金・貸方：3,300（入金伝票152）＋5,100（入金伝票153）＝8,400

売上・貸方　：2,000（入金伝票151）＋7,800（振替伝票331）＋
　　　　　　　3,000（振替伝票332）＝12,800

2．総勘定元帳には仕訳日計表の金額を合計転記する。

3．売掛金元帳

売掛金元帳には各伝票から個別転記する。そのため、A社に対する売掛金元帳には、入金伝票152、振替伝票331、332からそれぞれ転記する。なお、摘要欄および仕丁欄には転記元である伝票名と伝票番号を記入する。

POINT

> 1．総勘定元帳へは仕訳日計表から合計転記を行い、売掛金元帳および買掛金元帳へは伝票から個別転記を行う。

第11章

決算 I
（全体像・決算振替仕訳）

第1節　決算の概要

第10章までは期中の手続きを学習していました。ここからは、期末に行う決算の手続きを学習します。

1　決算とは

　会社は、会計期間の終わり（期末日）に、**決算**という手続きを行います★。決算では主に以下の5つのことを実施します。

　★期末に必ず決算を行うため、期末日のことを「決算日」ともいいます。

●決算でやること

ステップ	やること	概要（目的）
1	決算整理前残高 試算表の作成	期中手続きにおいてミスが生じていないかどうかの確認をするために、**残高試算表**を作成する。
2	決算整理	勘定の残高金額が財務諸表計上額になるように、**決算整理仕訳**を行って勘定の残高金額を修正する。
3	決算整理後残高 試算表の作成	決算整理においてミスが生じていないかどうかの確認をするために、**残高試算表**を作成する。
4	帳簿の締め切り	翌期の帳簿記入をできるようにするために、当期と翌期の区切りをつける。
5	財務諸表の作成	決算整理後残高試算表をもとに**貸借対照表**と**損益計算書**を作成し外部に公表する。

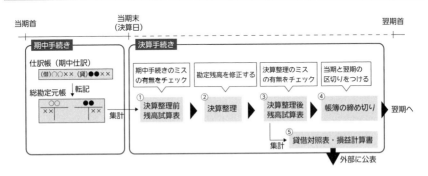

2 決算手続きの流れ

決算手続きのおおまかな流れを確認していきましょう。

ステップ1▶決算整理前残高試算表の作成

決算日になったら、期中手続きの勘定記入の正確性を検証するために**残高試算表**を作成します★。この残高試算表は、決算整理（ステップ2）を行う前に作るので**決算整理前残高試算表**といいます。なお、本テキストでは略称として**前T/B**を用います。

　　★ここで作成する試算表は一般的には合計試算表ではなく残高試算表です（試算表は57ページ参照）。

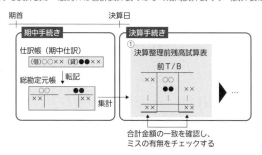

ステップ2▶決算整理

決算整理前残高試算表で期中手続きに誤りがないことを確認したら、続いて、**決算整理**を行います。

第2章で、残高試算表の計上額は財務諸表計上額になっていることを学習しましたが、実のところ、いくつかの勘定科目は、**決算整理前残高試算表の金額が財務諸表計上額になっていません**。そこで、そのような勘定の残高金額を修正するために行う手続きが決算整理です★。

　　★詳しくは12章で学習します。

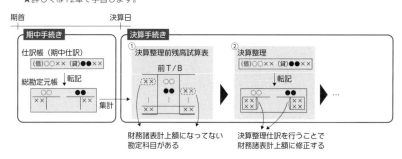

ステップ3 ▶ 決算整理後残高試算表の作成

　決算整理を行うと勘定の残高が修正されますが、この決算整理でミスが発生する可能性があります。そのため、ミスの有無を確認するために再度、**残高試算表**を作成します。この残高試算表は、決算整理を行った後に作るので**決算整理後残高試算表**といいます。なお、本テキストでは略称として**後T/B**を用います。

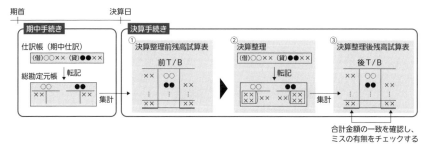

ステップ4 ▶ 帳簿の締め切り

　決算整理後残高試算表で決算整理手続きに誤りがないことを確認したら、**帳簿の締め切り**を行います。帳簿の締め切りでは、当期の勘定記入と翌期の勘定記入の区切りをつけることで、翌期の勘定記入をできるようにします。詳しくは次節で説明をします。

ステップ5 ▶ 財務諸表の作成

　最後に、**財務諸表**を作成し、外部(株主)に報告します。財務諸表は**決算整理後残高試算表**をもとに作成します★。

　　★詳しくは14章で学習します。

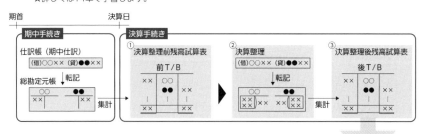

　これで決算手続きは完了し、当期の手続きがすべて完了したことになります。

第2節　帳簿の締め切り（決算振替仕訳）

決算手続きステップ4の帳簿の締め切りを学習します。

決算手続き

① 決算整理前残高試算表 ▶ ② 決算整理 ▶ ③ 決算整理後残高試算表 ▶ **④ 帳簿の締め切り**（学習するのはここ）▶ 翌期へ

集計 → ⑤ 貸借対照表・損益計算書

↓ 外部に公表

1　帳簿の締め切りの概要

(1)　基本的な考え方

　　翌期の勘定記入をスタートさせるためには、勘定において当期と翌期の区切りがついている必要があります。そこで、当期と翌期の区切りをつけるために、**帳簿の締め切り**を行います★。

> ★締め切り方法には英米式決算法と大陸式決算法の2つがあります。日商簿記検定では英米式決算法のみが試験範囲となっています。そのため、本テキストで学習する方法は英米式決算法になります。

　　締め切りは、次の2点を基本としています。

①当期末残高を勘定に記入する。
②貸借の合計金額を記入し、最後に二重線で区切る。

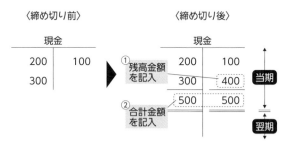

🗣 ひと言アドバイス

締め切ることで当期と翌期の区切りが明確になるよ。

(2) 収益・費用の勘定と、資産・負債・資本の勘定の締め切り方の違い

　上記を基本としつつ、1つ大事な点があります。それは、収益・費用の勘定（損益計算書の勘定）と、資産・負債・資本の勘定（貸借対照表の勘定）では締め切り方が異なるという点です。損益計算書の勘定と貸借対照表の勘定で締め切り方が異なる理由は、翌期の始まり方が違うからです。

収益・費用	翌期の勘定残高は、ゼロから始まる（翌期に繰り越さない）。
資産・負債・資本	翌期の勘定残高は、当期末の勘定残高から始まる（翌期に繰り越す）。

　なお、当期末の残高から翌期を始めることを、当期末残高を翌期に「**繰り越す**」と表現します。

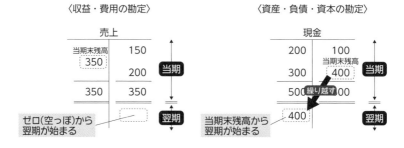

　この違いの理由はシンプルです。

　収益・費用の勘定がゼロから始まる理由は、当期の金額は翌期に関係ないからです。当期にいくら商品を売り上げたとしても、それは当期の売上であり、翌期の売上にはなりません。このように、**当期の収益・費用の額は翌期には関係がないため**、翌期の金額はゼロから始まる必要があるのです。

　対して、資産・負債・資本はどうでしょうか。例えば、当期末に持っている現金や、当期末の借入金の金額は翌期になったからといってゼロにはなりません。つまり、**資産・負債・資本の勘定残高はゼロにしてはいけない**のです。そのため、当期末の残高金額を翌期に繰り越し、これを翌期の始まりの金額とします。

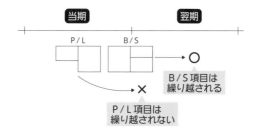

2　収益・費用の勘定の具体的な締め切り方

ひと言アドバイス

ここからは、具体的な締め切り方を学習するよ。まずは、収益と費用の締め切り方から！

(1)　収益・費用の勘定を締め切る目的と「損益」勘定

収益・費用の勘定の締め切りの目的には、「当期と翌期の区切りをつける」ことの他にもう1つあります。それは、「当期純利益を算定する」ことです。

各勘定は総勘定元帳上に点在しているため、そのままでは当期の利益はわかりません。そこで、収益・費用の勘定の締め切りの過程で、①収益・費用の各勘定残高を1つの勘定に移し（集め）、②その勘定の残高を算定することで当期純利益を算定します。

このとき、収益・費用の各勘定残高を移してくるための勘定を用意するのですが、この勘定を「損益」勘定といいます。

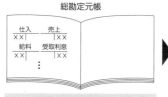
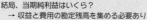
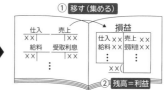

(2)　収益・費用の勘定の締め切る手順

収益・費用の勘定の締め切りは次の手順で行います。

①決算振替仕訳により、収益の勘定および費用の勘定の残高を「損益」勘定に振り替える。
②「損益」勘定の残高から当期純利益を算定する。
③決算振替仕訳により、「損益」勘定の残高（当期純利益）を「繰越利益剰余金」勘定（資本）に振り替える。

「振り替える」とは、勘定の残高金額を他の勘定に移すことです。また、そのための仕訳を「振替仕訳」といいます★。

では、具体的にこの手順をみていきましょう。

★決算で行う振替仕訳を決算振替仕訳といいます。

手順① 決算振替仕訳により、収益勘定および費用勘定の残高を「損益」勘定に振り替える

　　決算振替仕訳により、各収益の勘定残高を「損益」勘定の貸方に振り替え、各費用の勘定残高を「損益」勘定の借方に振り替えます。この仕訳により、収益・費用の勘定残高はゼロになります。

〈収益の決算振替仕訳〉

| (借) 収益の勘定　[収益−]　1,700※1 | (貸) 損　　益　[貸方へ]　1,700※2 |

　　※1　金額は、収益の勘定の決算整理後残高
　　※2　この決算振替仕訳により、収益の勘定残高が「損益」勘定の貸方へ振り替えられる

〈費用の決算振替仕訳〉

| (借) 損　　益　[借方へ]　1,500※2 | (貸) 費用の勘定　[費用−]　1,500※1 |

　　※1　金額は、費用の勘定の決算整理後残高
　　※2　この決算振替仕訳により、費用の勘定残高が「損益」勘定の借方へ振り替えられる

● 決算振替仕訳前の勘定

費用の勘定　　　　　　　　収益の勘定

残高 1,500　　　　　　　　　　　　　　残高 1,700

● 決算振替仕訳

費用の決算振替仕訳　　　　**収益の決算振替仕訳**

損益 1,500 / 費用 1,500　　　収益 1,700 / 損益 1,700
（費用の勘定から「損益」勘定へ）　　（収益の勘定から「損益」勘定へ）

● 決算振替仕訳後の勘定

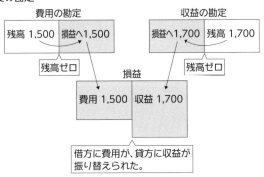

費用の勘定　　　　　　　　　収益の勘定

残高 1,500 ｜ 損益へ1,500　　　損益へ1,700 ｜ 残高 1,700

残高ゼロ　　　　　　損益　　　　　残高ゼロ

費用 1,500 ｜ 収益 1,700

借方に費用が、貸方に収益が振り替えられた。

ひと言アドバイス

決算振替仕訳は、「損益」勘定に振り替えるのと同時に、収益・費用の勘定残高をゼロにもしてるんだよ。

手順②「損益」勘定の残高から当期純利益を算定する

　手順①の決算振替仕訳により、「損益」勘定の残高は収益と費用の差額になります。そのため、「損益」勘定の残高が当期純利益の金額となります。

手順③ 決算振替仕訳により、「損益」勘定の残高を「繰越利益剰余金」勘定に振り替える

　手順②で算定した当期純利益を「繰越利益剰余金」勘定（資本）に振り替えるための決算振替仕訳を行います。

〈当期純利益の決算振替仕訳〉

（借）損　　　　益　　　　200※1　　（貸）繰越利益剰余金　［資本＋］　　200※2

　※1　金額は、「損益」勘定の残高（当期純利益）
　※2　この決算振替仕訳により、当期純利益の額が「繰越利益剰余金」勘定へ振り替えられる

　第1章（43ページ）において、「当期純利益の金額だけ資本（繰越利益剰余金）が増加する」ことを学習しました。これは、この**手順③の決算振替仕訳**を行うことによって実現しているのです。

右余白：第11章　決算Ⅰ（全体像・決算振替仕訳）

手順①～③のまとめ（全体像）

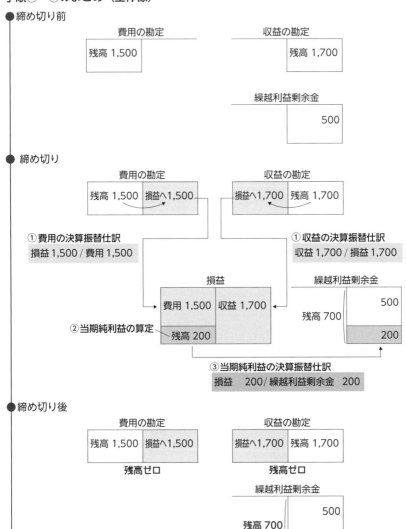

● 締め切り前

● 締め切り

● 締め切り後

😮 ひと言アドバイス

> 収益・費用の勘定残高はゼロになり、「繰越利益剰余金」勘定は当期純利益だけ増加するよ。

📖 補足

当期純損失の場合

　上記では、当期純利益のケースで説明をしました。しかし、場合によっては収益よりも費用の方が多い結果、当期純損失になることがあります。この場合、当期純損失の金額を、「繰越利益剰余金」勘定（資本）の減少として振り替えます。

【具体例】収益の金額が1,500円、費用の金額が1,700円であった場合

〈当期純損失の決算振替仕訳〉

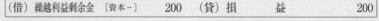

（借）繰越利益剰余金　[資本−]　　200　　（貸）損　　　益　　　　　200

当期純損失の決算振替仕訳
繰越利益剰余金　200／損益　200
（「損益」勘定から「繰越利益剰余金」勘定へ）

■例題11-1

　当社の3月31日における、決算整理後の勘定は次に示したとおりである。そこで、決算振替仕訳（①収益の振り替え　②費用の振り替え　③当期純損益の振り替え）を示しなさい。

仕入		売上	
500		200	900
600			1,000

給料	
400	

■解答欄

	借方科目	金額	貸方科目	金額
①				
②				
③				

■ 解答解説

	借方科目	金額	貸方科目	金額
①	売　　　　上	1,700	損　　　　益	1,700
②	損　　　　益	1,500	仕　　　　入	1,100
			給　　　　料	400
③	損　　　　益	200	繰越利益剰余金	200

1．全体像を示すと次のようになる。

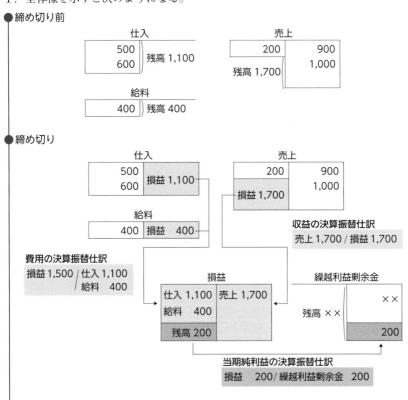

2．「損益」勘定は次のようになる。

損益

3/31	仕	入	1,100	3/31 売	上	1,700
〃	給	料	400			
〃	繰越利益剰余金		200			
			1,700			1,700

※本来、「仕入1,100」と「給料400」の部分は「諸口1,500」とするべきであるが、収益と費用の内訳を確認できるようにするために、「損益」勘定では「諸口」を用いないことが一般的である。

3．②の仕訳は次のように分けても間違いではないが、解答のようにまとめるのが一般的である。

	借方科目	金額	貸方科目	金額
②	損　　益	1,100	仕　　入	1,100
	損　　益	400	給　　料	400

3 資産・負債・資本勘定の具体的な締め切り方

> 👤 ひと言アドバイス
>
> 次は、資産・負債・資本の締め切りだよ！

　資産・負債・資本の勘定は、各勘定の定位置の反対側に「**次期繰越**」として残高
金額を記入し勘定を締め切ります★。また、翌期は、同額を「**前期繰越**」として記
入し、翌期の勘定記入を始めます★。これら2つの記入をすることで、当期末の残
高を翌期に繰り越すことができるのです。なお、一般的にこれらの記入は同時に行
います。

　　★前者を「繰越記入」、後者を「開始記入」といいます。なお、これらの記入は仕訳をすることなく、直
　　　接勘定に記入します。

● 締め切り前

● 締め切り後

補足

勘定に1行しか記入がない場合

　勘定に1行しか記入がない場合があります。このような勘定を締め切る場合には、合
計額は書かないのが一般的です。

	資本金	
	4/1　前期繰越	300

▶

	資本金		
3/31 次期繰越　300	4/1　前期繰越	300
	4/1　**前期繰越**	300

■例題11-2

　当社のX年3月31日における、決算整理後の勘定は次に示したとおりである（便宜上、勘定に記入されている金額は、決算整理後の残高とする）。そこで、勘定の締め切りを行いなさい。

現金		
整理後残高　　1,300		

買掛金		
	整理後残高　　300	

資本金		
	整理後残高　　300	

繰越利益剰余金		
	整理後残高　　500	

売上		
	整理後残高　　1,700	

仕入		
整理後残高　　1,100		

給料		
整理後残高　　400		

■解答欄

〈決算振替仕訳（①収益の振り替え ②費用の振り替え ③当期純損益の振り替え）〉

	借方科目	金額	貸方科目	金額
①				
②				
③				

〈総勘定元帳〉

現金		
整理後残高　　1,300		

買掛金		
	整理後残高　　300	

資本金		
	整理後残高　　300	

繰越利益剰余金		
	整理後残高　　500	

売上		
	整理後残高　　1,700	

仕入		
整理後残高　　1,100		

給料		(	)
整理後残高	400		

■ 解答解説

〈決算振替仕訳（①収益の振り替え ②費用の振り替え ③当期純損益の振り替え）〉

	借方科目	金額	貸方科目	金額
①	売　　　　　上	1,700	損　　　　　益	1,700
②	損　　　　　益	1,500	仕　　　　　入	1,100
			給　　　　　料	400
③	損　　　　　益	200	繰越利益剰余金	200

〈総勘定元帳〉

現金

整理後残高	1,300	3/31	次期繰越	1,300
4/1	前期繰越	1,300		

買掛金

3/31	次期繰越	300	整理後残高	300
			4/1	前期繰越	300

資本金

3/31	次期繰越	300	整理後残高	300
			4/1	前期繰越	300

繰越利益剰余金

3/31	次期繰越	700	整理後残高	500
			3/31	損　益	200
		700			700
			4/1	前期繰越	700

売上

3/31	損　益	1,700	整理後残高	1,700

仕入

整理後残高	1,100	3/31	損　益	1,100

給料

整理後残高	400	3/31	損　益	400

損益

3/31	仕　入	1,100	3/31	売　上	1,700
3/31	給　料	400			
3/31	繰越利益剰余金	200			
		1,700			1,700

1．全体像を示すと次のようになる。

●締め切り前

現金		買掛金		資本金		繰越利益剰余金
残高 1,300			残高 300		残高 300	残高 500

仕入	給料	売上
残高 1,100	残高 400	残高 1,700

●収益・費用の締め切り（決算振替仕訳）

※ 収益・費用の振り替え→
※ 当期純利益の振り替え→

●資産・負債・資本の締め切り

2．決算振替仕訳③の金額（当期純利益）は「損益」勘定の残高より算定する。

収益合計1,700（売上）－費用合計1,500（＝仕入1,100＋給料400）＝200

✚補足

繰越試算表

　上記までの手続きで勘定の締め切りは完了していますが、締め切りの過程でミスが生じる可能性があります。そのため、締め切りの正確性を検証するために、締め切り後に残高試算表を作成することが一般的です。この試算表を「繰越試算表」といいます。

　繰越試算表は、資産・負債・資本の各勘定の「次期繰越」の額を集計して作成します。なお、収益・費用の勘定は、決算振替仕訳により、勘定の残高がゼロになっているので、繰越試算表には集計されてきません。よって、繰越試算表は資産・負債・資本の勘定科目のみが集計されてきます。

　なお、繰越試算表は日商簿記検定では試験範囲外となっていますが、一般的な試算表であるため知っておきましょう。

〈繰越試算表（例題11-2の数値例を用いた場合）〉

繰越試算表

X年3月31日

借　方	勘　定　科　目	貸　方
1,300	現　　　　　金	
	買　掛　金	300
	資　本　金	300
	繰越利益剰余金	700
1,300		1,300

※ 金額は、各勘定の次期繰越の金額を移してくる。

決算 II
（総論、減価償却、貸倒引当金、
売上原価、経過勘定）

第1節　決算整理総論

決算手続きステップ2の決算整理を学習します。

1　決算整理の概要

(1)　基本的な考え方

　期中手続きでは、取引をありのままに記録しています。そのため、期中手続きにもとづく勘定残高の中には、当期末における資産・負債の実際有高や、当期の収益・費用の発生額を適切に表していないものがあります。よって、期中手続きの結果だけにもとづいて財務諸表を作成してしまうと、適切ではない財務諸表ができてしまうのです。

　そこで、決算手続きにおいて、それらの勘定残高が財務諸表に計上されるべき金額となるように修正を行います。この修正のことを**決算整理**といい、修正のために**決算整理仕訳**という仕訳を行います。

(2)　決算整理事項

　日商簿記検定3級では下記の7つの決算整理事項を学習します。このうち、特に試験で出題されやすく、かつ、理解が難しい4つ（下記1～4）を第12章で扱い、残りの3つ（下記5～7）を第13章で扱います。

	決算整理事項	章・節
1	減価償却	第12章 第2節
2	貸倒引当金	第12章 第3節
3	売上原価	第12章 第4節
4	経過勘定	第12章 第5節
5	現金過不足	第13章 第1節
6	貯蔵品	第13章 第2節
7	当座借越	第13章 第3節

(3)　学習するうえでの位置づけ

　　決算整理は試験で必ず出題されるため非常に重要です。また、他の論点と比較して理解が難しいです。そのため、今まで以上にきちんと学習する必要があります。

2　決算整理を勉強する際のポイント

(1)　理解するための視点

　　決算整理仕訳は、「決算整理前の残高金額を、財務諸表計上額に修正するための仕訳」です。よって、決算整理仕訳を理解するには、次の2つを意識することが重要です。

> ・決算整理前の残高金額はどのような金額か？（決算整理のスタートとなる金額の意味）
> ・決算整理後の残高金額はどのような金額か？（決算整理のゴールとなる金額の意味）

　　スタートとゴールがわかれば、自然と決算整理仕訳を理解することができます。

(2)　問題を繰り返し解く

　　理解することも重要ですが、それと同じくらい、問題を解けるようにすることが重要です。問題を繰り返し解き、解き方も頭の中に入れるようにしましょう。

第12章　決算Ⅱ（総論、減価償却、貸倒引当金、売上原価、経過勘定）

第2節 減価償却

当期首に建物を3,000円で取得し1年間使用した。——この場合、決算整理をしないと建物の金額が取得時の金額のままになってしまいます。建物は1年間の使用により劣化するため、価値の減少を反映させるために決算整理を行います。

当期の価値の減少を反映させる。

決算整理前残高試算表				貸借対照表	
3,000	建　物		決算整理 →	建物	2,000
取得原価					当期末の価値

✓CHECK

勘定科目 減価償却累計額（資産の控除項目 −|＋）：減価償却による固定資産の減少額を意味する評価勘定

減価償却費（費用 ＋|−）：固定資産の当期の価値減少額を表す費用

用　語 耐用年数：固定資産の利用可能年数

残存価額：耐用年数到来時の見積売却価額

帳簿価額：取得原価から減価償却累計額を控除した金額

まとめ

決算整理前残高試算表

借方残高	勘定科目	貸方残高
3,000	建　　　物	
	減価償却累計額	1,000

・建物は前期首に取得したものであり、減価償却は、耐用年数3年、残存価額ゼロ、定額法により行っている。

〈決算整理仕訳〉

(借) 減価償却費　［費用＋］　1,000　　(貸) 減価償却累計額　［資産控除＋］　1,000

（取得原価 − 残存価額）÷ 耐用年数
　3,000　　　　0　　　　　3年

〈財務諸表〉

損益計算書

減価償却費 1,000
当期の減価償却費

貸借対照表

取得原価

建物　　　3,000　　　帳簿価額
減価償却　△2,000　1,000
累計額
当期末までの減価
償却費の合計

1 減価償却を理解するための前提知識

(1) 減価償却とは

　　土地以外の固定資産（建物、車両および備品）は、使用したり時が経過したりすることで減価（価値が減少）していきます★。今回学習する減価償却は、その実態を会計帳簿に反映させるための手続きです。

> ★土地は時の経過により価値が減少する性質のものではないため、減価償却の対象にはなりません。

　　具体的には、減価した金額について固定資産を減額させ、費用として計上します。

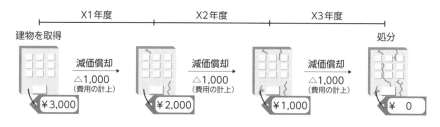

(2) 減価償却額の算定方法

　　毎期の減価償却額は、**取得原価、耐用年数、残存価額**の３つの要素を使って算定します。なお、この３要素は基本的に問題で与えられます。

●減価償却の３要素

	意味
取得原価	固定資産の取得に際して支出した金額であり、具体的には、購入代価に付随費用を加えた金額のこと（第６章第２節で学習済み）。
耐用年数	固定資産の利用可能年数のこと。
残存価額	耐用年数到来時の見積売却価額のこと。ゼロもしくは取得原価の10％のどちらかで出題されることが一般的。

　　減価償却額は３要素を用いて次のように計算します。なお、この算定方法によると毎期の減価償却額は一定額となるため、**定額法**といいます★。

> ★定額法以外にも算定方法はありますが、日商簿記検定３級では定額法のみが出題されます。

> **毎期の減価償却額 ＝（取得原価 － 残存価額）÷ 耐用年数**

損益計算書(P/L)　貸借対照表(B/S)

費用	収益	資産	負債
			資本

Case Study　減価償却額の計算

① 建物の取得原価3,000円、耐用年数３年、残存価額ゼロの場合

> 減価償却額：（取得原価3,000－残存価額0）÷耐用年数３年＝1,000

② 建物の取得原価3,000円、耐用年数３年、残存価額10％の場合

> 減価償却額：（取得原価3,000－残存価額300※1）÷耐用年数３年＝900

※1　残存価額：取得原価3,000×10％＝300

ひと言アドバイス

残存価額が10％の場合、減価する総額は取得原価の90％だから、「取得原価×90％÷耐用年数」
で計算することもできるよ。
② 減価償却額：取得原価3,000×90％÷３年＝900

(3)　減価償却累計額と帳簿価額

また、減価償却を学習するにあたり、次の用語もおさえましょう。

	意味
減価償却累計額	今まで減価償却した金額の合計額（資産の減少総額）
帳簿価額	取得原価から減価償却累計額を控除した金額（その時点における資産の価値）

〈上記Case Studyの①の場合〉

ひと言アドバイス

減価償却累計額は増加していく一方で、帳簿価額は減少していくよ。

254　借方

（第12章－6）

2　減価償却の具体的処理①（当期首に取得した場合）

- ・当期首に建物を現金3,000円で取得した。
- ・減価償却は、耐用年数３年、残存価額ゼロ、定額法により行う。

〈決算整理の全体像〉

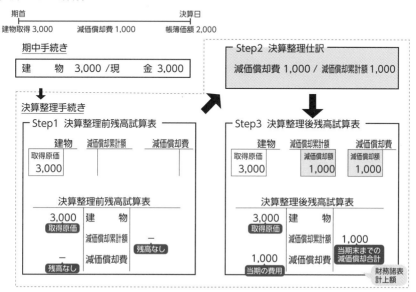

(1)　決算整理仕訳（Step2）

　　当期の減価償却額1,000円※1について、費用計上するとともに、資産を減額させます。具体的には、借方は「**減価償却費**」勘定（費用）の発生、貸方は「**減価償却累計額**」（資産の控除項目）とします。

　　「減価償却累計額」勘定は、固定資産の価値減少額を集計する**評価勘定**です。

（借）減価償却費　[費用＋]　　　1,000※1	（貸）減価償却累計額　[資産控除＋]　　　1,000

　※１　減価償却費：取得原価3,000÷耐用年数３年＝1,000

減価償却費　（費用）		減価償却累計額（資産の控除項目）	
当期の減価償却額 1,000	当期の減価償却費 1,000（P/L計上額）	当期末までの減価償却費の合計 1,000（B/S計上額）	当期の減価償却額 1,000

「減価償却累計額」勘定は**資産の控除項目**という性格をもち、建物などの固定資産を間接的に減少させるための勘定科目です。減価償却後の帳簿価額は、「建物」勘定と「減価償却累計額」勘定の差額として算定されます。

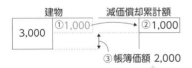

① 減価償却による資産の減少は直接減少させず、

② 「減価償却累計額」勘定に計上（集計）し、

③ ２つの勘定の差額で、帳簿価額を算定する。

期末時点における価値は差額で算定

また、減価償却累計額のように資産の金額を間接的に減少させるための勘定科目を「**評価勘定**」といいます。上記の仕訳では ［資産控除＋］ と表記しましたが、実質的な意味合いは ［資産－］ と同じです。

🔊 ひと言アドバイス

資産の控除項目（評価勘定）は、ここで初めて出てくる概念だから、最初は難しく感じやすいよ。でも、この次に学習する「貸倒引当金」でも出てくるから、しっかり理解しておこう。

なお、問題によっては、「**建物減価償却累計額**」といった勘定科目を用いることもあります（試験上は、問題に記載のある勘定科目を使用するようにしましょう）。

(2) 財務諸表

財務諸表は下記のようになります。減価償却累計額は資産の控除項目であるため、**マイナスの記号**を付して資産の減少として計上し、帳簿価額は差額で算定します。

◆補足

減価償却累計額（直接法と間接法）

　決算整理仕訳を「減価償却費1,000／建物1,000」として、直接「建物」勘定（資産）を減少させる方法を直接法（直接控除方式）といいます。対して、「減価償却累計額」勘定（資産の控除項目）を用いて記帳する方法を間接法（間接控除方式）といいます。直接法の方がわかりやすいですが、元の金額（取得原価）がわからなくなってしまうデメリットがあります。そのため、日商簿記検定3級では間接法のみが出題されます。

■例題12-1

決算日（X2年3月31日）となったため、決算整理手続きを行う。そこで、次の資料に基づいて、(1)決算整理仕訳を示し、決算整理後残高試算表を作成しなさい。(2)また、決算整理後残高試算表をもとに当期の財務諸表を作成しなさい。

1.　　決算整理前残高試算表

借方残高	勘定科目	貸方残高
500,000	備　　品	

2.　備品は当期首に取得したものであり、減価償却は定額法、耐用年数8年、残存価額ゼロ、間接法により行う。

■解答欄

(1)

借方科目	金額	貸方科目	金額

決算整理後残高試算表

借方残高	勘定科目	貸方残高
	備　　品	
	減価償却累計額	
	減価償却費	

(2)

貸借対照表
X2年3月31日

備　　品	
減価償却累計額	

損益計算書
X1年4月1日〜X2年3月31日

減価償却費	

■ 解答解説

(1)

借方科目	金額	貸方科目	金額
減 価 償 却 費	62,500	減価償却累計額	62,500

決算整理後残高試算表

借方残高	勘定科目	貸方残高
500,000	備　　　　品	
	減価償却累計額	62,500
62,500	減 価 償 却 費	

(2)

貸借対照表　　　　　　　　　　損益計算書
X2年 3 月31日　　　　　　　　X1年 4 月 1 日～X2年 3 月31日

備　　　品	500,000		減 価 償 却 費	62,500
減価償却累計額	△62,500	437,500		

1．決算整理

　時の経過による当期の価値減少額を減価償却費として費用計上する。

　減価償却費：取得原価500,000÷耐用年数 8 年＝62,500

2．決算整理後の帳簿価額

備品（資産）
4/1 500,000（取得原価）
減価償却累計額（資産の控除項目）
3/31 62,500
帳簿価額 437,500

3．仮に「残存価額10％」と出題された場合の減価償却費（参考）

　減価償却費：取得原価500,000×90％÷耐用年数 8 年＝56,250

POINT

1．土地以外の固定資産は決算において減価償却を行い、「減価償却費」勘定（費用）を計上する。

2．決算整理前残高試算表の固定資産の金額は取得原価であるため、これをもとに減価償却費を算定する。

3．資産の減少額は「減価償却累計額」勘定（資産の控除項目）に集計したうえで、帳簿価額は取得原価との差額で算定する。

損益計算書(P/L)　貸借対照表(B/S)

| 費用 | | 資産 | 負債 |
| | 収益 | | 資本 |

もっと深く知る　　　減価償却費を計上するのはなぜ？

　簿記では、「最終的な現金流出額＝費用計上額」という関係が成り立ちます（97ページの補足参照）。では、下記の取引について、現金流出額と費用計上額に注目してみてみましょう。

・Ｘ１期首に建物を現金3,000円で取得した。
・減価償却は、耐用年数３年、残存価額ゼロ、定額法により行う（毎期の減価償却費は1,000円）。

　現金流出額を考えてみると、建物の取得により3,000円の現金が流出していることがわかります。

　よって、この取引では費用を3,000円計上すべきとなりますが、それを実現するための会計処理が減価償却手続きです。減価償却費を毎期1,000円ずつ計上することで、現金流出額の3,000円を費用計上できるのです。

　しかし、費用3,000円を計上するだけなら、減価償却という手続きをせずに、例えば「耐用年数到来時に一括で3,000円費用計上する」ではダメなのでしょうか？結論を言うとダメです。減価償却手続きはしなければなりません。なぜなら、減価償却を行わないと、適正な利益の金額にならないからです。これは、下記の資料も追加したうえで、Ｘ１期からＸ３期の損益計算書を比較すればわかります。

・この建物を貸すことで、受取家賃が毎期1,200円（３年合計3,600円）発生する。

〈減価償却を**しない**場合の損益計算書〉

	X 1 期	X 2 期	X 3 期	合計
収益	1,200	1,200	1,200	3,600
費用	0	0	3,000	3,000
利益	1,200	1,200	△1,800	600

〈減価償却を**した**場合の損益計算書〉

X 1 期	X 2 期	X 3 期	合計
1,200	1,200	1,200	3,600
1,000	1,000	1,000	3,000
200	200	200	600

　3 年間、毎期の取引は同じです。しかし、減価償却をせず X 3 期の損益計算書に一括で費用3,000を計上すると、 X 1 期と X 2 期の利益は1,200になる一方で、 X 3 期は1,800の赤字になってしまいます。これでは利益の金額がいびつなので、適正な利益とはいえません。

　対して、減価償却をした場合の損益計算書をみてください。減価償却により、毎期費用が計上されるため、この問題点を解決できています。つまり、減価償却をすることで適正な利益が計算できるのです。これを「費用収益対応の原則」といいます。

3 減価償却の具体的処理② （取得した翌期以降の決算整理）

　定額法の場合、毎期の減価償却費は同額になります。よって、**毎期の決算整理仕訳は同じになります**。ただし、「減価償却累計額」勘定（資産の控除項目）は翌期に繰り越されるため、「**減価償却累計額」勘定の期末残高は、今までの減価償却費の累計になります**。

┃ Case Study ▶ 毎期の決算

　Ｘ１年度期首に建物を3,000円で取得した。減価償却は、耐用年数３年、残存価額ゼロ、定額法により行う（毎期の減価償却費は1,000円）。

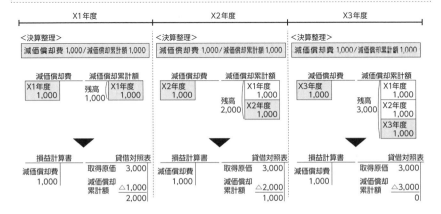

 ひと言アドバイス

決算整理仕訳は毎期同じになるけど、「減価償却累計額」勘定は今までの減価償却費の合計になるから、決算整理をするたびに増えていくんだ。

■例題12-2

決算日（X 6 年 3 月31日）となったため、決算整理手続きを行う。そこで、次の資料に基づいて、(1)決算整理仕訳を示し、決算整理後残高試算表を作成しなさい。(2)また、決算整理後残高試算表をもとに当期の財務諸表を作成しなさい。

1.　　　　決算整理前残高試算表

借方残高	勘定科目	貸方残高
500,000	備　　品	
	減価償却累計額	250,000

2.　備品は前期以前に取得したものであり、減価償却は定額法、耐用年数 8 年、残存価額ゼロ、間接法により行っている。

■解答欄

(1)

借方科目	金額	貸方科目	金額

決算整理後残高試算表

借方残高	勘定科目	貸方残高
	備　　品	
	減価償却累計額	
	減 価 償 却 費	

(2)

貸借対照表
X6年 3 月31日

備　　品		
減価償却累計額		

損益計算書
X5年 4 月 1 日～X6年 3 月31日

減 価 償 却 費		

■ 解答解説

(1)

借方科目	金額	貸方科目	金額
減 価 償 却 費	62,500	減価償却累計額	62,500

決算整理後残高試算表

借方残高	勘定科目	貸方残高
500,000	備　　　　品	
	減価償却累計額	312,500
62,500	減 価 償 却 費	

(2)

貸借対照表　　　　　　　　　　　　　損益計算書

X6年3月31日　　　　　　　　　　　　X5年4月1日〜X6年3月31日

備　　　品	500,000		減価償却費	62,500
減価償却累計額	△312,500	187,500		

1．決算整理仕訳の金額

　　減価償却費：取得原価500,000÷耐用年数8年＝62,500

2．決算整理後の帳簿価額

3．経過年数の算定（参考）

　　減価償却累計額の決算整理前残高250,000から、前期末までの経過年数を逆算できる（なお、本問は例題12-1の4年後という設定）。

　　前期末までの経過年数：前T/B減価償却累計額250,000÷減価償却費62,500＝4年

POINT

1．定額法の場合、毎期の減価償却費は同額となる。

2．前期以前に取得している場合、損益計算書の減価償却費と貸借対照表の減価償却累計額はズレる点に留意する。

📖補足

期中に取得した場合（月割計算）

　もし、固定資産を会計期間の途中で取得した場合、減価償却費の計算はどうなるのでしょうか？この場合の減価償却費は月割計算します。なお、月割計算では1日でも使用したら1ヶ月とします（下記の具体例の建物取得日が7月2日でも7月25日でも当期の使用期間は9ヶ月となる）。

【具体例】

・X1年7月1日に建物を3,000円で取得した。

・X2年3月31日に決算日になったため減価償却費を計上する。なお、減価償却は耐用年数3年、残存価額ゼロ、定額法により行う。

　　（借）減価償却費　750　　（貸）減価償却累計額　750

※　減価償却費：取得原価3,000÷耐用年数3年×使用月数9ヶ月（X1.7〜X2.3）/12ヶ月＝750

	4/1	7/1	当期	3/31

9ヶ月間（当期の使用月数）

4　減価償却をしている固定資産を売却した場合（期中仕訳）

　減価償却をしている固定資産（例えば、建物）を売却した場合、「建物」勘定（資産）を減少させるとともに、同時に「**減価償却累計額」勘定（資産の控除項目）も減少させます。**この結果、固定資産売却損益は、**売却価額と帳簿価額の差額として算定されます。**

　「減価償却累計額」勘定を減少させる理由は資産の評価勘定だからです。売却によって資産がなくなった場合、その資産に対する評価勘定も同時に減少させるのです。なお、「減価償却累計額」勘定の減少は、仕訳上、**借方に記入されます。**

$$固定資産売却損益 ＝ 売却価額 － 帳簿価額$$

※帳簿価額＝取得原価－減価償却累計額

仕訳例12-1　建物の売却①（固定資産売却益が生じる場合）

　帳簿価額2,000円（取得原価3,000円、減価償却累計額1,000円）の建物を2,500円で売却し、現金を受け取った。

（借）減価償却累計額 [資産控除-]	1,000	（貸）建　　物 [資産-]	3,000
現　　金 [資産+]	2,500	固定資産売却益 [収益+]	500[※1]

※1　売却金額2,500 ＞ 帳簿価額2,000・・・「固定資産売却益」勘定の発生
　　固定資産売却益：売却金額2,500－帳簿価額2,000＝500

第12章　決算Ⅱ（総論、減価償却、貸倒引当金、売上原価、経過勘定）

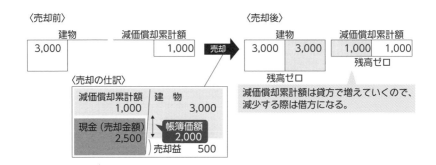

〈売却前〉

建物	減価償却累計額
3,000	1,000

〈売却後〉

建物		減価償却累計額	
3,000	3,000	1,000	1,000

残高ゼロ
残高ゼロ

売却

〈売却の仕訳〉

減価償却累計額 1,000	建 物 3,000
現金（売却金額） 2,500	帳簿価額 2,000
	売却益 500

減価償却累計額は貸方で増えていくので、減少する際は借方になる。

💬 **ひと言アドバイス**

固定資産売却益は、仕訳の貸借差額で計算することができるよ。

仕訳例12- 2　建物の売却②（固定資産売却損が生じる場合）

　帳簿価額2,000円（取得原価3,000円、減価償却累計額1,000円）の建物を1,800円で売却し、現金を受け取った。

（借）	減価償却累計額	［資産控除−］	1,000	（貸）	建	物	［資産−］	3,000
	現 金	［資産＋］	1,800					
	固定資産売却損	［費用＋］	200※1					

※1　売却金額1,800 ＜ 帳簿価額2,000・・・「固定資産売却損」勘定の発生
　　　固定資産売却損：売却金額1,800−帳簿価額2,000＝△200

■**例題12- 3**

　次の取引について、仕訳を示しなさい。なお、減価償却は間接法により記帳している。

　(1)　車両（取得原価2,000,000円、減価償却累計額1,200,000円）を500,000円で売却し、代金は翌月末に受け取ることにした。

　(2)　備品（取得原価5,000,000円、減価償却累計額　？　円）を4,000,000円で売却し小切手を受け取った。なお、備品の減価償却は、定額法、残存価額は取得原価の10%、耐用年数10年で行っており、取得してから売却するまでに3年経過している。

■解答欄

日付	借方科目	金額	貸方科目	金額
(1)				
(2)				

■解答解説

日付	借方科目	金額	貸方科目	金額
(1)	減価償却累計額	1,200,000	車　　　　　両	2,000,000
	未 収 入 金	500,000		
	固定資産売却損	300,000		
(2)	減価償却累計額	1,350,000	備　　　　　品	5,000,000
	現　　　　　金	4,000,000	固定資産売却益	350,000

1．(1)について

　　固定資産売却損：売却金額500,000 － 帳簿価額800,000[※1] ＝ △300,000（損）

　　　※1　帳簿価額：取得原価2,000,000 － 減価償却累計額1,200,000 ＝ 800,000

2．(2)について

　　減価償却累計額：取得原価5,000,000 × 90％ ÷ 耐用年数10年 × 経過年数 3 年
　　　　　　　　　　＝ 1,350,000

　　固定資産売却益：売却金額4,000,000 － 帳簿価額3,650,000[※2] ＝ 350,000（益）

　　　※2　帳簿価額：取得原価5,000,000 － 減価償却累計額1,350,000 ＝ 3,650,000

POINT

1．固定資産を売却した場合、「減価償却累計額」勘定を減少させる。

2．固定資産売却損益は売却金額と帳簿価額の差額により算定する。

第3節　貸倒引当金の設定

売掛金の期末残高10,000円のうち、200円は翌期に貸倒れると見積もった。——この場合、見積もった翌期の貸倒損失を当期の費用として計上するために、貸倒引当金の設定という決算整理を行います。

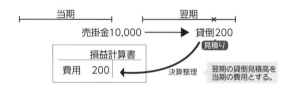

✓CHECK

勘定科目　貸倒引当金（資産の控除項目 −┤＋）：売上債権の貸倒見積高を意味する評価勘定
　　　　　貸倒引当金繰入（費用 ＋┤−）：翌期に見込まれる貸倒損失を当期に費用計上した額（差額補充法により算定する）

用　語　貸倒見積高：翌期の貸倒れ見積額
　　　　実績率：期末売上債権のうち、いくら翌期に貸倒れるかという割合

まとめ

決算整理前残高試算表

借方残高	勘定科目	貸方残高
15,000	売　　掛　　金	
	貸 倒 引 当 金	40

・売掛金の期末残高に対して、実績率2％により貸倒見積高を算定する。

〈決算整理仕訳〉

（借）貸倒引当金繰入　［費用＋］　260　（貸）貸 倒 引 当 金　［資産控除＋］　260

売上債権の期末残高 × 実績率 − 貸倒引当金の決算整理前残高
　　15,000　　　　 2％　　　　　　　40

〈財務諸表〉

1 　貸倒引当金の設定を理解するための前提知識

　期末に売上債権の残高がある場合、翌期に貸倒れが生じる可能性がありますが、会社は長く経営活動をしていくなかで、どれくらいが貸倒れそうなのかを見積もれるようになります。この見積額を**貸倒見積高**といい、通常は売上債権の期末残高に**実績率**★を乗じて計算します。

貸倒見積高 ＝ 売上債権の期末残高 × 実績率

★実績率は、過去の貸倒れの実績に基づき算定します。問題では「○％」と与えられます。

Case Study　貸倒見積高の算定

期末の売掛金勘定の残高10,000円、実績率２％における貸倒見積高

貸倒見積高：期末売掛金10,000×実績率２％＝200

　貸倒引当金の決算整理では、「翌期に見込まれる貸倒見積高200円を、当期に費用計上」します。

2　貸倒引当金の具体的処理①

> ・売掛金の期末残高10,000円に対して、実績率2％により貸倒引当金を設定する。

〈決算整理の全体像〉

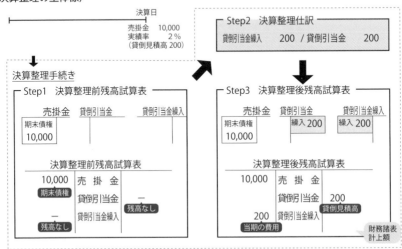

(1)　決算整理仕訳（Step2）

　　第4章第3節（126ページ）で学習したとおり、**貸倒時の仕訳**は次のようになります。

| （借）貸 倒 損 失 ［費用+］　　××　　（貸）売　　掛　　金 ［資産−］　　×× |

　　しかし、決算整理時点ではまだ**見積り**であり、実際に貸し倒れたわけではありません。よって、見積りであることを示すために、借方を「**貸倒引当金繰入**」勘定（費用）、貸方を「**貸倒引当金**」勘定（資産の控除項目）とします。

| （借）貸倒引当金繰入 ［費用+］　　200[1]　　（貸）貸 倒 引 当 金 ［資産控除+］　　200 |

　　※1　貸倒引当金繰入（貸倒見積高）：期末売掛金10,000×実績率2％＝200

貸倒引当金繰入 （費用）		貸倒引当金 （資産の控除項目）	
貸倒見積高 200	当期の費用計上額 200(P/L計上額)	貸倒見積高 200(B/S計上額)	貸倒見積高 200

(2)　財務諸表

　　財務諸表は下記のようになります。「貸倒引当金」勘定（資産の控除項目）は「減価
償却累計額」勘定（資産の控除項目）と同じく**評価勘定**です。つまり、貸借対照表に
おいて「貸倒引当金」勘定は**マイナスの記号**を付して資産の控除項目として計上し
ます。売上債権と貸倒引当金の差額は、翌期の**回収可能見込額**を意味します。

損益計算書	貸借対照表

貸倒引当金繰入　200
当期の費用

債権金額
売掛金　10,000
貸倒引当金　△200　9,800　回収可能見込額
貸倒見積高

COLUMN　引当金は他にもある

　　「○○引当金」という勘定科目は、貸倒引当金以外にも色々あります。引当金の共通
点は、「将来の費用の見積額を、当期に費用計上した場合の貸方科目」という点です。
例えば、翌期に支払う従業員賞与（従業員へのボーナス）の見積額を当期に費用計上す
る場合があるのですが、この場合、借方で費用計上をしたうえで、貸方は「賞与引当金」
勘定を計上します。日商簿記検定3級では貸倒引当金のみ学習し、それ以外は日商簿記
検定2級で学習します。

第12章　決算Ⅱ（総論、減価償却、貸倒引当金、売上原価、経過勘定）

■例題12-4

　決算日（X2年3月31日）となったため、決算整理手続きを行う。そこで、次の資料に基づいて、(1)決算整理仕訳を示し、決算整理後残高試算表を作成しなさい。(2)また、決算整理後残高試算表をもとに当期の財務諸表を作成しなさい。

1.　　　決算整理前残高試算表

借方残高	勘定科目	貸方残高
35,000	受 取 手 形	
42,000	売 　掛 　金	

2．期末売上債権残高の3％を貸倒見積高として、貸倒引当金を設定する。

■解答欄

(1)

借方科目	金額	貸方科目	金額

決算整理後残高試算表

借方残高	勘定科目	貸方残高
	受 取 手 形	
	売 　掛 　金	
	貸 倒 引 当 金	
	貸倒引当金繰入	

(2)

貸借対照表　　　　　　　　損益計算書

X2年3月31日　　　　　　　X1年4月1日～X2年3月31日

貸借対照表		損益計算書	
受 取 手 形		貸倒引当金繰入	
貸 倒 引 当 金			
売 　掛 　金			
貸 倒 引 当 金			

■解答解説

(1)

借方科目	金額	貸方科目	金額
貸倒引当金繰入	2,310	貸倒引当金	2,310

決算整理後残高試算表

借方残高	勘定科目	貸方残高
35,000	受取手形	
42,000	売掛金	
	貸倒引当金	2,310
2,310	貸倒引当金繰入	

(2)

	貸借対照表 X2年3月31日	
受取手形	35,000	
貸倒引当金	△1,050	33,950
売掛金	42,000	
貸倒引当金	△1,260	40,740

損益計算書　X1年4月1日～X2年3月31日

貸倒引当金繰入	2,310

1．決算整理

　貸倒見積高を貸倒引当金繰入として当期の費用にする。

　貸倒引当金繰入：（受取手形35,000＋売掛金42,000）×実績率3％＝2,310

2．貸借対照表計上額

　受取手形の貸倒引当金：受取手形35,000×実績率3％＝1,050

　売掛金の貸倒引当金：売掛金42,000×実績率3％＝1,260

　※なお、貸借対照表は次のような形式もある。

受取手形	35,000	
売掛金	42,000	
貸倒引当金	△2,310	74,690

POINT

1．売上債権がある場合、決算において貸倒引当金を計上する。
2．貸倒引当金は売上債権の期末残高に実績率を乗じて算定する。

3 貸倒時の処理（期中仕訳）

貸倒時の処理は以下の3パターンに分かれ、それぞれで仕訳が異なります。

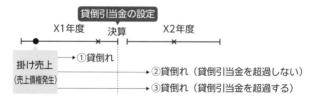

① 当期販売分の貸倒れ

当期販売分の売上債権が貸倒れた場合、決算をむかえる前なので貸倒引当金を設定していません。よって、借方は「貸倒損失」勘定（費用）の発生とします。

 ひと言アドバイス

> これは第4章第3節（126ページ）で学習したのと同じ仕訳だよ。

▌仕訳例12-3 当期販売分の貸倒れ

当期販売分の売掛金100円が回収不能となった。

| （借）貸 倒 損 失 ［費用＋］ | 100 | （貸）売 掛 金 ［資産－］ | 100 |

② 前期販売分の貸倒れ（貸倒額 ≦ 貸倒引当金）

前期販売分の売上債権に対しては、前期の決算で貸倒引当金を設定しています。そのため、借方は「貸倒引当金」勘定（資産の控除項目）を取り崩す処理を行います。

▌仕訳例12-4 前期販売分の貸倒れ（貸倒額 ≦ 貸倒引当金）

前期販売分の売掛金160円の貸倒れが生じた。なお、前期に貸倒引当金を200円設定している。

| （借）貸 倒 引 当 金 ［資産控除－］ | 160※1 | （貸）売 掛 金 ［資産－］ | 160 |

※1　貸倒引当金を設定しているため、「貸倒引当金」勘定の減少

🗣 ひと言アドバイス

「仕訳の借方を費用の発生としない」という点がポイント！前期の決算で先に費用計上をしているから、実際に貸倒れが生じた場合は費用計上しなくていいんだよ。

③ 前期販売分の貸倒れ（貸倒額 ＞ 貸倒引当金）

前期販売分の売上債権の貸倒額が、**貸倒引当金の残高を超える場合**があります。超過した額は前期に費用計上ができていない金額であるため、当期の費用とします。よって、超過額は「**貸倒損失**」勘定（費用）の発生とします。

▎仕訳例12-5　前期販売分の貸倒れ（貸倒額 ＞ 貸倒引当金）

前期販売分の売掛金250円の貸倒れが生じた。なお、前期に貸倒引当金を200円設定している。

（借）貸 倒 引 当 金 [資産控除-]	200※1	（貸）売　掛　金 [資産-]	250
貸 倒 損 失 [費用+]	50※2		

※1　貸倒引当金を設定しているため、「貸倒引当金」勘定の減少
※2　貸倒引当金を超過する部分は、「貸倒損失」勘定の発生

■例題12-5

次の一連の取引について、仕訳を示しなさい。なお、前期の決算整理手続きにおいて、売掛金に対して貸倒引当金を3,000円設定している。

(1) 得意先L社に対する前期販売分の売掛金2,500円が貸し倒れた。
(2) 得意先M社に対する当期販売分の売掛金1,200円が貸し倒れた。
(3) 得意先N社に対する前期販売分の売掛金800円が貸し倒れた。

■解答欄

日付	借方科目	金額	貸方科目	金額
(1)				
(2)				
(3)				

■ 解答解説 ‖‖

日付	借方科目	金額	貸方科目	金額
(1)	貸 倒 引 当 金	2,500	売　　掛　　金	2,500
(2)	貸 倒 損 失	1,200	売　　掛　　金	1,200
(3)	貸 倒 引 当 金	500	売　　掛　　金	800
	貸 倒 損 失	300		

1. 一連の取引について

　　本問は一連の取引であるため、「貸倒引当金」勘定（資産の控除項目）の残高の変動に留意すること。

2. (1)と(3)について

　　(1)と(3)は前期販売分の貸倒れであるので、「貸倒引当金」勘定を取り崩す。ただし、「貸倒引当金」勘定の残高は(1)の仕訳の結果、500（＝前期末残高3,000－(1)取崩高2,500）となっている。よって、(3)の貸倒れ800のうち、「貸倒引当金」勘定の残高を超過した300は当期の費用とするため「貸倒損失」勘定（費用）の計上とする。

3. (2)について

　　(2)は当期販売分の売掛金であるため、「貸倒損失」勘定の計上とする。

◉ POINT

> 1. 貸倒れた売上債権が、当期販売分か、前期販売分かによって仕訳が異なるため、問題文ではその点に注目する。
> 2. 当期販売分の貸倒れが生じた場合は、「貸倒損失」勘定（費用）の発生とする。
> 3. 前期販売分の貸倒れが生じた場合は、「貸倒引当金」勘定（資産の控除項目）を取り崩す。なお、貸倒額が「貸倒引当金」勘定の残高を超過する場合は、超過額を「貸倒損失」勘定の発生とする。

もっと深く知る　　貸倒引当金を設定するのはなぜ？

　貸倒見積高は当期に貸倒れたわけではないにも関わらず、なぜ当期の費用とするのでしょうか？

- ・X 1 期に10,000円の掛け売上を行った。X 1 期末において売掛金は未回収である。
- ・X 2 期に、上記売掛金のうち9,800円を回収し、200円が貸倒れた。

　この場合、最終的に現金回収できた金額は9,800円なので、利益は9,800円となるべきです。では、これをもとに、貸倒引当金を設定しない場合の損益計算書をみてみましょう。

〈貸倒引当金を設定しない場合の損益計算書〉

	X 1 期	X 2 期	合計
売　　　　上	10,000	0	10,000
貸 倒 損 失	0	200	200
利　　　　益	10,000	△200	9,800

　X 1 期とX 2 期の利益合計はちゃんと9,800円になっています。しかし、X 1 期だけに注目してみると、X 1 期の利益は10,000円となっており、利益が200円過大計上になってしまっています。このように、貸倒引当金を設定しないと利益の過大計上となる点が問題なのです。

　この問題を解決するのが、貸倒引当金の設定です。X 1 期の決算整理仕訳でX 2 期の貸倒損失を先に計上することで、X 1 期の利益が過大計上になるのを防ぐことができるのです。

〈貸倒引当金を設定した場合の損益計算書〉

	X 1 期	X 2 期	合計
売　　　　上	10,000	0	10,000
貸倒引当金繰入	200	0	200
利　　　　益	9,800	0	9,800

第12章　決算Ⅱ（総論、減価償却、貸倒引当金、売上原価、経過勘定）

4　貸倒引当金の具体的処理②（差額補充法）

　決算整理前において、「貸倒引当金」勘定（資産の控除項目）の残高が存在する（余っている）場合があります。この場合の決算整理仕訳は、当該残高と貸倒見積高の差額分についてのみ行います。この計算方法を差額補充法といいます。

> 貸倒引当金繰入 ＝ 貸倒見積高 − 貸倒引当金の決算整理前残高

│ Case Study │ 差額補充法

・前期の決算で貸倒引当金を200円計上し、このうち当期に160円取り崩した。
・当期の決算において、売掛金の期末残高15,000円に対して実績率２％により貸倒引当金を設定する。

〈貸倒引当金繰入の計算〉

> 貸倒見積高300[※1] − 前T/B貸倒引当金40[※2] ＝ 貸倒引当金繰入260

※1　貸倒見積高：売掛金15,000×実績率２％＝300
※2　前T/B貸倒引当金：前期繰越200−当期取崩160＝40

〈決算整理の全体像〉

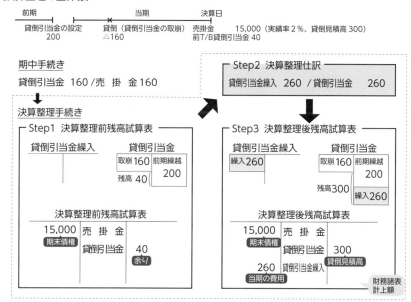

補足

貸倒引当金の差額を補充する理由

　貸倒引当金の決算整理前残高（上記Case Studyにおける40）は、前期の見積誤りを意味します。

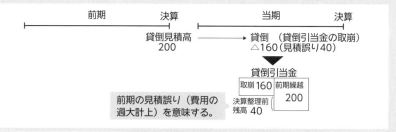

　具体的には、前期に計上した費用が過大であったことを意味しています。よって、前期の費用過大計上分を相殺するために、当期の決算は差額補充法により行うのです。

〈前期の決算整理仕訳〉

貸倒引当金繰入 200 / 貸倒引当金 200

当期からみれば、結果的に
前期の費用は40過大計上

〈当期の決算整理仕訳（貸倒見積高は300とする）〉

貸倒引当金繰入 260 / 貸倒引当金 260

前期の見積誤りを相殺するために
当期の費用は260にする

第12章 決算Ⅱ（総論、減価償却、貸倒引当金、売上原価、経過勘定）

■例題12-6

　決算日（X2年3月31日）となったため、決算整理手続きを行う。そこで、次の資料に基づいて、(1)決算整理仕訳を示し、決算整理後残高試算表を作成しなさい。(2)また、決算整理後残高試算表をもとに当期の財務諸表を作成しなさい。

1. 　　　決算整理前残高試算表

借方残高	勘定科目	貸方残高
34,000	売　掛　金	
	貸倒引当金	90

2. 期末売上債権残高の2％を貸倒見積高として、差額補充法により貸倒引当金を設定する。

■解答欄

(1)

借方科目	金額	貸方科目	金額

決算整理後残高試算表

借方残高	勘定科目	貸方残高
	売　掛　金	
	貸倒引当金	
	貸倒引当金繰入	

(2)

貸借対照表
X2年3月31日

売　掛　金	
貸倒引当金	

損益計算書
X1年4月1日〜X2年3月31日

貸倒引当金繰入	

■解答解説

(1)

借方科目	金額	貸方科目	金額
貸倒引当金繰入	590	貸 倒 引 当 金	590

決算整理後残高試算表

借方残高	勘定科目	貸方残高
34,000	売　　掛　　金	
	貸 倒 引 当 金	680
590	貸倒引当金繰入	

(2)

貸借対照表　　　　　　　　　　　損益計算書
X2年3月31日　　　　　　　　X1年4月1日～X2年3月31日

売 掛 金	34,000		貸倒引当金繰入	590
貸 倒 引 当 金	△680	33,320		

1．決算整理仕訳の金額

貸倒引当金繰入：売掛金34,000×実績率2％－前T/B貸倒引当金90＝590

2．貸借対照表計上額

貸倒引当金：売掛金34,000×実績率2％＝680

または、前T/B貸倒引当金90＋貸倒引当金繰入590＝680

 ひと言アドバイス

損益計算書の貸倒引当金繰入と、貸借対照表の貸倒引当金の金額は、一致しない点に注意しよう。

🔍POINT

1．貸倒引当金繰入は差額補充法により算定する。よって、問題を解く際に、決算整理
前残高試算表に「貸倒引当金」勘定が計上されているかを確認すること。

2．決算整理前残高試算表に「貸倒引当金」勘定が計上されている場合、貸倒引当金繰
入と貸倒引当金の財務諸表計上額は一致しない。

損益計算書(P/L)　貸借対照表(B/S)

費用		資産	負債
	収益		資本

▶補足

貸倒引当金繰入がマイナスとなる場合

　貸倒見積高よりも貸倒引当金の決算整理前残高の方が大きい場合には、貸倒引当金繰入がマイナスとなってしまいます。この場合、「貸倒引当金戻入」勘定（収益）を計上します。

【具体例】

・決算整理前残高試算表に、売掛金15,000円、貸倒引当金340円が計上されている。

・売掛金の期末残高15,000円に対して実績率2％により貸倒引当金を設定する。

　（借）貸倒引当金 40　（貸）貸倒引当金戻入 40

　※貸倒引当金戻入：売掛金15,000×実績率2％－前T/B貸倒引当金340＝△40（→貸倒引当金を取り崩して、貸倒引当金戻入を計上する）

第4節　売上原価の算定（商品の決算整理）

当期首に商品500円（5個）を仕入れ、そのうち400円（4個）を販売した。——この場合、決算整理をしないと費用の金額が仕入高になってしまいます。費用は売上原価となるべきなので、決算整理を行います。

✅ CHECK

勘定科目　繰越商品（資産 ＋｜－）：会社が期末に保有する商品の在庫
　　　　　　売上原価（費用 ＋｜－）：売上原価を表す費用の勘定科目

まとめ

決算整理前残高試算表

借方残高	勘定科目	貸方残高
100	繰 越 商 品	
	売　　　　上	600
500	仕　　　　入	

・期末商品棚卸高は200円である。

〈決算整理仕訳〉

期首商品棚卸高
（前Ｔ／Ｂ計上額）

（借）仕　　　　入	［費用＋］	100	（貸）繰 越 商 品	［資産－］	100
（借）繰 越 商 品	［資産＋］	200	（貸）仕　　　　入	［費用－］	200

期末商品棚卸高

〈財務諸表〉

損益計算書		貸借対照表	
売上原価　400	売上　600	商品　200	

仕入

当期仕入 500	期末在庫 200
期首在庫 100	売上原価 400

期末商品棚卸高

1 売上原価の算定を理解するための前提知識

(1) 決算整理手続きの必要性

　商品売買による利益である売上総利益は、売上高から**売上原価**を控除して算定されるべきです。しかし、商品売買の一般的な会計処理方法である**三分法**では、**期中手続きにおいて売上原価の算定は行いません**（仕入時には「仕入」勘定（費用）を、売上時には「売上」勘定（収益）を計上するのみ）。

　また、期末に保有する在庫は貸借対照表に資産として計上されるべきですが、こちらも三分法の期中手続きでは、**在庫を資産として計上する処理は行っていません**。

　よって、決算整理手続きが必要になります。

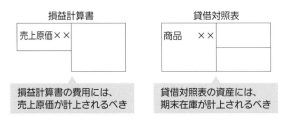

(2) 売上原価の算定式

　売上原価は仕入高に対して、**期首在庫を加算**し、**期末在庫を減額**することで算定ができます。なお、期首在庫のことを「**期首商品棚卸高**」、期末在庫のことを「**期末商品棚卸高**」といいます。

> 当期商品仕入高 ＋ 期首商品棚卸高 － 期末商品棚卸高 ＝ 売上原価

> **ひと言アドバイス**
>
> 売上原価の計算式は第10章の商品有高帳（213ページ）で学習したね。この計算式は、売上原価の決算を理解する上でとても重要だから、忘れてしまった場合は戻って確認しよう。

2 商品の決算の具体的処理

・期首商品棚卸高は100円（1個）、当期の仕入は500円（5個）である。
・当期の売上は600円（4個）、期末商品棚卸高は200円（2個）である。

〈決算整理の全体像〉

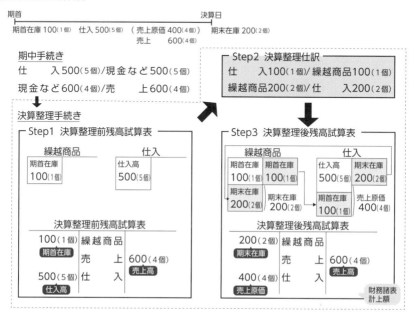

(1) 決算整理仕訳（Step2）

「仕入」勘定（費用）の残高を売上原価にするために、**期首在庫は「繰越商品」勘定（資産）から「仕入」勘定に振り替え、期末在庫は「仕入」勘定から「繰越商品」勘定に振り替えます。**

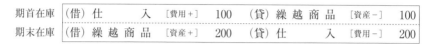

期首在庫（借）仕　　　　入 ［費用＋］ 100 （貸）繰 越 商 品 ［資産－］ 100
期末在庫（借）繰 越 商 品 ［資産＋］ 200 （貸）仕　　　　入 ［費用－］ 200

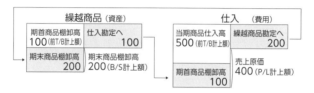

(2) 財務諸表

　財務諸表上の名称を**表示科目**といいます。通常、表示科目は勘定科目をそのまま使います。しかし、商品に関する表示科目は、より意味をわかりやすくするために、例外的に、勘定科目とは違う名称を使用します。

	勘定科目 (決算整理後残高試算表)	表示科目 (財務諸表)
資産	繰越商品	商　品
収益	売　上	売 上 高
費用	仕　入	売上原価

```
       決算整理後残高試算表                 貸借対照表
  200 │ 繰越商品                   商品    200
      │ 売    上  600
  400 │ 仕    入                      損益計算書
                                 売上原価 400 │ 売上高 600
```

　売上原価の決算は、**期首在庫と期末在庫を別々に調整する点**がポイントです。そのため、以下では、Case Study①において「**期末在庫のみある場合**」の決算整理、②において「**期首在庫のみある場合**」の決算整理をそれぞれ確認します。

　なお、Case Study②は①の翌期という設定としており、どちらも仕入単価は@100円になっています。

ひと言アドバイス

> 2つのCase Studyを確認したら、285ページを確認してみよう。

Case Study ①期末在庫がある場合

・期首商品棚卸高はゼロ、当期の仕入は500円（5個）、期末商品棚卸高は100円（1個）である。

〈売上原価の算定式〉

> 仕入500円（5個）－期末在庫100円（1個）＝ 売上原価400円（4個）
> 仕入高から期末在庫を控除する

〈決算整理仕訳の解説〉

● 期中手続きおよび決算整理前残高

決算整理前の勘定残高は、「仕入」勘定（費用）は仕入高、「繰越商品」勘定（資産）は残高なしとなる。

● 決算整理仕訳①（仕入勘定の修正）

「仕入」勘定の残高を売上原価にするために、期末在庫について「仕入」勘定の取消とする。

● 決算整理仕訳②（繰越商品勘定の修正）

「繰越商品」勘定の残高を期末在庫にするために、期末在庫について「繰越商品」勘定の増加とする。

● まとめ

期末在庫がある場合は、この決算整理仕訳により、「仕入」勘定と「繰越商品」勘定を修正できる。

損益計算書(P/L)　貸借対照表(B/S)

費用		資産	負債
	収益		資本

⬛補足

繰越商品勘定の決算整理前残高

　前期の期末在庫は、当期の期首在庫になります。例えば、Case Study①における期末在庫100円は、翌期からすると、期首在庫100円になります。総勘定元帳では、前期末に計上した「繰越商品」勘定（資産）が、当期に繰り越されます。

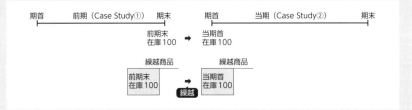

　通常、当期首在庫は当期中に販売するため、商品の実物は期中でなくなります。しかし、販売時の期中仕訳では、「売上」勘定（収益）を計上するのみで、「繰越商品」勘定を減少させることはしません。よって、当期末における「繰越商品」勘定の決算整理前残高は当期首在庫のままになります★。

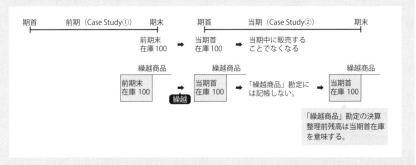

　このように、期中手続きにおいて「繰越商品」勘定を減少させないため、決算整理で修正を行います。この点について次のCase Study②で確認しましょう。

　★在庫を示す勘定科目が「商品」ではなく「繰越商品」であるのは、「今保有している商品ではなく、前期末から繰り越された商品（つまり、期首在庫）」であることを明確にするためです。

Case Study ②期首在庫がある場合（①の翌期）

・期首商品棚卸高は100円（1個）、当期の仕入は500円（5個）、期末商品棚卸高はゼロである。

〈売上原価の算定式〉

仕入500円（5個）＋期首在庫100円（1個）＝ 売上原価600円（6個）

　　　　　仕入高に期首在庫を加算する

〈決算整理仕訳の解説〉

● 期中手続きおよび決算整理前残高

仕　　入 500（5個）/現金 な ど 500（5個）

繰越商品		仕入	
期首在庫 100（1個）	決算整理前残高 100	仕入高 500（5個）	決算整理前残高 500

> 決算整理前の勘定残高は、「仕入」勘定（費用）は仕入高、「繰越商品」勘定（資産）は期首在庫となる。

● 決算整理仕訳①（繰越商品勘定の修正）

/繰 越 商 品 100（1個）

繰越商品		仕入
期首在庫 100（1個）	期首在庫 100（1個）	仕入高 500（5個）
	残高ゼロ	

> 「繰越商品」勘定の残高をゼロにするために、期首在庫について「繰越商品」勘定の減少とする。

● 決算整理仕訳②（仕入勘定の修正）

仕　　入 100（1個）/繰 越 商 品 100（1個）

繰越商品		仕入	
期首在庫 100（1個）	期首在庫 100（1個）	仕入高 500（5個）	売上原価 600（6個）
	残高ゼロ	期首在庫 100（1個）	

> 「仕入」勘定の残高を売上原価にするために、期首在庫について「仕入」勘定の発生とする。

● まとめ

仕　　入 100（1個）/繰 越 商 品 100（1個）

> 期首在庫がある場合は、この決算整理仕訳により、「仕入」勘定と「繰越商品」勘定を修正できる。

■例題12-7

決算日（X6年3月31日）となったため、決算整理手続きを行う。そこで、次の資料に基づいて、(1)決算整理仕訳を示し、決算整理後残高試算表を作成しなさい。(2)また、決算整理後残高試算表をもとに当期の財務諸表を作成しなさい。

1. 決算整理前残高試算表

借方残高	勘定科目	貸方残高
5,000	繰 越 商 品	
	売　　　　上	160,000
120,000	仕　　　　入	

2. 期末商品棚卸高は10,000円である。

■解答欄

(1)

借方科目	金額	貸方科目	金額

決算整理後残高試算表

借方残高	勘定科目	貸方残高
	繰 越 商 品	
	売　　　　上	
	仕　　　　入	

(2)

貸借対照表　　　　　　　　　　損益計算書
X6年3月31日　　　　　　　　X5年4月1日～X6年3月31日

商　　品		売上原価	売 上 高

■解答解説

(1)

借方科目	金額	貸方科目	金額
仕　　　　入	5,000	繰　越　商　品	5,000
繰　越　商　品	10,000	仕　　　　入	10,000

決算整理後残高試算表

借方残高	勘定科目	貸方残高
10,000	繰　越　商　品	
	売　　　　上	160,000
115,000	仕　　　　入	

(2)

貸借対照表 X6年3月31日		損益計算書 X5年4月1日～X6年3月31日	
商　品　10,000		売上原価　115,000	売上高　160,000

1．決算整理

　「仕入」勘定の金額を売上原価に、「繰越商品」勘定の金額を期末在庫に修正する。なお、「繰越商品」勘定の決算整理前残高は期首在庫の金額を意味している。

2．決算整理仕訳と勘定

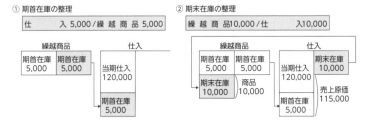

3．売上総利益の計算（参考）

　売上総利益：売上高160,000－売上原価115,000＝45,000

POINT

1．決算において、売上原価を算定し期末在庫を資産計上する。
2．「繰越商品」勘定（資産）の決算整理前残高は期首商品棚卸高を意味する。
3．「仕入」勘定（費用）の決算整理後残高は売上原価を意味する（勘定科目名と残高の意味が異なる点に留意する）。

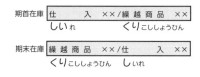

COLUMN　売上原価の算定の覚え方

　売上原価の算定の決算整理仕訳は理解できましたか？理解できても、期首在庫と期末在庫の決算整理仕訳は似ているため、とても間違いやすいです。

　そこで、仕訳の形を「しいくり、くりし」と覚えることが一般的です。

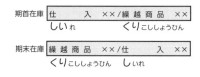

3　売上原価を「売上原価」勘定で算定する方法

　上記の決算整理手続きでは、「仕入」勘定（費用）の決算整理後の残高金額は**売上原価**となり、勘定科目名と残高金額の意味が一致しません。この点がわかりづらい方法とも言えます。

　そこで、上記の方法に代えて、売上原価を「売上原価」勘定（費用）で算定する方法があります。この場合、**仕入高を「売上原価」勘定に振り替えたうえで、在庫の調整を「売上原価」勘定で行います。**

仕 入 高	（借）売 上 原 価　［費用+］　××　　（貸）仕　　　　　入　［費用−］　××
期首在庫	（借）売 上 原 価　［費用+］　××　　（貸）繰 越 商 品　［資産−］　××
期末在庫	（借）繰 越 商 品　［資産+］　××　　（貸）売 上 原 価　［費用−］　××

▌Case Study　「売上原価」勘定を用いる場合

決算整理前残高試算表

借方残高	勘定科目	貸方残高
100	繰　越　商　品	
500	仕　　　　　入	

　期末商品棚卸高は200円である。なお、売上原価の算定は売上原価勘定で行うこと。

〈決算整理仕訳〉

| （借）売 上 原 価　［費用+］　500 | （貸）仕　　　　　入　［費用−］　500 |

| （借）売 上 原 価　［費用+］　100 | （貸）繰 越 商 品　［資産−］　100 |
| （借）繰 越 商 品　［資産+］　200 | （貸）売 上 原 価　［費用−］　200 |

🗨 ひと言アドバイス

> この方法はわかりやすいけど、あまり一般的でないから検定試験では滅多に出題されないよ。

第5節　経過勘定

X1年7月1日に1年分の家賃を支払い、9ヶ月後のX2年3月31日に決算日をむかえた。——この場合、決算整理をしないと費用の金額が当期に支払った12ヶ月分になってしまいます。費用は当期発生額となるべきなので、決算整理を行います。

決算整理前残高試算表	当期発生額だけを、当期の費用とする。 → 決算整理	損益計算書
1,200(12ヶ月) 支払家賃 支払額		支払家賃 900 (9ヶ月) 当期発生額

✓CHECK

勘定科目　前払家賃など（**資産** +｜−）：翌期分の役務の対価を当期に前払いした場合の、役務の提供を受ける権利

　　　　　　前受家賃など（**負債** −｜+）：翌期分の役務の対価を当期に前受けした場合の、役務を提供する義務

　　　　　　未収家賃など（**資産** +｜−）：当期分の役務の対価が未収である場合の、代金を受け取る権利

　　　　　　未払家賃など（**負債** −｜+）：当期分の役務の対価が未払いである場合の、代金を支払う義務

用　語　経過勘定：前払費用、前受収益、未収収益、未払費用の総称

まとめ　前払費用、前受収益

・X2年3月31日の決算整理前残高試算表には次の金額が計上されている。

　A社 借方残高：支払家賃1,200円　　**B社** 貸方残高：受取家賃1,200円

・建物の賃貸借期間はX1年7月1日〜X2年6月30日であり、X1年7月1日に、A社はB社に対して12ヶ月分の家賃1,200円を前払いした。

〈A社：決算整理仕訳〉

前払家賃［資産+］300 ／ 支払家賃［費用−］300

〈B社：決算整理仕訳〉

受取家賃［収益−］300 ／ 前受家賃［負債+］300

当期に受け払いした翌期3ヶ月分の家賃を取り消す

〈A社：財務諸表〉

損益計算書	**権利** 貸借対照表
支払家賃 900 当期の発生額 （9ヶ月分）	前払費用 300 翌期分の当期前払額 （3ヶ月分）

〈B社：財務諸表〉

損益計算書	**義務** 貸借対照表
受取家賃 900 当期の発生額 （9ヶ月分）	前受収益 300 翌期分の当期前受額 （3ヶ月分）

〈A社：翌期首（再振替仕訳）〉

支払家賃［費用＋］300	前払家賃［資産－］300

〈B社：翌期首（再振替仕訳）〉

前受家賃［負債－］300	受取家賃［収益＋］300

まとめ　　未払費用、未収収益

・X2年3月31日の決算整理前残高試算表には賃貸借取引に関係する勘定科目は計上されていない。
・建物の賃貸借期間はX1年7月1日～X2年6月30日であり、X2年6月30日に、A社はB社に対して12ヶ月分の家賃1,200円を後払いする。

〈A社：決算整理仕訳〉

支払家賃［費用＋］900 ／ 未払家賃［負債＋］900

〈B社：決算整理仕訳〉

未収家賃［資産＋］900 ／ 受取家賃［収益＋］900

当期に発生しているが、当期に受け払いしていない9ヶ月分の家賃を計上する

〈A社：財務諸表〉

損益計算書　貸借対照表　　　義務
支払家賃 900　　未払費用 900
当期の発生額（9ヶ月分）　当期分の当期未払額（9ヶ月分）

〈B社：財務諸表〉

損益計算書　　　権利　貸借対照表
受取家賃 900　　未収収益 900
当期の発生額（9ヶ月分）　当期分の当期未収額（9ヶ月分）

〈A社：翌期首（再振替仕訳）〉

未払家賃［負債－］900	支払家賃［費用－］900

〈B社：翌期首（再振替仕訳）〉

受取家賃［収益－］900	未収家賃［資産－］900

1 経過勘定を理解するための前提知識

(1) 継続的な役務提供

　他社のために行うサービスのことを役務（えきむ）といい、役務の提供を受けた場合は現金を支払うため費用が発生し、逆に役務を提供した場合は現金を受け取るため収益が発生します。

　役務に関する損益項目（費用・収益）のなかには一定期間に渡って継続して発生する（期間の長さに応じて金額が決まる）ものがあります。

●継続的な役務提供に関する収益と費用の例

費用	支払家賃、支払地代、支払利息、給料、保険料
収益	受取家賃、受取地代、受取利息

なお、これ以降は家賃を用いて説明します。

第12章　決算Ⅱ（総論、減価償却、貸倒引当金、売上原価、経過勘定）

(2) 役務提供期間と現金収支のズレ

　代金の受け払いのタイミングによっては、役務提供期間（経過期間）と現金を受け払いした期間にズレが生じることがあります。ズレには前払いと後払いの２つのケースがあり、それぞれに、代金の支払側と受取側があるため、**前払い・前受け**、**後払い・後受け**の合計４パターンになります。

▌Case Study　役務提供期間と現金収支のズレ

・当期はＸ１年４月１日からＸ２年３月31日である。

・建物の賃貸借期間はＸ１年７月１日から12ヶ月間であり、家賃は12ヶ月分を一括で支払う。

〈ケース１〉Ｘ１年７月１日に前払い・前受けした場合

　前払い・前受けした場合、当期に受け払いした翌期３ヶ月分（当期未経過分）の金額だけズレが生じます。

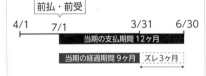

〈ケース２〉Ｘ２年６月30日に後払い・後受けする場合

　後払い・後受けした場合、当期に受け払いしていない当期の９ヶ月分の金額だけズレが生じます。

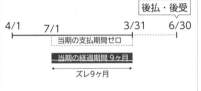

　経過勘定の決算整理では、「当期の収益・費用の額を、当期発生額（当期経過分）にする」ために、上記のズレの部分を修正します。

(3) 損益計算書に計上すべき額

　継続的な役務提供から生じる費用または収益の損益計算書計上額は、前払い後払いどちらのケースでも、**当期の発生額**（当期経過分）にします。

　例えば、上記のCase Studyにおける当期の**「支払家賃」勘定**（費用）または**「受取家賃」勘定**（収益）の損益計算書計上額は、両ケースともに９ヶ月分（月額家賃100円なら900円）になります。

●損益計算書

代金の支払い	勘定科目	損益計算書計上額
前払い・後払い（支払側）	支払家賃（費用）	当期の発生額（当期経過分）
前受け・後受け（受取側）	受取家賃（収益）	

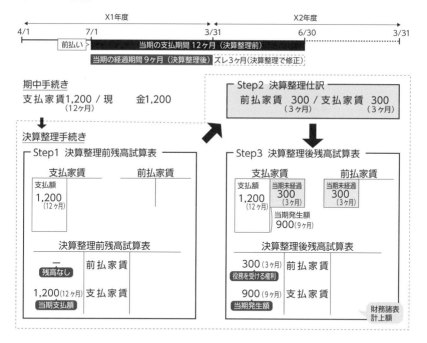

> 🗣 **ひと言アドバイス**
>
> 経過勘定の決算では、「支払額となっている費用や収益の金額を、発生額に修正する」ということをするんだ。だから、決算整理後の「支払家賃」勘定は、「支払家賃」という名称にも関わらず、支払額じゃない金額になってしまうんだよ。少しややこしいけど、しっかり理解するようにしよう!

2 前払い・前受けの具体的処理①(前払費用)

- ・X1年度(X1年4月〜X2年3月)の7月1日に建物の賃貸借契約を結んだ。
- ・賃借料は月額100円であり、1,200円(12ヶ月分)をX1年7月1日に一括で支払う。

〈決算整理の全体像〉

(1) 決算整理仕訳 (Step2)

決算整理前の「支払家賃」勘定 (費用) の残高1,200円には翌期分の金額300円が含まれています。よって、「支払家賃」勘定の残高を当期発生額900円にするために、翌期分の金額を**減額**させます (下記仕訳の**貸方**)。

そのうえで、同額を「**前払家賃**」勘定 (資産) に計上します (下記仕訳の**借方**)。

(借) 前 払 家 賃 [資産+] 300 (貸) 支 払 家 賃 [費用−] 300

「前払家賃」勘定は、翌期分を前払いしたことによって生じた、「**翌期に役務の提供を受ける権利**」を意味する**資産**の勘定科目です。

 ひと言アドバイス

> 「翌期分の家賃を前払いした＝翌期に建物を使用する権利がある」と捉える点がポイントだよ。簿記では権利を資産として扱うから、前払いした金額は資産計上するんだ。

(2) 翌期の処理 (再振替仕訳)

翌期首になったら**再振替仕訳** (決算整理仕訳の**逆仕訳**) を行います。再振替仕訳をすることで、**翌期分の300円を翌期の費用**にすることができます。なお、再振替仕訳は**翌期首** (当期の決算日の翌日) に行います。

(借) 支 払 家 賃 [費用+] 300 (貸) 前 払 家 賃 [資産−] 300

🔸補足

決算整理仕訳と再振替仕訳の全体像

X1年度とX2年度の全体で勘定をみると以下のようになります。

①X1年度の決算整理仕訳：X2年度分の300円を、費用から資産へ振り替えている。

②X2年度の再振替仕訳　：X2年度分の300円を、資産から費用へ再度振り替えている。

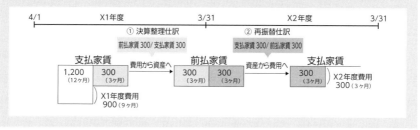

■例題12-8

決算日（X6年3月31日）となったため、決算整理手続きを行う。そこで、次の資料に基づいて、(1)決算整理仕訳を示し、決算整理後残高試算表を作成しなさい。(2)また、翌期首の再振替仕訳を示しなさい。

1. 決算整理前残高試算表

借方残高	勘定科目	貸方残高
12,000	保険料	

2. 保険料はX5年7月1日に1年分を前払いした際に計上したものである。

■解答欄

(1)

借方科目	金額	貸方科目	金額

決算整理後残高試算表

借方残高	勘定科目	貸方残高
	前払保険料	
	保険料	

(2)

借方科目	金額	貸方科目	金額

■ 解答解説

(1)

借方科目	金額	貸方科目	金額
前 払 保 険 料	3,000	保　　険　　料	3,000

決算整理後残高試算表

借方残高	勘定科目	貸方残高
3,000	前 払 保 険 料	
9,000	保　　険　　料	

(2)

借方科目	金額	貸方科目	金額
保　　険　　料	3,000	前 払 保 険 料	3,000

1．決算整理

　翌期分の費用を当期の費用から減額し、同額を役務の提供を受ける権利として資産計上する。

　前払保険料：前T/B保険料12,000（12ヶ月分）×翌期分3ヶ月（X6.4～X6.6）
　　　　　　　／12ヶ月＝3,000

2．勘定記入

POINT

1．翌期分を前払いした場合、翌期分の金額を、当期の費用から「前払○○」勘定（資産）
　へ振り替える。

3 前払い・前受けの具体的処理② （前受収益）

- X 1 年度（X 1 年 4 月～X 2 年 3 月）の 7 月 1 日に建物の賃貸借契約を結んだ。
- 賃借料は月額100円であり、1,200円（12 ヶ月分）をX 1 年 7 月 1 日に一括で受け取る。

〈決算整理の全体像〉

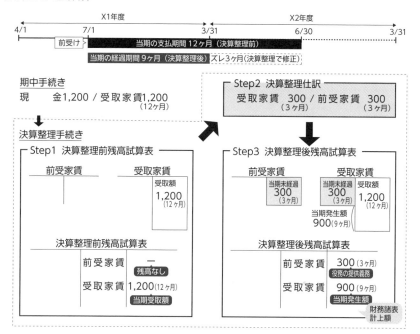

(1) 決算整理仕訳（Step2）

　決算整理前の「**受取家賃**」勘定（収益）の残高1,200円には翌期分の金額300円が含まれています。よって、「**受取家賃**」勘定の残高を当期発生額900円にするために、翌期分の金額を「**受取家賃**」勘定から、「**前受家賃**」勘定（負債）に振り替えます。

（借）受 取 家 賃［収益-］	300	（貸）前 受 家 賃［負債+］	300

受取家賃（収益）

当期末経過 300	当期の受取額
当期発生額 900（P/L計上額）	1,200

前受家賃（負債）

役務を提供する義務 300（B/S計上額）	当期末経過 300

　「**前受家賃**」勘定は、翌期分を前受けしたことによって生じた、「**翌期に役務を提供する義務**」を意味する**負債**の勘定科目です。

 ひと言アドバイス

> 「翌期分の家賃を前受けした＝翌期に建物を使用させる義務がある」と捉える点がポイントだよ。簿記では義務を負債として扱うから、前受けした金額は負債計上するんだ。

(2) 翌期の処理（再振替仕訳）

　前払家賃と同様、翌期首になったら**再振替仕訳**を行います。再振替仕訳をすることで、翌期分の300円を翌期の収益にすることができます。

（借）前 受 家 賃［負債-］	300	（貸）受 取 家 賃［収益+］	300

前受家賃（負債）

再振替仕訳 300	決算整理仕訳 300

残高ゼロ（役務を提供する義務がなくなるため、ゼロにする）

受取家賃（収益）

翌期発生額 300（P/L計上額）	再振替仕訳 300

 ひと言アドバイス

> 「経過勘定は、翌期首に再振替仕訳をする」と覚えてしまおう。再振替仕訳をすることで翌期の損益（収益・費用）を適切に算定できる仕組みになっているんだ。

■例題12-9

　決算日（X6年3月31日）となったため、決算整理手続きを行う。そこで、次の資料に基づいて、(1)決算整理仕訳を示し、決算整理後残高試算表を作成しなさい。(2)また、翌期首の再振替仕訳を示しなさい。

1.　　　　決算整理前残高試算表

借方残高	勘定科目	貸方残高
	受 取 地 代	9,000

2.　受取地代はX6年2月1日に向こう6ヶ月分を受け取ったものである。

■解答欄

(1)

借方科目	金額	貸方科目	金額

決算整理後残高試算表

借方残高	勘定科目	貸方残高
	前 受 地 代	
	受 取 地 代	

(2)

借方科目	金額	貸方科目	金額

損益計算書(P/L)　貸借対照表(B/S)

費用	収益

資産	負債
	資本

■解答解説

(1)

借方科目	金額	貸方科目	金額
受 取 地 代	6,000	前 受 地 代	6,000

決算整理後残高試算表

借方残高	勘定科目	貸方残高
	前 受 地 代	6,000
	受 取 地 代	3,000

(2)

借方科目	金額	貸方科目	金額
前 受 地 代	6,000	受 取 地 代	6,000

1．決算整理

翌期分の収益を当期の収益から減額し、同額を役務を提供する義務として負債計上する。

前受地代：前T/B受取地代9,000（6ヶ月分）×翌期分4ヶ月（X6.4〜X6.7）

／6ヶ月＝6,000

2．勘定記入

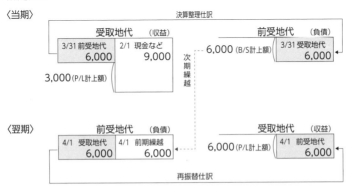

POINT

1. 翌期分を前受けした場合、翌期分の金額を、当期の収益から「前受○○」勘定（負債）へ振り替える。

4 未収・未払いの具体的処理①（未払費用）

・X1年度（X1年4月～X2年3月）の7月1日に建物の賃貸借契約を結んだ。
・賃借料は月額100円であり、1,200円（12ヶ月分）をX2年6月30日に一括で支払う。

〈決算整理の全体像〉

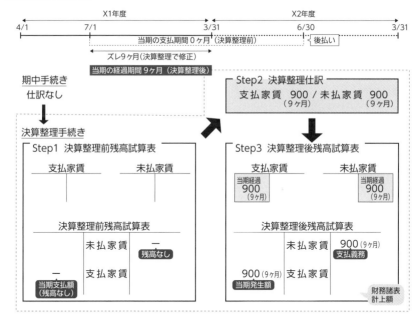

第12章｜決算Ⅱ（総論、減価償却、貸倒引当金、売上原価、経過勘定）

(1) 決算整理仕訳（Step2）

決算整理前の「**支払家賃**」勘定（費用）には当期分900円が計上されていません。よって、「支払家賃」勘定の残高を当期発生額900円にするために、**未払い**となっている当期分の900円を費用計上します（下記仕訳の借方）。

そのうえで、同額を「**未払家賃**」勘定（負債）に計上します（下記仕訳の貸方）。

（借）支 払 家 賃［費用+］	900	（貸）未 払 家 賃［負債+］	900

「**未払家賃**」勘定は、「**当期経過分の代金について翌期に支払う義務がある**」ことを示す**負債**の勘定科目です。

(2) 翌期の処理（再振替仕訳と期中仕訳）

翌期首になったら**再振替仕訳**を行います。

（借）未 払 家 賃［負債−］	900	（貸）支 払 家 賃［費用−］	900

再振替仕訳をすることで、いったん費用が900円の貸方残高（マイナス残高）になりますが、翌期の期中仕訳（6/30の支払時の仕訳）が転記されることで、勘定残高が翌期の費用発生額300円となります。

（借）支 払 家 賃［費用+］	1,200	（貸）現 金 な ど［資産−］	1,200

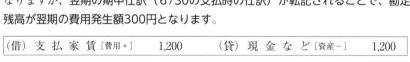

COLUMN　再振替仕訳をする理由

再振替仕訳をせずに、6/30に下記のような仕訳をしてもいいのでは？と思うかもしれません。

6/30　（借）未払家賃 900　（貸）現金 1,200
　　　　　支払家賃 300

確かにこっちの方がわかりやすいように思えます。しかし実際には、家賃を支払う際にいちいち未払家賃があるかどうかを確認することは実務上、面倒なのです。逆に、「期首に再振替仕訳をして、支払時は支払額を費用計上する」方が楽なのです。

■例題12-10

　X 5 年12月 1 日に建物の賃貸借契約（期間 1 年間、月額5,000円）を結び、家賃は契約期間終了時に現金で支払うことにした。そこで、(1)当期の決算日（X 6 年 3 月31日）における決算整理仕訳を示し、決算整理後残高試算表を作成しなさい。(2)また、翌期首の再振替仕訳およびX 6 年11月30日の家賃支払時の期中仕訳を示しなさい。

■解答欄

(1)

借方科目	金額	貸方科目	金額

決算整理後残高試算表

借方残高	勘定科目	貸方残高
	未 払 家 賃	
	支 払 家 賃	

(2)

	借方科目	金額	貸方科目	金額
4/1				
11/30				

■ 解答解説

(1)

借方科目	金額	貸方科目	金額
支 払 家 賃	20,000	未 払 家 賃	20,000

決算整理後残高試算表

借方残高	勘定科目	貸方残高
	未 払 家 賃	20,000
20,000	支 払 家 賃	

(2)

	借方科目	金額	貸方科目	金額
4/1	未 払 家 賃	20,000	支 払 家 賃	20,000
11/30	支 払 家 賃	60,000	現　　　金	60,000

1．決算整理

当期分の費用を計上し、同額を代金の支払義務として負債計上する。

未払家賃：月額5,000×当期分4ヶ月（X5.12～X6.3）＝20,000

2．勘定記入

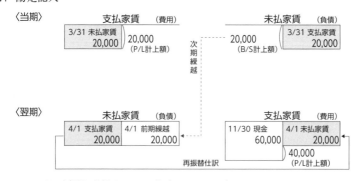

※11/30の支払額：月額5,000×12ヶ月（X5.12～X6.11）＝60,000

POINT

1．当期分が未払いである場合、当期分の費用を計上したうえで、代金を支払う義務として「未払○○」勘定（負債）を計上する。

5　未収・未払いの具体的処理②（未収収益）

・Ｘ１年度（Ｘ１年４月～Ｘ２年３月）の７月１日に建物の賃貸借契約を結んだ。
・賃借料は月額100円であり、1,200円（12ヶ月分）をＸ２年６月30日に一括で受け取る。

〈決算整理の全体像〉

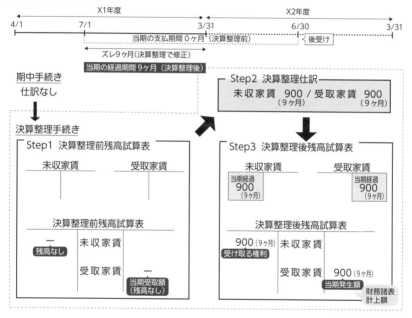

(1) 決算整理仕訳 (Step2)

決算整理前の「受取家賃」勘定 (収益) には当期分900円が計上されていません。よって、「受取家賃」勘定の残高を当期発生額900円にするために、**未収となっている当期分の900円を収益計上します**（下記仕訳の貸方）。

そのうえで、同額を「**未収家賃**」勘定 (資産) に計上します（下記仕訳の借方）。

(借) 未 収 家 賃 [資産＋]　　900　　　(貸) 受 取 家 賃 [収益＋]　　900

「未収家賃」勘定は、「**当期経過分の代金について翌期に受け取る権利がある**」ことを示す資産の勘定科目です。

(2) 翌期の処理 (再振替仕訳)

翌期首になったら**再振替仕訳**を行います。

(借) 受 取 家 賃 [収益－]　　900　　　(貸) 未 収 家 賃 [資産－]　　900

再振替仕訳をすることで、いったん収益が900円の借方残高（マイナス残高）になりますが、翌期の期中仕訳（6/30の代金受取時の仕訳）が転記されることで、勘定残高が翌期の収益発生額300円となります。

(借) 現 金 な ど [資産＋]　　1,200　　　(貸) 受 取 家 賃 [収益＋]　　1,200

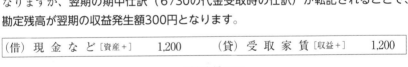

■例題12-11

　決算日（X6年3月31日）となったため、決算整理手続きを行う。そこで、次の資料に基づいて、(1)決算整理仕訳を示し、決算整理後残高試算表を作成しなさい。(2)また、翌期首の再振替仕訳およびX6年11月30日の期中仕訳（利息部分のみ）を示しなさい。なお、利息の計算は月割計算によること。

1.　　　決算整理前残高試算表

借方残高	勘定科目	貸方残高
500,000	貸　付　金	

2.　貸付金はX5年12月1日に得意先に対して貸し付けたものである。貸付期間は1年間、利率は年6％であり、利息は元金返済時に現金で受け取ることとなっている。

■解答欄

(1)

借方科目	金額	貸方科目	金額

決算整理後残高試算表

借方残高	勘定科目	貸方残高
500,000	貸　付　金	
	未　収　利　息	
	受　取　利　息	

(2)

	借方科目	金額	貸方科目	金額
4/1				
11/30				

損益計算書(P/L)　　貸借対照表(B/S)

費用	収益		資産	負債
				資本

■ 解答解説

(1)

借方科目	金額	貸方科目	金額
未 収 利 息	10,000	受 取 利 息	10,000

決算整理後残高試算表

借方残高	勘定科目	貸方残高
500,000	貸 付 金	
10,000	未 収 利 息	
	受 取 利 息	10,000

(2)

	借方科目	金額	貸方科目	金額
4/1	受 取 利 息	10,000	未 収 利 息	10,000
11/30	現　　金	30,000	受 取 利 息	30,000

1．決算整理

当期分の収益を計上し、同額を代金を受け取る権利として資産計上する。

未収利息：貸付金500,000×年利6％×当期分4ヶ月（X5.12〜X6.3）／ 12ヶ月
　　　　　＝10,000

2．勘定記入

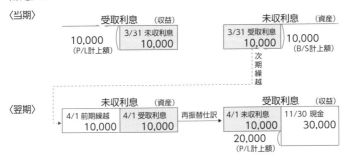

※11/30の受取額：貸付金500,000×年利6％＝30,000

POINT

1．当期分が未収である場合、当期分の収益を計上したうえで、代金を受け取る権利として「未収○○」勘定（資産）を計上する。

6　財務諸表

　これまでに「前払家賃」勘定（資産）、「前受家賃」勘定（負債）、「未払家賃」勘定（負債）、「未収家賃」勘定（資産）という4つの勘定科目を学習しました。これらの勘定科目を総称して、経過勘定といいます。経過勘定は、**勘定科目と表示科目が異なります**（なお、問題によっては、勘定科目のまま貸借対照表を作成することもあります）。

勘定科目 （決算整理後残高試算表）	表示科目 （財務諸表）
前払家賃、前払地代など	前払費用（資産）
前受家賃、前受地代など	前受収益（負債）
未払家賃、未払地代など	未払費用（負債）
未収家賃、未収地代など	未収収益（資産）

決算整理後残高試算表

| 200 | 前払家賃 |
| 400 | 前払地代 |

▶

貸借対照表

| 前払費用 | 600 |

前払家賃、前払地代を合計する

POINT

1．経過勘定

	5要素	意味	
前払費用	資産	翌期の分も含めて当期に払った	→ 役務の提供を受ける権利
前受収益	負債	翌期の分も含めて当期に受取った	→ 役務を提供する義務
未払費用	負債	当期の分を当期に払っていない	→ 代金を払う義務
未収収益	資産	当期の分を当期に受取っていない	→ 代金を受取る権利

2．損益計算書計上額は、支払うタイミング関係なく、当期発生額となる。

COLUMN　費用収益の見越し・繰り延べ

経過勘定の決算整理仕訳は費用収益の見越し・繰り延べとも言います。

前払費用の計上：（借）前払費用××（貸）費　　用×× → 費用の繰り延べ

前受収益の計上：（借）収　　益××（貸）前受収益×× → 収益の繰り延べ

未払費用の計上：（借）費　　用××（貸）未払費用×× → 費用の見越し

未収収益の計上：（借）未収収益××（貸）収　　益×× → 収益の見越し

第13章

決算Ⅲ
（現金過不足、貯蔵品、当座借越）

第1節　現金過不足の整理

第5章（136ページ）において、現金過不足について学習しました。本節ではその現金過不足に関する決算整理手続きを学習します。

✓CHECK

勘定科目　雑益（ざつえき）（収益 −|＋）：原因不明の現金超過額による収益
　　　　　　　雑損（ざっそん）（費用 ＋|−）：原因不明の現金不足額による費用

※ 「雑益」勘定は、「雑収益」勘定や「雑収入」勘定を用いる場合もあります。
※ 「雑損」勘定は、「雑損失」勘定を用いる場合もあります。

1　現金過不足の整理の総論

現金過不足に関する決算整理手続きでは、次の2つについて学習します。

・期中で現金過不足が生じ、その原因が決算日まで判明しなかった場合の決算整理手続き
・決算日に現金過不足が生じ、その原因が判明しなかった場合の決算整理手続き

2　期中で現金過不足が生じ、その原因が決算日まで判明しなかった場合

(1)　決算の概要

期中で生じた現金過不足の原因が決算日になっても判明しない場合があります。この場合、「現金過不足」勘定(仮勘定)の決算整理前残高はゼロになっていません。「現金過不足」勘定は仮勘定であり、財務諸表には計上しない勘定科目であるため、決算整理手続きが必要になります。

(2)　会計処理

現金過不足の原因が決算日においても判明しなかった場合、「現金過不足」勘定(仮勘定)の残高をゼロとします。そのうえで、「雑損」勘定（費用）または「雑益」勘定（収益）を計上します。「雑損」勘定と「雑益」勘定は次の場合に計上されます。

	「現金過不足」勘定の決算整理前残高	意味
雑損	借方残高	原因不明の現金不足額が生じた場合の費用
雑益	貸方残高	原因不明の現金超過額が生じた場合の収益

仕訳例13-1　「現金過不足」勘定の決算整理前残高が借方残高の場合

決算整理前残高試算表

借方残高	勘定科目	貸方残高
100	現 金 過 不 足	

・現金過不足勘定100円（借方残高）の原因は不明である。

（借）雑　　　損［費用＋］　　100※1　　（貸）現 金 過 不 足［仮勘定−］　　100※2

※1　「現金過不足」勘定の借方残高は現金不足額を意味するため費用の計上
※2　決算日において「現金過不足」勘定は全額取り消す

💬 **ひと言アドバイス**

「現金過不足」勘定が借方残高ということは、期中で次の仕訳が行われたということだよ。
　（借）現金過不足 100　（貸）現　　　金 100
つまり、現金の不足が生じたということだから、「雑損」勘定の計上になるんだ。

仕訳例13-2　「現金過不足」勘定の決算整理前残高が貸方残高の場合

決算整理前残高試算表

借方残高	勘定科目	貸方残高
	現 金 過 不 足	100

・現金過不足勘定100円（貸方残高）の原因は不明である。

（借）現 金 過 不 足［仮勘定−］　　100※1　　（貸）雑　　　益［収益＋］　　100※2

※1　決算日において「現金過不足」勘定は全額取り消す
※2　「現金過不足」勘定の貸方残高は現金超過額を意味するため収益の計上

💬 **ひと言アドバイス**

「現金過不足」勘定が貸方残高ということは、期中で次の仕訳が行われたということだよ。
　（借）現　　　金 100　（貸）現金過不足 100
つまり、現金の超過が生じたというだから、「雑益」勘定の計上になるんだ。

第13章　決算Ⅲ（現金過不足、貯蔵品、当座借越）

■例題13-1

　決算日（X2年3月31日）となったため、決算整理手続きを行う。そこで、次の資料に基づいて、(1)決算整理仕訳を示し、決算整理後残高試算表を作成しなさい。(2)また、決算整理後残高試算表をもとに当期の損益計算書を作成しなさい。

1.　　決算整理前残高試算表

借方残高	勘定科目	貸方残高
50,000	現金過不足	

2.　現金過不足50,000円の原因を調査したが原因は判明しなかった。

■解答欄

(1)

借方科目	金額	貸方科目	金額

決算整理後残高試算表

借方残高	勘定科目	貸方残高
	雑　　　損	

(2)

損益計算書

X1年4月1日～X2年3月31日

雑　　　損	

■解答解説

(1)

借方科目	金額	貸方科目	金額
雑　　　損	50,000	現 金 過 不 足	50,000

決算整理後残高試算表

借方残高	勘定科目	貸方残高
50,000	雑　　　損	

(2)

損益計算書

X1年4月1日～X2年3月31日

雑　　　損	50,000	

■例題13-2

　決算日（X2年3月31日）となったため、決算整理手続きを行う。そこで、次の資料に基づいて、⑴決算整理仕訳を示し、決算整理後残高試算表を作成しなさい。⑵また、決算整理後残高試算表をもとに当期の損益計算書を作成しなさい。

1.　　　決算整理前残高試算表

借方残高	勘定科目	貸方残高
	現金過不足	20,000
	受　取　利　息	36,100

2.　現金過不足20,000円の原因を調査した結果、受取利息16,000円の計上もれが判明したが、残額の原因は判明しなかった。

■解答欄

⑴

借方科目	金額	貸方科目	金額

決算整理後残高試算表

借方残高	勘定科目	貸方残高
	受　取　利　息	
	雑　　　　　益	

⑵

損益計算書

X1年4月1日～X2年3月31日

	受　取　利　息	
	雑　　　　　益	

■ 解答解説

(1)

借方科目	金額	貸方科目	金額
現 金 過 不 足	20,000	受 取 利 息	16,000
		雑　　　　益	4,000

決算整理後残高試算表

借方残高	勘定科目	貸方残高
	受 取 利 息	52,100
	雑　　　　益	4,000

(2)

損益計算書

X1年4月1日〜X2年3月31日

	受 取 利 息	52,100
	雑　　　　益	4,000

1．受取利息の決算整理後残高：前T/B受取利息36,100＋決算整理16,000＝52,100

● POINT

1．決算整理前残高試算表に「現金過不足」勘定（仮勘定）が計上されている場合、決算整理仕訳でゼロにする。

2．例題13-2の「受取利息」勘定（収益）のように、決算整理後残高試算表を算定するに際して、決算整理前残高試算表の計上額を加味する点に注意すること。

❸　決算日に現金過不足が生じ、その原因が判明しなかった場合

(1)　決算の概要

貸借対照表に計上される「現金」勘定 (資産) の金額は、決算日において**実際に保有している現金の金額**にします。このため、会社は決算日に現金実査を行って、現金過不足の有無を確認します。このとき、新たに現金過不足が判明した場合は決算整理手続きを行います。

(2)　会計処理

決算日に現金過不足が生じ、その原因が判明しなかった場合、「現金」勘定 (資産) の残高を現金の実際有高に修正するとともに、「雑損」勘定 (費用) または「雑益」勘定 (収益) を計上します。つまり、期中仕訳と異なり、「現金過不足」勘定 (仮勘定) は用いません。この理由は、すでに決算日になっているため現金過不足の原因を調査する時間がないためです。

▌仕訳例13-3 ▶ 決算日に現金の不足額が生じた場合

決算整理前残高試算表

借方残高	勘定科目	貸方残高
100	現　　　金	

・決算日の現金実際有高は90円であり、現金の勘定残高100円との差異は原因不明である。

(借) 雑　　　損 [費用＋]	10※1	(貸) 現　　　金 [資産－]	10※2

※1　決算日に生じた現金不足額なので、直接「雑損」勘定を計上する
　　　雑損：現金実際有高90－前T/B現金100＝△10
※2　現金の勘定残高を実際有高の90にするために、「現金」勘定を10減少させる

▌仕訳例13-4 ▶ 決算日に現金の超過額が生じた場合

決算整理前残高試算表

借方残高	勘定科目	貸方残高
100	現　　　金	

・決算日の現金実際有高は110円であり、現金の勘定残高100円との差異は原因不明である。

(借) 現　　　金 [資産＋]	10※1	(貸) 雑　　　益 [収益＋]	10※2

※1　現金の勘定残高を実際有高の110にするために、「現金」勘定を10増加させる
※2　決算日に生じた現金超過額なので、直接「雑益」勘定を計上する
　　　雑益：現金実際有高110－前T/B現金100＝10

第13章　決算Ⅲ (現金過不足、貯蔵品、当座借越)

■例題13-3

　決算日（X2年3月31日）となったため、決算整理手続きを行う。そこで、次の資料に基づいて、(1)決算整理仕訳を示し、決算整理後残高試算表を作成しなさい。(2)また、決算整理後残高試算表をもとに当期の財務諸表を作成しなさい。

1.　　　　決算整理前残高試算表

借方残高	勘定科目	貸方残高
150,000	現　　　金	
42,900	旅費交通費	

2．決算日における現金実査額は147,000円であった。現金不足額のうち、1,800円は旅費交通費の計上もれと判明したが、残額は原因不明である。

■解答欄

(1)

借方科目	金額	貸方科目	金額

決算整理後残高試算表

借方残高	勘定科目	貸方残高
	現　　　金	
	旅 費 交 通 費	
	雑　　　損	

(2)

貸借対照表

X2年3月31日

現　　金	

損益計算書

X1年4月1日～X2年3月31日

旅費交通費	
雑　　損	

■ 解答解説 ||||||||||||||||||||||||||||||||||||||||||||||||||||||||||||||||||||||||||||||||||||||||||||||||||||||||||||||||||||||||||||||||||||

（1）

借方科目	金額	貸方科目	金額
旅 費 交 通 費	1,800	現 　 　 金	3,000
雑 　 　 損	1,200		

決算整理後残高試算表

借方残高	勘定科目	貸方残高
147,000	現 　 　 　 金	
44,700	旅 費 交 通 費	
1,200	雑 　 　 　 損	

（2）

貸借対照表
X2年 3 月31日

現 　 　 金	147,000	

損益計算書
X1年 4 月 1 日〜 X2年 3 月31日

旅費交通費	44,700	
雑 　 　 損	1,200	

1．雑損：現金不足額3,000※1 － 原因判明分1,800 ＝ 1,200

　　　※ 1 　現金不足：現金実査額147,000 － 前T/B現金150,000 ＝ △3,000

2．決算整理後残高

　　現金：現金実査額147,000

　　旅費交通費：前T/B旅費交通費42,900 ＋ 決算整理1,800 ＝ 44,700

POINT

1 ．「現金」勘定（資産）の決算整理後残高は現金実査額とする。

2 ．決算日で現金過不足が生じた場合、「現金過不足」勘定（仮勘定）を用いない点が、期中に生じた現金過不足との違いである。

3 ．例題13-3 の「旅費交通費」勘定（費用）のように、決算整理後残高を算定するに際して、決算整理前残高試算表の計上額を加味する点に注意すること。

第2節　貯蔵品の整理

決算日において未使用の郵便切手や収入印紙がある場合の決算整理手続きを学習します。

✅CHECK

勘定科目 貯蔵品（資産＋｜−）：未使用の郵便切手や収入印紙など、一時的に保有している資産

1 貯蔵品の整理の総論

郵便切手や収入印紙は、購入時に購入した全額を費用の発生とします。

〈郵便切手・収入印紙購入時の仕訳〉

（借）通　信　費 [費用+]	××※1	（貸）現　　金 [資産−]	××
（借）租　税　公　課 [費用+]	××※2	（貸）現　　金 [資産−]	××

※1　郵便切手の購入額
※2　収入印紙の購入額

しかし、**損益計算書に計上する費用の金額は、当期に使用した金額のみ**とします。そのため、決算日において未使用の郵便切手や収入印紙が残っている場合、当期の使用分だけを当期の費用とするべく、決算整理手続きを行います。

┃ Case Study ▶ **郵便切手（通信費）の費用計上額**

当期に郵便切手100円分（5枚）購入し、このうち60円（3枚）を当期に使用し、残額を翌期に使用した。

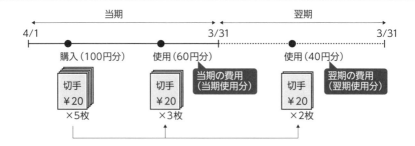

2 貯蔵品の手続き

(1) 決算整理仕訳

　決算日に未使用の郵便切手がある場合、当期に使用した分のみを当期の費用とするために、未使用額を「**通信費**」勘定（費用）から「**貯蔵品**」勘定（資産）へ振り替えます。また、未使用の収入印紙がある場合は、「**租税公課**」勘定（費用）から「**貯蔵品**」勘定へ振り替えます。

　「貯蔵品」勘定は、一時的に保有している資産を表す勘定科目です。

仕訳例13-5　未使用の郵便切手や収入印紙がある場合

決算整理前残高試算表

借方残高	勘定科目	貸方残高
100	通　信　費	

・通信費は当期に購入した郵便切手を処理したものである。なお、決算日において40円分が未使用である。

（借）貯　蔵　品［資産＋］　　40※1　　　（貸）通　信　費［費用−］　　40※2

　※1　未使用の郵便切手は会社が所有する資産であるため、「貯蔵品」勘定の増加
　※2　未使用分は当期の費用としないため、費用の取り消し

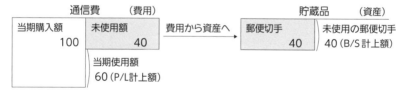

ひと言アドバイス

> この決算整理仕訳は前払費用（297ページ）と同じ考え方だよ。どちらの決算整理においても、当期に支払った金額のうち、翌期分を費用から資産に振り替えているんだ。

(2) 翌期の処理（再振替仕訳）

当期末に保有する郵便切手や収入印紙は、翌期に使用するのが通常です。そのため、翌期首になったら**再振替仕訳**（決算整理仕訳の逆仕訳）を行います。再振替仕訳をすることで、翌期の発生額を計上することができます。

▌**仕訳例13-6** 貯蔵品に振り替えた翌期の処理　[仕訳例13-5の続き]

翌期首になったため、貯蔵品40円（未使用の郵便切手代）について再振替仕訳を行った。

| （借）通　信　費 [費用＋] | 40 | （貸）貯　蔵　品 [資産－] | 40 |

貯蔵品　　　（資産）			通信費　　　（費用）	
期首残高	再振替仕訳	資産から費用へ	再振替仕訳	翌期使用額
40	40	→	40	40（P/L計上額）

■例題13-4

決算日（X2年3月31日）となったため、決算整理手続きを行う。そこで、次の資料に基づいて、(1)決算整理仕訳を示し、決算整理後残高試算表を作成しなさい。(2)また、決算整理後残高試算表をもとに当期の財務諸表を作成しなさい。

1.　　　決算整理前残高試算表

借方残高	勘定科目	貸方残高
13,000	租 税 公 課	

2.　租税公課は当期に購入した収入印紙を処理したものであり、当期末において、未使用の収入印紙が1,000円ある。

■解答欄

(1)

借方科目	金額	貸方科目	金額

決算整理後残高試算表

借方残高	勘定科目	貸方残高
	貯　蔵　品	
	租 税 公 課	

(2)

貸借対照表

X2年3月31日

貯 蔵 品	

損益計算書

X1年4月1日～X2年3月31日

租 税 公 課	

■ 解答解説

(1)

借方科目	金額	貸方科目	金額
貯　蔵　品	1,000	租　税　公　課	1,000

決算整理後残高試算表

借方残高	勘定科目	貸方残高
1,000	貯　蔵　品	
12,000	租　税　公　課	

(2)

貸借対照表

X2年 3 月31日

貯　蔵　品	1,000	

損益計算書

X1年 4 月 1 日〜 X2年 3 月31日

租　税　公　課	12,000	

1 ．租税公課の決算整理後残高：前T/B租税公課13,000 − 未使用額1,000 ＝ 12,000

※決算整理後残高12,000は、当期の使用額を意味する。

2 ．翌期首に行う再振替仕訳（参考）

（借）租 税 公 課 [費用＋]	1,000	（貸）貯　蔵　品 [資産−]	1,000

◉ POINT

1 ．郵便切手や収入印紙は、当期に使用した分だけを当期の費用とするため、未使用額は決算整理仕訳で「貯蔵品」勘定（資産）に計上する。

第3節　当座借越の整理

> 第5章第2節（142ページ）において、当座借越を学習しました。本節では、決算日において当座借越が生じている場合の決算整理手続きを学習します。

✔CHECK

勘定科目　当座借越（負債－｜＋）：当座借越により生じた銀行への支払義務

　　　　※「当座借越」勘定は、「借入金」勘定を用いる場合もあります。

1　当座借越の整理の総論

　当座借越契約を結んでいる場合において、当座預金残高を超えた引き出しを行うと、「当座預金」勘定（資産）は**貸方残高（マイナス残高）**となります。この状態で決算日となった場合、貸借対照表に当座預金をマイナスとして計上することはできないため、決算整理手続きが必要になります。

2　当座借越の手続き

(1)　決算整理仕訳

　当座借越は銀行からの借り入れを意味するため、貸借対照表では**負債**として表示します。よって、決算日に当座借越となっている場合、決算整理仕訳において「当座預金」勘定（資産）の貸方残高を**「当座借越」勘定**（負債）に振り替えます。なお、「当座借越」勘定ではなく、「借入金」勘定（負債）を使用することもできます。

仕訳例13-7　当座借越が生じている場合

決算整理前残高試算表

借方残高	勘定科目	貸方残高
	当　座　預　金	100

・当社は当座借越契約を結んでおり、当期末において、当座借越100円が生じている。

（借）当 座 預 金 [資産+]　　100※1　　（貸）当 座 借 越 [負債+]　　100※2

※1　貸方残高となっている「当座預金」勘定の残高をゼロにする
※2　期末における当座借越額を「当座借越」勘定に計上する

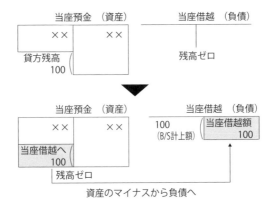

損益計算書(P/L)　貸借対照表(B/S)

費用	収益

資産	負債
	資本

当座預金　（資産）

××　　　　　××

貸方残高
100

当座借越　（負債）

残高ゼロ

▼

当座預金　（資産）

××　　　　　××

当座借越へ
100

残高ゼロ

当座借越　（負債）

100
(B/S計上額)

当座借越額
100

資産のマイナスから負債へ

> ひと言アドバイス
>
> 仕訳の借方は、「当座預金」勘定を増やしているというよりは、マイナスをゼロに戻しているイメージだよ。

(2) 翌期の処理（再振替仕訳）

翌期首になったら**再振替仕訳**（決算整理仕訳の逆仕訳）を行い、再び「当座預金」勘定（資産）の貸方に戻します。

│仕訳例13-8 当座借越に振り替えた翌期の処理　[仕訳例13-7の続き]

翌期首になったため、当座借越100円について再振替仕訳を行った。

（借）当 座 借 越［負債-］	100	（貸）当 座 預 金［資産-］	100

当座預金　（資産）

貸方残高
100

当座借越額
100

負債から資産のマイナスへ →

当座借越　（負債）

当座預金へ
100

期首残高
100

残高ゼロ

■例題13-5

　決算日（Ⅹ2年3月31日）となったため、決算整理手続きを行う。そこで、次の資料に基づいて、決算整理仕訳を示し、決算整理後残高試算表を作成しなさい。

1.　　　　　決算整理前残高試算表

借方残高	勘定科目	貸方残高
	当座預金	20,000

2.　当社は当座借越契約（借越限度額30,000円）を結んでおり、当期末において、当座借越20,000円が生じている。

■解答欄

借方科目	金額	貸方科目	金額

決算整理後残高試算表

借方残高	勘定科目	貸方残高
	当　座　借　越	

■解答解説

借方科目	金額	貸方科目	金額
当　座　預　金	20,000	当　座　借　越	20,000

決算整理後残高試算表

借方残高	勘定科目	貸方残高
	当　座　借　越	20,000

1.　貸借対照表（参考）

貸借対照表

X2年3月31日

	当　座　借　越　　20,000

2.　翌期首に行う再振替仕訳（参考）

（借）当　座　借　越 [負債-]　20,000　　　（貸）当　座　預　金 [資産-]　20,000

POINT

1.　当座借越により「当座預金」勘定（資産）が貸方残高の場合、「当座借越」勘定（負債）または「借入金」勘定（負債）に振り替える。

第14章

決算Ⅳ
（精算表、月次決算）

第1節 精算表の作成

決算整理手続きの全体の流れを一覧するための表を「精算表」といいます。第12章と第13章の内容がわかっていれば、あとは精算表の形式に慣れるだけなので、特段、難しいものではありません。

1 精算表とは

ここまで学習したとおり、決算整理手続きをすることで財務諸表計上額を算定することができます。本章で学習する**精算表**とは、決算整理の一連の流れを一覧表にしたものです。

精算表は1つの表です。そのため、精算表を作成することで、決算整理手続きの全体像を把握することができるようになります。よって、通常の決算整理手続きを行ったうえで、別途、精算表を作成することが一般的です。

2 精算表の作成方法

(1) 精算表のひな形

下記の表が精算表です。

	試算表		修正記入		損益計算書		貸借対照表	
	借方	貸方	借方	貸方	借方	貸方	借方	貸方
現　　　　金	2,400						2,400	
繰 越 商 品	700		900	700			900	
建　　　　物	4,000						4,000	
借 入 金		1,500						1,500
減価償却累計額		1,200		400				1,600
資　　　本　　金		900						900
繰越利益剰余金		600						600
売　　　　上		10,000				10,000		
仕　　　　入	7,000		700	900	6,800			
支 払 利 息	100		30		130			
	14,200	14,200						
減 価 償 却 費			400		400			
未 払 利 息				30				30
当 期 純 利 益					2,670			2,670
			2,030	2,030	10,000	10,000	7,300	7,300

(2) 精算表の考え方

精算表には主に3つの記入欄があり、それぞれ決算整理手続きで登場する金額を記入します。なお、各欄とも借方と貸方に分けて記入します。

記入欄	記入内容
試 算 表	決算整理前残高試算表の金額を記入する。
修 正 記 入	決算整理仕訳の金額を記入する。
損益計算書 貸借対照表	決算整理後残高試算表の金額を記入する。なお、収益および費用は損益計算書欄に記入し、資産、負債および資本は貸借対照表欄に記入する。

Case Study　減価償却を例にした精算表

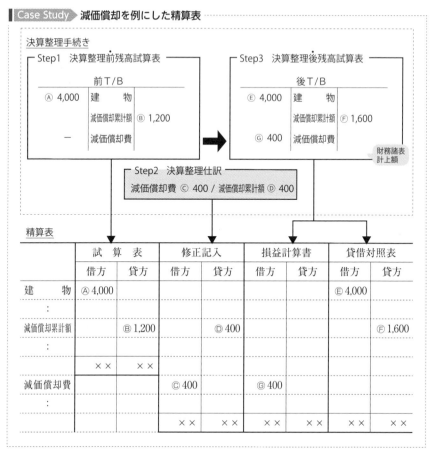

決算整理手続き

Step1　決算整理前残高試算表

前T/B

Ⓐ 4,000	建　　物	
	減価償却累計額	Ⓑ 1,200
－	減価償却費	

Step3　決算整理後残高試算表

後T/B

Ⓔ 4,000	建　　物	
	減価償却累計額	Ⓕ 1,600
Ⓖ 400	減価償却費	

財務諸表
計上額

Step2　決算整理仕訳

減価償却費 Ⓒ 400 / 減価償却累計額 Ⓓ 400

精算表

	試　算　表		修正記入		損益計算書		貸借対照表	
	借方	貸方	借方	貸方	借方	貸方	借方	貸方
建　　物	Ⓐ4,000						Ⓔ4,000	
：								
減価償却累計額		Ⓑ1,200		Ⓓ400				Ⓕ1,600
：								
	××	××						
減価償却費			Ⓒ400		Ⓖ400			
：								
			××	××	××	××	××	××

ひと言アドバイス

より詳しい作り方は、次の例題を使って説明するよ。

■例題14-1

　下記に示した決算整理事項に基づいて、精算表を作成しなさい。

　1．建物は、耐用年数10年、残存価額ゼロ、定額法により減価償却を行う。

　2．期末商品棚卸高は900円である。なお、売上原価は仕入の行で計算すること。

　3．未払利息30円を計上する。

■解答欄

	試　算　表		修正記入		損益計算書		貸借対照表	
	借方	貸方	借方	貸方	借方	貸方	借方	貸方
現　　　　　金	2,400							
繰　越　商　品	700							
建　　　　　物	4,000							
借　　入　　金		1,500						
減価償却累計額		1,200						
資　　本　　金		900						
繰越利益剰余金		600						
売　　　　　上		10,000						
仕　　　　　入	7,000							
支　払　利　息	100							
	14,200	14,200						
減　価　償　却　費								
未　払　利　息								
当　期　純　利　益								

損益計算書(P/L)　貸借対照表(B/S)

費用		資産	負債
	収益		資本

■ 解答解説

	試　算　表		修正記入		損益計算書		貸借対照表	
	借方	貸方	借方	貸方	借方	貸方	借方	貸方
現　　　　金	2,400						2,400	
繰　越　商　品	700		900	700			900	
建　　　　物	4,000						4,000	
借　　入　　金		1,500						1,500
減価償却累計額		1,200		400				1,600
資　　本　　金		900						900
繰越利益剰余金		600						600
売　　　　上		10,000				10,000		
仕　　　　入	7,000		700	900	6,800			
支　払　利　息	100		30		130			
	14,200	14,200						
減　価　償　却　費			400		400			
未　払　利　息				30				30
当　期　純　利　益					2,670			2,670
			2,030	2,030	10,000	10,000	7,300	7,300

1．減価償却を例にした解く手順

手順①：決算整理仕訳を（下書き用紙に）書く。なお、精算表の問題では決算整理前残高試算表の金額は精算表の試算表欄に書いてあるため、解答欄も資料の一部となる点に留意すること。

（借）減価償却費	400※1	（貸）減価償却累計額	400

※1　減価償却費：前T/B建物4,000÷耐用年数10年＝400

💬 ひと言アドバイス

精算表の問題では、問題文だけでなく解答欄もみるようにしよう。

手順②：決算整理仕訳で使用した勘定科目の行を探し、修正記入欄に決算整理仕訳の金額を書く。なお、精算表の下の方の勘定科目（本問では減価償却費より下）は、決算整理前残高試算表には計上されていない勘定科目、すなわち決算整理仕訳で新たに登場する勘定科目が書かれる。

	試　算　表		修正記入		損益計算書		貸借対照表	
	借方	貸方	借方	貸方	借方	貸方	借方	貸方
：								
建　　物	4,000							
：								
減価償却累計額		1,200		400[※2]				
：								
	14,200	14,200						
減価償却費			400[※1]					
：								

※1　決算整理仕訳の、（借）減価償却費　　　400　を意味する。
※2　決算整理仕訳の、（貸）減価償却累計額 400　を意味する。

手順③：試算表欄の金額に修正記入欄の金額を加減した金額（つまり、決算整理後残高試算表の金額）を損益計算書欄・貸借対照表欄に書く。

	試　算　表		修正記入		損益計算書		貸借対照表	
	借方	貸方	借方	貸方	借方	貸方	借方	貸方
：								
建　　物	4,000						4,000[※1]	
：								
減価償却累計額		1,200		⊕400				1,600[※2]
：								
	14,200	14,200						
減価償却費			400		400[※3]			

試算表欄の1,200も、修正記入欄の400も、ともに貸方なので加算する

※1　建物：修正記入欄に金額がないため、試算表欄の借方4,000を貸借対照表欄の借方に記入する。
※2　減価償却累計額：試算表欄の貸方1,200＋修正記入欄の貸方400＝貸借対照表欄の貸方1,600
※3　減価償却費：試算表欄に金額がないため、修正記入欄の借方400を損益計算書欄の借方に記入する。

この手順①～③を、各決算整理仕訳ごとに行う。なお、他の決算整理仕訳は次のとおりである。

〈売上原価の算定〉

（借）仕　　　　入	700	（貸）繰 越 商 品	700※1
（借）繰 越 商 品	900	（貸）仕　　　　入	900

※1　期首商品棚卸高：前T/B繰越商品700

〈未払費用の計上〉

（借）支 払 利 息	30	（貸）未 払 利 息	30

2．当期純利益について

損益計算書欄の当期純利益は、貸借差額で算定し、借方に記入する。また、当期純利益は貸借対照表の資本を増加させるため、当期純利益の金額を貸借対照表欄の貸方に記入する。

	試　算　表		修正記入		損益計算書		貸借対照表	
	借方	貸方	借方	貸方	借方	貸方	借方	貸方
：								
売　　　上		10,000				10,000		
仕　　　入	7,000		700	900	6,800			
支 払 利 息	100		30		130			
	14,200	14,200						
減価償却費			400		400			
：								
当期純利益					2,670 ※1		→ 2,670 ※2	
			2,030	2,030	10,000	10,000	7,300	7,300

※1　当期純利益：収益10,000（売上）－費用7,330（＝仕入6,800＋支払利息130＋減価償却費400）＝2,670
※2　当期純利益による資本の増加（資本の貸方）を意味している。

3．各列の末尾の金額について

各列の末尾の金額は、その列の合計金額を記入する。なお、各欄ごとに借方と貸方の合計金額は一致する。

POINT

> 1．精算表の問題であっても、通常の決算の問題と同様に、決算整理仕訳を書いて解くこと。
> 2．精算表の問題は、解答欄も資料の1つである点に留意する。

補足

当期純損失の場合の精算表の書き方

　もし、収益の金額よりも費用の金額の方が大きかった結果、当期純利益ではなく当期純損失となった場合、精算表は次の点が変わります。

・名称が当期純利益ではなく、当期純損失になる。
・金額を記入する場所について、当期純利益とは貸借が逆になる。

【具体例】 当期純損失が100円だった場合

	試　算　表		修正記入		損益計算書		貸借対照表	
	借方	貸方	借方	貸方	借方	貸方	借方	貸方
：								
当期純損失						100[※1]	100[※2]	
					××	××	××	××

※1　当期純損失の場合、損益計算書欄の貸方に記入する。
※2　貸借対照表欄の借方に記入することで、当期純損失により資本が減少したことを意味する。

第2節　月次決算

会計期間の途中であっても、その時点における業績（利益）を把握したい場合があります。その場合、月末ごとに簡易的な決算整理手続きを行い、適時に業績を把握します。

1　月次決算とは

簡易的な決算を毎月末に行うことを**月次決算**といいます。

決算をすることで当期の利益の額が判明しますが、逆に言えば、決算をしなければ利益の額はわかりません。そこで、適時に業績を把握するために、月次決算を行うのです。本来、月次決算では様々な決算整理を行うはずですが、日商簿記検定3級では減価償却のみが月次決算の対象となっています。

なお、月次決算は会社の内部で業績を把握するために行うので、財務諸表を実際に作成するわけではありません。

2　月次決算における減価償却

(1)　月次決算の減価償却費

月次決算では簡易的に計算を行うことが一般的です。減価償却の場合、前もって年間の減価償却費を見積もったうえで、その見積額を12ヶ月で除して減価償却費を算定します。

> 月次の減価償却費 ＝ 年間の減価償却費の見積額 ÷ 12

仕訳例14-1　月次の減価償却費

当社の会計期間は4月1日から3月31日であるが、月次決算を行っている。4月の月次決算にあたり、備品の減価償却費を計上する。月次決算における減価償却費は、年間の減価償却費の見積額を12で除した金額としている。なお、期首に見積もった当期の減価償却費は120,000円である。

| （借）減価償却費 [費用+] | 10,000※1 | （貸）減価償却累計額 [資産控除+] | 10,000 |

※1　減価償却費：見積額120,000÷12＝10,000

(2)　年度末の減価償却費

　年度末の決算整理仕訳で計上する減価償却費の金額は、年間の減価償却費の確定額と月次決算で計上した額との差額になります。

$$
\text{年度末に計上する減価償却費} = \begin{array}{c}\text{減価償却費の}\\\text{年間確定額}\end{array} - \begin{array}{c}\text{月次決算で計上した}\\\text{減価償却費の合計額}\end{array}
$$

※減価償却費の年間確定額は通常どおり計算します。
※月次決算で計上した減価償却費の合計額は、通常、月次の減価償却費の11ヶ月分になります。

▌仕訳例14-2　年度末の減価償却費　[仕訳例14-1の続き]

決算整理前残高試算表

借方残高	勘定科目	貸方残高
600,000	備　　　　品	
110,000	減 価 償 却 費	
	減価償却累計額	230,000

・備品は前期首に取得したものであり、耐用年数5年、残存価額ゼロ、定額法により減価償却を実施している。本日、年度末の決算にあたり、月次決算で計上済みの金額との差額を減価償却費として計上する。

（借）減 価 償 却 費［費用＋］　10,000[※1]　　　（貸）減価償却累計額［資産控除＋］　10,000

※1　減価償却費：取得原価600,000÷耐用年数5年－前T/B減価償却費110,000＝10,000

■**例題14-2**

　次の資料に基づいて、決算整理仕訳を示し、決算整理後残高試算表を作成しなさい。なお、当期はX2年4月1日からX3年3月31日である。

1.　　　決算整理前残高試算表

借方残高	勘定科目	貸方残高
86,400	備　　品	
	減価償却累計額	31,500
9,900	減価償却費	

2.　備品の減価償却は、耐用年数8年、残存価額ゼロ、定額法、間接法により行う。なお、決算整理前残高試算表に計上されている減価償却費は月次決算により計上されたものである。

■**解答欄**

借方科目	金額	貸方科目	金額

決算整理後残高試算表

借方残高	勘定科目	貸方残高
	備　　品	
	減価償却累計額	
	減価償却費	

■解答解説

借方科目	金額	貸方科目	金額
減 価 償 却 費	900	減価償却累計額	900

決算整理後残高試算表

借方残高	勘定科目	貸方残高
86,400	備　　　　品	
	減価償却累計額	32,400
10,800	減 価 償 却 費	

1．決算整理仕訳の金額

　　減価償却費の年間確定額10,800※1 − 月次の減価償却費合計9,900（前T/B計上額）
　　＝900

　　※1　減価償却費の年間確定額：前T/B備品86,400÷8年＝10,800

2．決算整理後残高試算表の金額

　　減価償却累計額：前T/B減価償却累計額31,500 + 決算整理900＝32,400

　　減価償却費：前T/B減価償却費9,900 + 決算整理900＝10,800

　　　または、減価償却費の年間確定額10,800

> 🔊 ひと言アドバイス
>
> 決算整理仕訳は900だけど、減価償却費の損益計算書計上額は、いつも通り年間確定額になる点に
> 注意しよう。

🔍POINT

**1．月次決算を行っている場合、年度末の決算整理仕訳で計上する減価償却費の金額は、
年間の減価償却費の確定額と月次決算で計上した額との差額になる。**

**2．月次決算を行っていたとしても、減価償却費の損益計算書計上額は、年間確定額と
なる。**

第15章

株式会社会計・税金

第1節　株式会社

会社には色々な形態があるのですが、日商簿記検定では株式会社という形態を勉強します。本節では、株式会社の仕組みと株式会社特有の取引を学習します。

1 株式会社について

✓ CHECK

> **用語** 配　　当：利益の一部を株主に還元すること
> 　　　　株主総会：株主による会議のことで、配当の額などを決定する
> 　　　　取締役会：経営者による会議のことで、会社の具体的な経営方針などを決定する

(1) 株式会社の概要

会社を始めるには、設備投資や従業員を雇ったりするための**元手**が必要です。もし元手が自分のお金だけでは足りない場合、投資家から元手となる資金を調達します。具体的には、投資家は会社に対して**出資**を行い、会社は出資の割合に応じて**株式**を発行します（出資をした投資家は会社の**株主**になります）。**株主からの出資額は元手となるため、株主への返済義務はありません。**その代わり、利益の一部を**配当金**というかたちで株主に還元します。

(2) 会社と株主の関係

法律上、会社の所有権は**株主**にあります。そのため、会社の基本的かつ重要事項（配当金をいくらにするか、取締役を誰にするかなど）は、株主が決定します。対して、会社経営をする人を**取締役**といい、会社の具体的な経営方針は取締役が決定します。

通常、株主や取締役は複数いるため、何かを決定する際は、**株主総会や取締役会**という会議で決めていきます。なお、株主総会は1年に1回、**決算日から3ヶ月以内に必ず開催されます**（これを定時株主総会といいます）。

(3) 株主と銀行（債権者）の関係（株主の有限責任）

もし会社が借入金を返済できずに倒産してしまった場合、会社の所有者である株主はどこまで責任を負う必要があるのでしょうか？

この点、株主は**有限責任**となっています。有限責任とは、出資額までを限度として責任を負うことをいいます。これは、「倒産したら出資額は一切戻って来ないが、その代わり、会社の借入金について責任を取る必要がない」ということです。つまり、**会社が倒産したとしても、銀行は株主に請求ができないことになっています★。**

★有限責任となっているからこそ、株主は安心して出資ができるのです。

2 増資

✓CHECK

用語 増資：会社設立後に追加で株式を発行し資金を調達すること

(1) 取引の概要

会社設立後に追加で資金が必要になった場合に、**増資**を行うことがあります。増資とは、会社設立後に**追加で株式を発行し資金を調達する**ことをいいます。

(2) 会計処理

増資を行うと元手が増加します。よって会社設立時と同様に、払込金額について「**資本金**」勘定（資本）の増加とします。

▎仕訳例15-1 増資

当社は取締役会の決議により増資を行い、200株発行した。なお、1株当たりの払込金額は50円であり、全株式について払い込みを受けた。なお、払込金額は普通預金に預け入れた。

| (借) 普 通 預 金 [資産+] | 10,000 | (貸) 資 本 金 [資本+] | 10,000※1 |

※1　元手が増加するため、「資本金」勘定の増加
　　　資本金：払込金額50×発行株式数200株＝10,000

3 利益剰余金の配当および処分

✓CHECK

勘定科目 未払配当金（負債 −│+）：配当を決議したことにより生じた、配当金の支払義務
　　　　　利益準備金（資本 −│+）：会社が計上した利益のうち、分配不能の金額のこと

用語 利益剰余金の処分：稼いだ利益を会社内に留保すること（日商簿記検定3級では、利益準備金を積み立てること★）。

★利益剰余金の処分は、日商簿記検定2級で詳しく学習します。

(1) 利益剰余金の配当

① 取引の概要

利益剰余金の配当とは、会社が稼ぎ出した**利益を株主に分配する**ことをいいます。配当額は、決算日の翌日から3ヶ月以内に開催される**定時株主総会**で決定します。

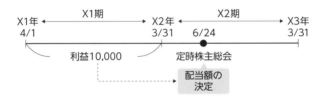

なお、株主に支払う配当金の総額は次の計算式により算定します。

$$配当金総額 ＝ 1株当たりの配当金 \times 発行済み株式総数$$

② 会計処理

利益剰余金の配当をした場合、「繰越利益剰余金」勘定（資本）が減少します。

Case Study 配当金の支払いと貸借対照表

X2期の6/24に開催された定時株主総会において、前期（X1期）の純利益10,000円のうち、3,000円を配当金として支払うことを決定し、支払った。

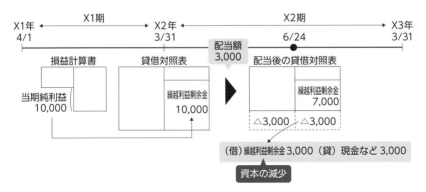

なお、実際には、**配当の支払額が決定してすぐに支払うわけではありません**。よって、配当金の決定時点においては配当金の支払義務を意味する**「未払配当金」勘定（負債）**を計上します。その後、支払時に「未払配当金」勘定を減少させます。

ひと言アドバイス

「未払配当金」勘定は「未払金」勘定の一種で、「配当金に関する未払金」を意味する勘定科目だよ。

仕訳例15-2 ▶ 配当金の決定（定時株主総会）

定時株主総会において、利益剰余金からの配当（配当額は1株当たり10円）を決議した。なお、当社の発行済株式総数は300株である。また、利益準備金の積み立てはゼロとする。

| （借）繰越利益剰余金 ［資本−］ | 3,000※1 | （貸）未払配当金 ［負債＋］ | 3,000※2 |

> ※1　配当により、稼いだ利益が減少するため、「繰越利益剰余金」勘定の減少
> 　　　繰越利益剰余金：1株当たり配当額10×発行済株式総数300株＝3,000
> ※2　配当金の支払義務が増加するため、「未払配当金」勘定の増加

仕訳例15-3 ▶ 配当金の支払い　［仕訳例15-2の続き］

配当金3,000円を当座預金から支払った。

| （借）未払配当金 ［負債−］ | 3,000 | （貸）当座預金 ［資産−］ | 3,000 |

(2)　利益剰余金の処分（利益準備金の積立）

① 利益準備金とは

利益準備金とは、会社が計上した利益のうち、**分配不能の金額**（配当禁止の金額）のことをいいます。会社法において、株主に配当を行うに際して、利益準備金の積み立てが義務づけられています。これは、過度に株主に配当が行われると会社の財務基盤が弱まり、債権者が不利益を被るおそれがあるため、それを防止する必要があるからです。

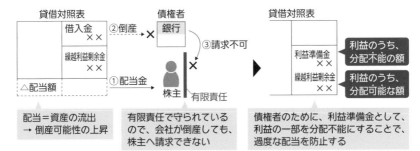

貸方　***351***

(第15章-5)

② 会計処理

利益準備金の積み立てを行う場合、「繰越利益剰余金」勘定（資本）から「利益準備金」勘定（資本）へ振り替えます。

▌Case Study ▶ 利益準備金の積み立て（前のCase Studyの続き）

X2期の定時株主総会において、利益準備金300円の積み立てが決定した。

🗣 ひと言アドバイス

貸借対照表上、単に勘定科目を変更するだけなんだ。だから、配当金とは異なり、資本の総額自体に変化はないよ。

なお、利益準備金の積み立ては配当時に行うため、**配当金の仕訳と同時**に行われます。ただし、一定額以上の利益準備金を積み立てていればそれ以上の積み立ては不要となるので、問題上**ゼロ**ということもあります（利益準備金の積立額は問題上与えられます）。

▌仕訳例15-4　利益剰余金の配当および処分

定時株主総会において、利益剰余金の配当3,000円、利益準備金の積み立て300円を決議した。

| （借）繰越利益剰余金 ［資本−］ | 3,300※1 | （貸）未払配当金 ［負債＋］ | 3,000 |
| | | 利益準備金 ［資本＋］ | 300 |

※1　繰越利益剰余金：未払配当金3,000＋利益準備金300＝3,300

■例題15-1

　次の一連の取引について、仕訳を示しなさい。なお、当期はＸ２年４月１日からＸ３年３月31日である。

⑴　Ｘ２年６月17日に開催された定時株主総会において、繰越利益剰余金40,000円について、次のとおり利益剰余金の配当と処分が承認された。

　　配当金20,000円　　利益準備金2,000円　　繰越額18,000円

⑵　Ｘ２年７月10日に上記の配当金を当座預金から支払った。

■解答欄

日付	借方科目	金額	貸方科目	金額
6/17				
7/10				

■解答解説

日付	借方科目	金額	貸方科目	金額
6/17	繰越利益剰余金	22,000	未払配当金	20,000
			利益準備金	2,000
7/10	未払配当金	20,000	当座預金	20,000

１.　当期における繰越利益剰余金勘定は下記のとおりになる。なお、当期純利益は70,000円であるとする。また、説明の便宜上、諸口は使用しないものとする。

繰越利益剰余金

6/17 未払配当金	20,000	4/1 前期繰越	40,000
〃 利益準備金	2,000	3/31 損益	70,000
3/31 次期繰越	88,000		
	110,000		110,000

また、全体像を示すと次のとおりである。

第15章　株式会社会計・税金

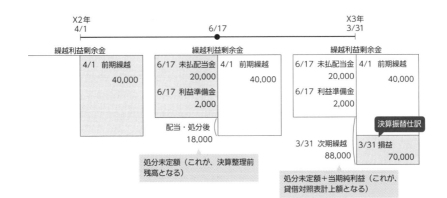

損益計算書(P/L)　貸借対照表(B/S)

| 費用 | 収益 | 資産 | 負債 |
| | | | 資本 |

X2年
4/1

6/17

X3年
3/31

繰越利益剰余金

| 4/1 前期繰越 40,000 |

繰越利益剰余金

| 6/17 未払配当金 20,000 | 4/1 前期繰越 40,000 |
| 6/17 利益準備金 2,000 | |

配当・処分後
18,000

処分未定額（これが、決算整理前
残高となる）

繰越利益剰余金

6/17 未払配当金 20,000	4/1 前期繰越 40,000
6/17 利益準備金 2,000	
	決算振替仕訳
3/31 次期繰越 88,000	3/31 損益 70,000

処分未定額＋当期純利益（これが、
貸借対照表計上額となる）

POINT

1. 利益剰余金の配当を行った場合、「繰越利益剰余金」勘定（資本）を減少させ、「未払配当金」勘定（負債）を計上する。
2. 利益準備金の積立を行った場合、「繰越利益剰余金」勘定から「利益準備金」勘定（資本）へ振り替える。
3. 「繰越利益剰余金」勘定の貸借対照表計上額は、当期の処分未定額に当期純利益を加算した金額となる。

第2節 税金（法人税、住民税及び事業税・消費税）

利益に課せられる税金である法人税等と消費税について学習します。

1 法人税、住民税及び事業税

✓CHECK

勘定科目 仮払法人税等（資産 ＋│－）：中間申告による法人税等の納付額

未払法人税等（負債 －│＋）：当期の法人税等の税額のうち、当期末現在未納
付分に係る納付義務

法人税、住民税及び事業税（費用 ＋│－）：法人税等により生じる費用

※「法人税、住民税及び事業税」勘定は、「法人税等」勘定を用いる場合もあります。

用　語 法人税等：法人税、住民税及び事業税の総称で、税引前当期純利益に対して
課せられる税金

税引前当期純利益：法人税等を控除する前の当期純利益

中間申告：税額が確定する前に、税金の一部を前もって納付すること

確定申告：確定した税額を納付すること

(1) 法人税、住民税及び事業税とは

法人税、住民税及び事業税は、**利益に対して課される税金**で、これらを総称して
法人税等といいます。法人税等の額は下記の計算式により一括で算定します。

法人税、住民税及び事業税 ＝ 税引前当期純利益 × 税率★

★税率は30％〜40％くらいが一般的です。

税引前当期純利益とは、法人税等を控除する前の当期純利益のことです。税引前
当期純利益は決算で判明するため、法人税等の額は決算で確定します。

(2) 取引の概要

通常、法人税等は中間申告と確定申告の2回に分けて納付します。中間申告時点
では、当期の法人税等の額は確定していないため、当期の法人税等の半額を見積っ
て納付します★。そのうえで、期末に法人税等の税額が確定するので、当該確定額
から中間申告分を差し引いた額を翌期に納付します。

★前期の法人税等の2分の1の額、または、期首から期央までを一会計期間とみなし仮決算を行って算定
した額とします。

中間申告　　　法人税等の税額が確定　　確定申告

当期の法人税等のおおよその半額
を、期中に納付する。

当期の法人税等から中間申告分を
控除した額を、翌期に納付する。

(3) 会計処理

① 中間申告時（期中仕訳）

法人税等を中間申告した場合、「**仮払法人税等**」勘定（資産）の**増加**とします。中間申告は、**金額が未確定の支出**に該当するため、「仮払金」勘定（資産）とすべきですが、法人税等の仮払金であることを強調するために、通常は「仮払法人税等」勘定を用います。

｜仕訳例15-5　中間申告時（期中仕訳）

中間申告を行い、50円を現金で納付した。

| （借）仮払法人税等　［資産＋］ | 50※1 | （貸）現　　　金　［資産－］ | 50 |

> ※1　金額が未確定の法人税等に関する支出であるため、いったん「仮払法人税等」勘定（資産）の増加

② 法人税等の税額確定時（決算整理仕訳）

期末に当期の法人税等の税額が確定したら、当該金額を「**法人税、住民税及び事業税**」勘定（費用）の**発生**とします。また、金額が確定したため「**仮払法人税等**」勘定（資産）を**減少**させ、残額を「**未払法人税等**」勘定（負債）の**増加**とします。「未払法人税等」勘定は法人税等の未払金であることを強調した勘定科目です。

｜仕訳例15-6　法人税等の税額確定時（決算整理仕訳）　［仕訳例15-5の続き］

決算整理前残高試算表

借方残高	勘定科目	貸方残高
50	仮払法人税等	

決算に際し、当期の法人税等が120円と確定した。

| （借）法人税、住民税及び事業税　［費用＋］ | 120※1 | （貸）仮払法人税等　［資産－］ | 50※2 |
| | | 未払法人税等　［負債＋］ | 70※3 |

> ※1　確定した法人税等の税額を「法人税、住民税及び事業税」勘定の発生とし、当期の費用とする
> ※2　法人税等の税額が確定したため、「仮払法人税等」勘定の減少
> ※3　法人税等の未払額を納付する義務があるため、「未払法人税等」勘定の増加
> 　　　未払法人税等：法人税等120－仮払法人税等50＝70

ひと言アドバイス

決算整理前残高試算表の仮払法人税等の額は中間申告分を意味するよ。

③ 確定申告時（期中仕訳）

　確定申告を行い、法人税等の未払額を納付した場合、「未払法人税等」勘定（負債）を減少させます。

仕訳例15-7　確定申告時（期中仕訳）　[仕訳例15-6の続き]

　確定申告を行い、未払法人税等70円を現金で納付した。

（借）未払法人税等 ［負債-］	70※1	（貸）現　　　　金 ［資産-］	70

　※1　法人税等の納付義務がなくなるため、「未払法人税等」勘定の減少

■例題15-2

　次の一連の取引について、必要な仕訳を示しなさい。

(1) 中間申告を行い、前事業年度の法人税等の1／2に当たる300,000円を小切手により納付した。

(2) 当期の決算にあたり、法人税等の税額が660,000円と確定した。

(3) 翌期に確定申告を行い、未払分360,000円について小切手により納付した。

■解答欄

日付	借方科目	金額	貸方科目	金額
(1)				
(2)				
(3)				

第15章｜株式会社会計・税金

■ 解答解説

日付	借方科目	金額	貸方科目	金額
(1)	仮払法人税等	300,000	当座預金	300,000
(2)	法人税、住民税及び事業税	660,000	仮払法人税等	300,000
			未払法人税等	360,000
(3)	未払法人税等	360,000	当座預金	360,000

1. 未払法人税等：法人税等660,000 − 仮払法人税等300,000 = 360,000
2. 当期の財務諸表に計上される金額は次のとおりである。

　　法人税、住民税及び事業税（損益計算書）：660,000

　　未払法人税等（貸借対照表）：360,000

◉ POINT

> 1. 法人税等の中間申告時は「仮払法人税等」勘定（資産）を計上し、確定申告時は「未払法人税等」勘定（負債）の減少となる。よって、法人税等の納付時に費用計上はしない。
> 2. 損益計算書には当期の法人税等の全額が「法人税、住民税及び事業税」勘定（費用）として計上される。対して、貸借対照表の「未払法人税等」勘定は当期の法人税等から中間申告分を除いた金額となる。

COLUMN　税引前当期純利益に税率を乗じても、法人税等の金額にはならない？

　　実際の法人税等の金額は「税引前利益×税率」により算定された額とはズレてしまいます。この理由は、会計（簿記）と税法では、その目的が違うからです。

　　・会計の目的：正しい利益を計算しよう

　　・税法の目的：公平に課税しよう

　　そのため、会計数値である税引前利益に税率を直接乗じても、法人税等の金額は算定できないのです。詳しくは日商簿記2級の「税効果会計」という論点で学習します。日商簿記3級の段階では、「税引前利益×税率＝法人税等」とおさえてしまって大丈夫です。

2 消費税

✓CHECK

勘定科目　仮払消費税（資産 +|−）：期中に支払った消費税を計上しておく勘定科目
　　　　　　仮受消費税（負債 −|+）：期中に受け取った消費税を計上しておく勘定科目
　　　　　　未払消費税（負債 −|+）：消費税の納付義務であり、仮払消費税と仮受消費
　　　　　　　　　　　　　　　　　　税を相殺した金額
用　語　税抜方式：税抜価格で仕訳を行う方法

(1) 取引の概要

　私たちにとって身近な税金である**消費税**は、もちろん会社にも関係します。例えば、商品を仕入れたときは消費税を支払い、商品を販売したときは消費税を受け取ります。消費税は税務署に納付するべきものです。そのため、**会社が受け取った消費税から支払った消費税を控除した金額について、税務署へ納付します。**

消費税の納付額 ＝ 消費税の受取額 − 消費税の支払額

Case Study　消費税

　仕入先から税込金額1,100円（うち、消費税100円）で仕入れた商品を、税込金額3,300円（うち、消費税300円）で消費者に販売した。

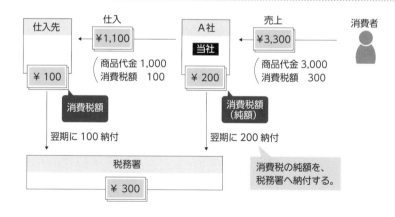

ひと言アドバイス

当社は、受け取った消費税300から、支払った100を控除した純額200を税務署に納付するんだ。だから、消費税を受け取ったり支払ったりしても、当社からすると損得なしなんだよ。

損益計算書(P/L)　貸借対照表(B/S)

費用		資産	負債
	収益		資本

(2) 会計処理

　上記のとおり、消費税の純額を税務署へ納付します。そのため、消費税は会社にとって収益にも費用にもなりません。よって、仕訳は税抜価格で行います（これを「税抜方式」といいます）。

　また、消費税の納付額は決算で確定するので、期中の段階では納付額は未確定です。よって、期中仕訳は仮払金・仮受金と同様の処理（187ページ）を行います。

① 消費税の支払い（期中仕訳）

　消費税額は会社の費用とならないため、「仕入」勘定（費用）などは税抜価格で計上します。税務署へ納付する消費税額は決算日まで確定しないため、支払った消費税はいったん「仮払消費税」勘定（資産）の増加とします。

仕訳例15-8　消費税の支払い（期中仕訳）

　商品1,000円を仕入れ、消費税を含めた1,100円を現金で支払った。

(借) 仕　　　入	[費用+]	1,000※1	(貸) 現　　　金	[資産-]	1,100
仮払消費税	[資産+]	100※2			

　　※1　「仕入」勘定の発生額は税抜価格とする
　　※2　支払った消費税額は「仮払消費税」勘定の増加とする

② 消費税の受け取り（期中仕訳）

　消費税額は会社の収益とならないため、「売上」勘定（収益）などは税抜価格で計上します。税務署へ納付する消費税額は決算日まで確定しないため、受け取った消費税はいったん「仮受消費税」勘定（負債）の増加とします。

仕訳例15-9　消費税の受け取り（期中仕訳）　[仕訳例15-8の続き]

　商品3,000円を販売し、消費税を含めた3,300円を現金で受け取った。

(借) 現　　　金	[資産+]	3,300	(貸) 売　　　上	[収益+]	3,000※1
			仮受消費税	[負債+]	300※2

　　※1　「売上」勘定の発生額は税抜価格とする
　　※2　受け取った消費税額は「仮受消費税」勘定の増加とする

　　 ひと言アドバイス

　　「仮払消費税」勘定は「仮払金」勘定の一種で、「仮受消費税」勘定は「仮受金」勘定の一種だよ。

③ 消費税の納付額の確定時（決算整理仕訳）

期末になったら、受け取った消費税と支払った消費税の差額を計算し、消費税の納付額を算定します。具体的には、「仮払消費税」勘定（資産）と「仮受消費税」勘定（負債）を相殺し、その差額を「未払消費税」勘定（負債）として計上します。「未払消費税」勘定は、消費税の納付義務を意味する負債の勘定科目です。

仕訳例15-10　消費税の納付額の確定時（決算整理仕訳）　［仕訳例15-9の続き］

決算整理前残高試算表

借方残高	勘定科目	貸方残高
100	仮 払 消 費 税	
	仮 受 消 費 税	300

・決算に際し、翌期に納付すべき消費税額を算定する。

（借）仮受消費税　［負債−］　　300※1　　（貸）仮払消費税　［資産−］　　100※1
　　　　　　　　　　　　　　　　　　　　　　　　未払消費税　［負債＋］　　200※2

※1　「仮受消費税」勘定と「仮払消費税」勘定を相殺する
※2　消費税の納付義務を、「未払消費税」勘定の増加とする
　　　未払消費税：仮受消費税300−仮払消費税100＝200

> 💬 **ひと言アドバイス**
>
> 「仮払消費税」勘定と「仮受消費税」勘定は、決算整理で相殺するから貸借対照表には計上されないよ。対して、「未払消費税」勘定は負債として貸借対照表に計上されるよ。

④ 確定申告時（翌期の期中仕訳）

翌期に確定申告を行い、消費税を納付した場合、消費税の納付義務がなくなるため「未払消費税」勘定（負債）を減少させます。

仕訳例15-11　確定申告時（期中仕訳）　［仕訳例15-10の続き］

確定申告を行い、未払消費税200円を現金で納付した。

（借）未 払 消 費 税　［負債−］　　200※1　　（貸）現　　　　金　［資産−］　　200

※1　消費税の納付義務がなくなるため、「未払消費税」勘定（負債）の減少

> 💬 **ひと言アドバイス**
>
> 法人税等とは異なり、消費税は費用にならない点に注意しよう。

■例題15-3

次の一連の取引について、必要な仕訳を示しなさい。なお、税抜方式によること。

(1) 商品200,000円（税抜価格）を仕入れ、消費税20,000円とともに代金は掛けとした。

(2) 商品を550,000円（税抜価格）で販売し、消費税55,000円とともに代金は掛けとした。

(3) 決算に際し、消費税の納付額を確定した。

(4) 消費税の確定申告を行い、消費税を現金で納付した。

■解答欄

日付	借方科目	金額	貸方科目	金額
(1)				
(2)				
(3)				
(4)				

■解答解説

日付	借方科目	金額	貸方科目	金額
(1)	仕　　　　入	200,000	買　　掛　　金	220,000
	仮 払 消 費 税	20,000		
(2)	売　　掛　　金	605,000	売　　　　上	550,000
			仮 受 消 費 税	55,000
(3)	仮 受 消 費 税	55,000	仮 払 消 費 税	20,000
			未 払 消 費 税	35,000
(4)	未 払 消 費 税	35,000	現　　　　金	35,000

POINT

1．売上や仕入といった損益項目は税抜価格で計上する。なお、代金決済は税込価格で行うため、売掛金や買掛金などは税込価格で計上する点に留意すること。

2．消費税額は「仮払消費税」勘定（資産）および「仮受消費税」勘定（負債）で処理し、決算に際し相殺する。相殺した差額は「未払消費税」勘定（負債）として貸借対照表に計上する（「仮払消費税」勘定と「仮受消費税」勘定は貸借対照表に計上されない）。

第16章
証ひょう、試算表

第1節　証ひょうの問題

日商簿記検定では、証ひょうをもとにした仕訳問題が出題されることがあります。出題頻度が高いわけではありませんが、実務では証ひょうをもとに記帳することが一般的です。

1 証ひょうとは

通常、取引を行った際に、取引相手と証ひょうをやりとりします。証ひょうとは、取引の内容が記載された用紙のことをいい、身近な例で言えば、レシートも証ひょうの1つといえます（レシートには、いつ、どこで、何を、いくらで購入したかという、取引内容が書いてありますよね）。

経理部は、証ひょうをもとに仕訳を行います。そのため、日商簿記検定でも、証ひょうをもとに仕訳を行う問題が出題されることがあります。

2 証ひょうの種類と仕訳例

(1) 証ひょうの種類

証ひょうには数多くの種類があり、その様式も一定ではありません。よって、網羅的に対策することは困難です。問題で与えられた証ひょうをしっかり読み、どのような取引なのかを考えることが大事になります。

証ひょう	内容
納品書	商品などの物品を納品した場合に発行され、納品した商品などの明細が記載されている。
請求書	代金を請求する際に発行され、請求金額の明細が記載されている。
領収書	代金を支払った際に発行され、支払金額とその内容などが簡潔に記載されている。
当座勘定照合表	当座預金を開設している場合において月初に発行され、当座預金の入出金明細が記載されている。

※納品書および請求書は、販売側が購入側に原本を発行し、その控えを販売側が保有することが一般的です。

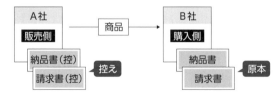

(2) 証ひょうをもとにした仕訳例

証ひょうのうち、代表的なものを紹介します。どの証ひょうもその内容を読めば仕訳が推定できることを確認してください。

仕訳例16-1　納品書

当社（B社）は、仕入先A社から商品を掛けで仕入れた際に下記の納品書を受け取った。

納品書			
B社 御中			
			A社

品名	数量	単価	金額
ペットフード（犬用）	200	350	¥ 70,000
ペットフード（猫用）	500	270	¥135,000
	小　計		¥205,000	← 仕入れた商品の税抜金額※1
	消費税		¥ 20,500	← 消費税額※2
	合　計		¥225,500	← 仕入れた商品の税込金額※3

▼

下記の取引と推定できるため、仕訳は以下のとおりになる。

取引：商品205,000円※1を仕入れ、消費税20,500円※2とともに代金225,500円※3は掛けとした。

（借）仕　　　　　入　[費用＋]	205,000※1	（貸）買　掛　金※4[負債＋]	225,500※3
仮払消費税　[資産＋]	20,500※2		

※4　問題文より掛け仕入と判断する（納品書だけでは代金の決済方法が判断できない）。

ひと言アドバイス

当社が購入側であることは、証ひょうが納品書の原本という点（「控」と書いてない）からも推定できるけど、問題文から総合的に判断する方が確実だよ。

仕訳例16-2 納品書兼請求書(控)

　当社(A社)は得意先B社に対し、商品および納品書兼請求書を送付した。下記はその控えである。なお、消費税は考慮しないものとする。

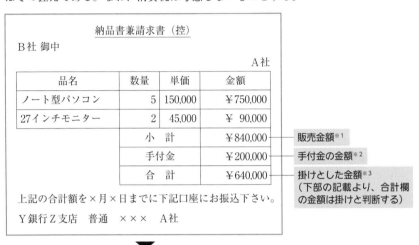

納品書兼請求書(控)

B社 御中

A社

品名	数量	単価	金額
ノート型パソコン	5	150,000	¥750,000
27インチモニター	2	45,000	¥ 90,000
	小　計		¥840,000
	手付金		¥200,000
	合　計		¥640,000

販売金額※1

手付金の金額※2

掛けとした金額※3
(下部の記載より、合計欄の金額は掛けと判断する)

上記の合計額を×月×日までに下記口座にお振込下さい。

Y銀行Z支店　普通　×××　A社

▼

下記の取引と推定できるため、仕訳は以下のとおりになる。

取引：商品840,000円※1を販売し、手付金200,000円※2を控除した640,000円※3は掛けとした。

(借) 売 掛 金	[資産+]	640,000※3	(貸) 売 上	[収益+]	840,000※1
前 受 金	[負債-]	200,000※2			

🗨 ひと言アドバイス

> 納品書兼請求書は、納品書と請求書がセットになっている証ひょうだよ。また、当社が販売側であることは、証ひょうが納品書兼請求書の控えという点からも推定できるけど、問題文から総合的に判断する方が確実だよ。

仕訳例16-3　領収書

　当社（A社）の営業担当の職員より下記の領収書の提出を受け、領収書記載の金額を現金にて支払った。

　下記の取引と推定できるため、仕訳は以下のとおりになる。

　取引：収入印紙5,000円分を現金で購入した。

| （借）租 税 公 課 ［費用＋］ | 5,000 | （貸）現 　 　 金 ［資産－］ | 5,000 |

第
16
章
証
ひ
ょ
う
、
試
算
表

仕訳例16-4　当座勘定照合表

次に示した当座勘定照合表をもとに仕訳を行いなさい。なお、D社は当社（A社）の得意先、E社は当社の仕入先であり、D社およびE社との取引はすべて掛けで行っている。

X1年6月2日

当座勘定照合表

A社 様

Y銀行Z支店

取引日	摘要	お支払い金額	お預り金額	取引残高
5. 3	融資　返済	300,000		
5. 3	融資　利息	1,000		
5.14	振込　D社		175,000	省略
5.16	手形引落（No.299）	70,000		
5.27	振込　E社	200,000		
5.27	振込手数料	300		

▼

5. 3	(借)借　入　金 [負債-]	300,000	(貸)当座預金 [資産-]	301,000
	支　払　利　息 [費用+]	1,000		
5.14	(借)当　座　預　金 [資産+]	175,000	(貸)売　掛　金 [資産-]	175,000
5.16	(借)支　払　手　形 [負債-]	70,000	(貸)当　座　預　金 [資産-]	70,000
5.27	(借)買　掛　金 [負債-]	200,000	(貸)当　座　預　金 [資産-]	200,300
	支払手数料 [費用+]	300		

索　引

〈編著者紹介〉

CPA会計学院

公認会計士試験資格スクールとして、圧倒的な合格実績を誇る。
創設は昭和43年。わが国で初めて全日制による公認会計士受験指導
を始めたスクールとして誕生した。本質が理解できる講義・教材に
より、全国の学生・社会人から支持を得ている。
創設以来、全国展開をせず、受講生一人ひとりを手厚くするフォロー
する戦略により、合格者の過半数以上を輩出。
2023年公認会計士試験では全体合格者1,544名の内、786名の合格者
の輩出、総合合格1位合格者の輩出など圧倒的な実績を残している。
「CPAラーニング」を通じて、簿記・会計教育の浸透に取り組んでい
る。

いちばんわかる
日商簿記3級の教科書　第2版

2020年10月15日　初版第1刷発行
2024年7月20日　第2版第1刷発行

編著者　CPA会計学院

発行者　CPA出版
住所：〒160-0022　東京都新宿区新宿3-14-20 新宿テアトルビル5F
アドレス：cpa-learning@cpa-net.jp
URL：https://www.cpa-learning.com/

発売　サンクチュアリ出版
〒113-0023　東京都文京区向丘2-14-9
電話：03-5834-2507　FAX：03-5834-2508

印刷・製本　シナノ書籍印刷株式会社

無断転載・転写を禁じます。落丁・乱丁の場合はお取り替えいたします。
© : CPA Excellent Partners Co., Ltd. 2020 Printed in Japan
ISBN978-4-8014-9411-4

完全無料

cpa learning

いつでも、どこでも、何度でも
Web受講で理解が深まる!

理解力・定着率が上がる「Web受講」しませんか?

CPAラーニングは、CPA会計学院が運営する、簿記を無料で学習できるWebサイト。
公認会計士講座を50年以上運営してきたCPAだからできる、1番わかりやすい簿記講座を無料で提供します。

CPAラーニングの特徴って?

✓ **プロの講義を動画で学習**

本テキストを使用した講義を受講することができます。全講義を視聴することはもちろん、理解が難しい論点のみ視聴することも可能です。講義は公認会計士講座の講師が担当しているので、本質が理解できるわかりやすい講義を展開します。

✓ **日商簿記1級まで学習可能**

CPAラーニングでは、日商簿記3級だけでなく2級や1級も無料で学習可能です。
2級や1級についても講義、問題集が全て閲覧/ダウンロード可能で、模擬試験も受験ができるようになっています。

✓ **模擬試験問題や問題集もダウンロード可能**

CPAラーニングには、当テキストだけではなく、模擬試験問題や問題集なども掲載しています。
これらの教材はすべてダウンロードすることが可能です。

✓ **ネット模試が受験可能**

近年導入されたネット試験を想定した、ネット模試を受験可能です。
試験時間などの表示もあり、本番を想定したものをご用意しています。解答終了後すぐにスコアが表示され、解説も閲覧可能です。

✓ **完全無料**

CPAラーニングのコンテンツは無料でご利用できます。
ユーザー登録は最短1分で完了します。

ご利用はこちらから

cpa-learning.com